1日10尾からのステップアップ

最先端の鮎釣り遊学

有岡只祐

Contents

1日10尾からのステップアップ 最先端の鮎釣り遊学

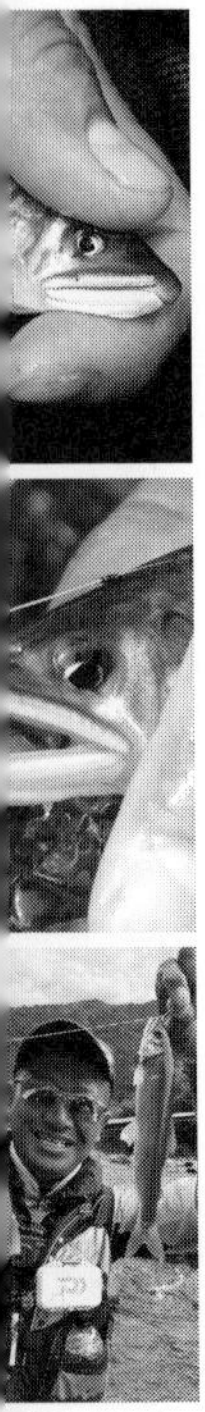

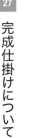

SPECIAL

Contents

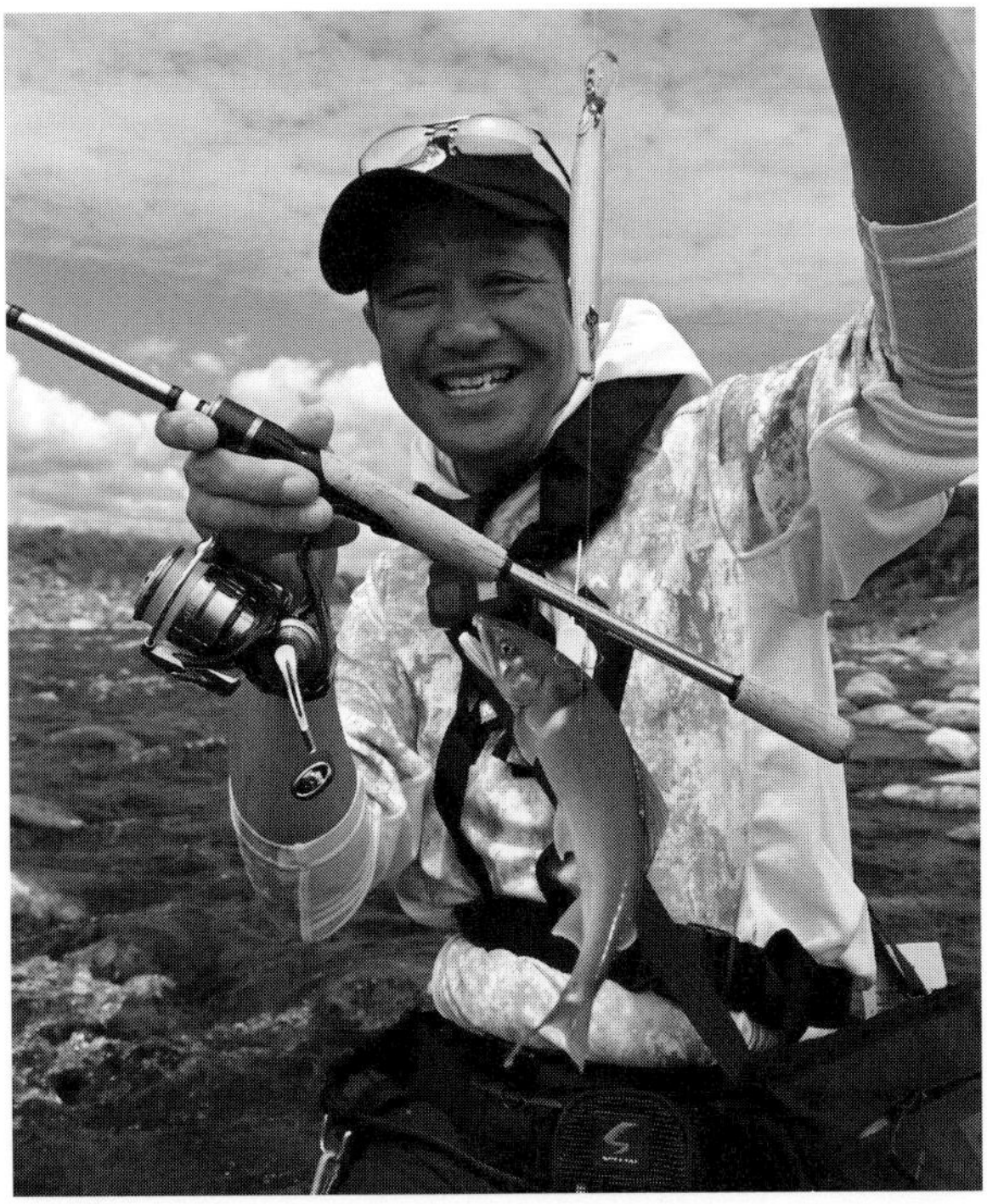

■グラフィックデザイン 村山 修（M.O.G.DESIGN） ■イラスト 石井 正弥

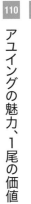

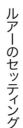

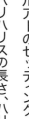

はじめに

友釣りについて

好きこそものの上手なれ、ではありませんが、幼少の頃ただ目の前に川があり、そこでいるうちに魚が好きになり、アユが好きになり、釣りが好きになりました。

友釣りの魅力とは何なのか?を考えてみると、始まりと終わりがあること。つまりアユがいても河川が解禁していないと釣りができない。いくらアユがいても禁漁になると釣りをしてはいけない。このジレンマが翌年のアユ釣りを楽しませ、ワクワク・ドキドキさせてくれているはずです。

友釣りは他の釣りとは違い、同じ魚で釣る釣り。アユでアユを釣る、これは世界中どこを探してもアユ以外の魚種では考えにくいことです。

生きたアユをオトリに使い、最初から引きを味わいながらアユ(野アユ)を掛ける。すると引きは倍増し、ドキドキ感もまた倍増。この釣り方が非常に面白い。

ナワバリを持つアユ(野アユ)を、イトの先に付いているオトリ(アユ)で挑発しハリに引っ掛ける。魚を釣る=口掛かりのイメージとは全く違い、魚体のどこに掛かるのか分からないのが友釣りです。口に掛かればグルグル。背掛かりはガツガツ。尾ビレ掛かりはブルブル。腹掛かりがグーグー。掛かりどころで違うこの引き味こそが、友釣りを飽きさせない、中毒性のある釣りたらしめているものだと思います。

そして川に行けばただ単に釣るだけではなく、やはり釣果が付いてきます。

人よりもたくさん釣りたい。大きい魚を釣りたい。意味のある1尾を手にしたい。いろいろな思いで川に立っているのが釣り人。

では、上手になるのは好きだから上手になれるのか? もともと才能があるから上手なのか?

やはり上手くなるには釣ること(川に通うこと)、人の話を聞くこと、あらゆる物事を敏感に感じ取ることが上達への早道だと思います。

そして、釣りで同じ状況というのはまず考えにくく、その時々の適応力が大事ではないでしょうか。つまり常に自分の技術を進化させることだと思っています。

本書をどのような進め方で書こうかと悩みました。

友釣りは全く経験がないけれど興味のある方。

サオ操作やオトリの扱いに慣れてきて、さらなるステップアップを望んでいる方。

トーナメンターや上級者で、もう少し何かの答えやヒントを探し悩んでいる方。

私にも当然のように大きな影響を受けた名手の方が大勢います。なかでも私の釣りを大きく変えてくれた名手たちのエッセンスを、学び取ったことを凝縮してここに書きました。入門者からベテランまで、あらゆる友釣りファンの方に必読の一冊に出来上がっているはずです。

アユルアーについて

友釣り人口はアユ・バブル期から低迷をたどる一方。近い将来、危機的状況になり得る可能性があります。私は友釣りを約40年していますが、昭和から平成、令和と時代が移るなかで少しずつ釣りにも変化が生まれてきました。

そして5年ほど前、ルアーでアユを釣るという日本古来の友釣りから大きく離れた釣りが生まれようとしたのです。重鎮からは批判も出ましたが、時代と環境の変化に対する進化のしるしともとれるアユルアーに私は大賛成しました。

今や、アユルアーの存在なくしてアユ釣りは語れなくなりつつあり、価値観が大きく変化しようとしています。敷居の高い友釣りから、簡単なアユ釣り(アユルアー)へ。

アユルアーの釣りについても、釣果を求めるためのポイント選びや、私が今まで思ってきた釣り方などを余すことなく書き上げました。

「アユ釣りは難しい」。この言葉を１８０度ひっくり返すことができた本になりました。

ワクワク。

ドキドキ。

アユ釣りを堪能してください!

アユ釣りとの出会い

四国の高知県で生まれ育ち、
地元の安田川で魚と一緒に泳ぎながら釣りを覚えた少年時代。
釣り人としての土台を育んでくれた故郷の自然や家のこと、
そして身についたアユ釣りの考え方、その魅力について。

3 桁釣りも珍しくない天然アユの
パラダイスで私は育ちました

生まれ育った環境について

　南国土佐、高知県は釣り天国といってもよいほど自然に恵まれた土地です。北は四国山地、南は太平洋、年間日照時間が長く施設園芸が盛んで、特に私の住んでいる安芸郡安田町では茄子栽培が昔から多い。また高知県は雨量が非常に多く、数えきれないほどある小中河川のほとんどが天然遡上河川。その中の1つ、県東部に位置し、四国山地から一気に土佐湾へと注ぐ流程24kmほどの安田川のほとりで私は生まれ育ちました。アユ釣りを始めたのもこの川です。

　安田川について簡単に説明しましょう。最上流部には「ごっくん馬路《うまじ》村」で有名な馬路村があります。村内を流れる安田川は、大石が多く入川するのにも距離がありそうな雰囲気を想像されるかもしれませんが、実際の川相は平たんで道から直《じか》に降りられる入川しやすい地区です。そこから下ると安田町との町村境くらいから渓流相がしばらく続き、土佐湾へと流れ込みます。中流域となる安田町は川相変化が非常に激しく、距離の短い瀬と淵やトロ場が連続し、一人一瀬の時代もありました。この区間は県外からの釣り人も非常に多く、近年は中国地方の方々をよく見かけます。さらに下って、ごめん・なはり線・安田駅周辺の下流域は私の幼い頃からの遊び場。駅から海岸線まで直線距離にしてわずか約1kmのこの区間は小石が多い穏やかな川相で、浅場中心の釣り場となります。

　安田川の凄《すご》さは河口から100mほど上流で瀬があり、海を見ながらアユ釣りができること！　そしてひと昔前までは安田川といえば（天然遡上の多い高知県全般の河川がそうかもしれませんが）、小型アユの数釣り。しかも長ザオで泳がせ釣りが主体でしたが、現在は初期から20cm級が釣れ、盛期になると良型の数釣り、そしてシーズン後半には数年前から大アユ釣りも楽しめるほど豊かな川になりました。もちろん釣り道具も年々進化し、9mや8・5mザオが主体のアップテンポな釣りになってきました。

馬路村と安田町との県境付近は大石底の川相。もちろんここも天然アユの釣り場です

少年時代の釣り

　私にとってアユはとにかく身近な存在です。春になれば稚アユの遡上を眺め、初夏から初秋はもちろん追いアユを見ながら興奮し、秋が深まると産卵中のアユを見て一年が終わる。これが物心ついた頃からのルーティンでした。三度の飯より

オーシャンビューの最下流の釣り場。河口部の瀬でも友釣りが楽しめます

釣りが好きで、ミミズを捕まえては裏の川でモツゴ釣り、安田川ではハヤ釣りをしていました。

初めてアユ釣りをしたのは小学４年生（10歳）だったと記憶しています。どのタイミングで友釣りに興味を持ったのかは定かではありませんが、小学校への行き帰りに必ず安田川を渡るので、大人たちが長いサオを持ってアユを釣る姿を毎日見ながら学校へ通学していたのを覚えています。でもまだ小さな子供なので、最初の頃はあの長いサオを持って釣りはできないと思っていたのかもしれません。だから川へ行くと前記の釣りと、モリやタモでボウズハゼや川エビを捕って夏を過ごしていました。

実は初めてアユを釣ったのも友釣りではなくエサ釣り！　高知の河川では野根川が有名で、シラスを撒《ま》きエサにノレソレ（アナゴの稚魚）を刺しエサにしてアユを釣ります。田舎ならではというか、子供は周りが育てる地域だったので学校に行く前、「近所の爺さんがココにいるから」と伝えられると、学校が終わり下校時そのまま川へ行き爺さんと合流。予備のサオを借り仕掛けを作ってもらい、シラスを包丁で「コンコン」と小さく叩き切り、それを撒きエサにしてハリにはノレソレ（アナゴの稚魚）を小さく付けてウキ釣りです。

上流に爺さん、下流に私が入り、爺さんはエサを撒きながら子守気分で釣りを楽しみ、私はひたすら釣る。流れるウキがピクッと沈む、この一瞬の反応で合わせないとアユはハリ掛かりしません。この時、私は爺さんに釣り勝ちたい気持ちを持っていたのかも（これがアユにハマるきっかけだったのかな？）。そんなふうにして、爺さんが誘ってくれる時は一緒に釣りへ行き、それ以外の時は友達と遊ぶ日々を過ごしていました。

安田川下流部は各所にビニールハウスがある農村地帯

ごっくん馬路村を象徴する看板

話を戻して、身体も少し大きくなった小学4年生の時、ついに友釣りデビューです。アユザオは買えるわけもなく、エサ釣りを教えてくれた爺さんからもらった4・5mのエサ釣りザオを使い、イトは銀鱗0・4号。ハナカンは針金を鉛筆にグルグル巻きつけペンチで切っただけのもの。ほかは親父の道具を借りました。オトリは大人たちが生けすで飼っていたので数尾もらい、小さなステンレスのオトリ缶に入れ、自転車のカゴにオトリ缶と小さなタモを積み、ドキドキしながら川へ走り込みます。

川で友釣りを見ていたので、見よう見まねでオトリを付け、川にオトリを馴染ませます。ただサオ操作をどのようにしてよいのかが全く分からず、置きザオで野アユが掛かるのを待つという釣りでした。数尾しか釣れませんでしたが、小学生なので遊漁券もいらず、とても楽しく遊んでいました。6月のアユ解禁から10月15日の禁漁まで、

夏の休みは夜明けから日の入りまで川遊びが日課だったので日曜日は川。当然のように夏休みも川。その頃の安田川はとにかく魚影が多くアユは小型で背中が緑色、握れば手の中で背中が当たる薄っぺらい魚体だったと記憶しています。

川がとにかく好き。釣果を求めるというよりは一日中川で過ごす日々。そのうちに周りの大人のように釣ってみたいと意識し始めたのが6年生だったかな？　親父におねだりして長ザオを購入。ダイワの「夢月」8・1mでした。ここから私の本格的なアユ釣り道が始まったのかもしれません。

馬路村はゆずの名産地で
さまざまな関連商品を展開

馬路村の安田川のようす。
手前に見えるのは明治から
昭和初期まで使われていた
魚梁瀬森林鉄道跡

ところで、今でこそ思うのですが、一度アユ釣りに夢中になると誰一人止めようとしません。何故なのか？　川釣りが好きなのは当然なのですが、友釣りは中毒症状が持続するというクレイジーな釣りだと小学生ながら分かっていたのかもしれません。

とにかく釣りに行きたい、川にいてアユを触りたい。でも学校に行かないと……。

私の家は兼業農家で祖父は大工。もちろん父は2代目。祖母と母は農業をしていました。そして父は近所の家を建て終わると大工を引退し農家へ転職。つまり兼業農家から専業農家に大きく仕事を変えたのが、私が小学5年生くらいだったと記憶しています。

現在の私の生活環境は父が作ったものかもしれません。はっきりと覚えているのは、朝、父は釣りに行くためアユ支度。「あ～いいな～」と思いながら私は学校へ。学校が終わると当然安田川で川遊び。日が暮れると父も私も家に帰る。いつかは私も父のような生活がしたいな～と思いながら年月が過ぎる……。

アユは土地柄、少し大げさかもしれませんが生活の一部。安田川付近では一次産業が主で家業は農業、それも施設園芸で農作物を作り生計を立てている方が多い。この施設園芸という仕事がアユ釣りと結びつく1つのキーワード。そもそも高知県は南に面していて当然のことながら日照時間が長く、温暖であるため冬の作物作りには適した環境だといえます。一方で夏は高温のため施設で作物を作ることが難しく、来年度の作物への土作りをするために休耕します。この休耕が7月～お盆くらいまでと、ちょうどアユのシーズンに当てはまるのです。だからこの仕事に憧れがあり、アユ釣りも思う存分できると幼いながら天職的に感じたのかもしれません。

釣り大会への目ざめ

友釣りの数釣りに興味を持ち始めた頃、今も存在し私も所属している「安田清友会」に出入りするようになります。地元のアユ釣り愛好家が集まり作った釣りクラブで、父もメンバーでした。会の中には「大会好き」が数名いて、毎年メーカー主催の大会へ参加し全国大会へ出場された方もいました。子供だった私もそんな大人たちの釣り談義に耳を傾け、自分もいつかは全国大会へ出場したいと思うようになっていきます。こうして時間がある時はますますアユ釣りに没頭。ハリ巻きを私が担当し、私の好みで購入したハリを父の道具を借りて巻き、2人で使うようになります。そしてこのハリはよい・このハリはダメと、夏の夕食時はアユ釣り話ばかりしていたような気がします。

とはいえ、当時の私はまだアユを釣って食べるを楽しんでいた子供でした。川へ行くと大人たちはどんどん釣果を伸ばし、私には羨《うらや》ましい日々が続きました。知り合いの大人がいれば「オトリを使え」とサラのオトリをもらって釣り開始。いなければアユが弱るとすぐに水中眼鏡をつけて泳ぎエビやボウズハゼを捕る。同時にナワバリアユを観察しながら、手元側を3本抜いて短くしたサオを手に、その追いアユにめがけて弱ったオトリを運び、野アユを掛ける。この時、オトリにアタックしてもなかなかハリ掛かりしない野アユにイライラ。この文章を書きながら思い出しているのですが、その

安田川流域に唯一あるオトリ店は雑誌や文具を販売する河田商店

小型の天然アユが主体だった安田川

頃も今と同じようにハリス止があったのでハリハリスの調整をしながら〝水中友釣り〟でオトリを交換していました。田舎の子どもならではの釣りというか発想ですが、こういう遊びをしていたおかげで水中映像が脳裏に焼き着くというかイメージできるようになったと思っています。

アユ釣りを始め、少しずつ体力がつき長いサオを操れるようになって来ると、周囲の大人たちと同じくらいの釣果が出ることも。「安田清友会」の釣り大会にも参加させてもらえるようになり、当然負けるのですが、子供ながらにそれが悔しくて悔しくて。周りより1尾でも多く釣りたい気持ちが強くなり、仕掛けや釣り方を教えてもらい、アユ釣りの本を近所の方に貸してもらい読みまくり、ビデオも観せてもらいながら名手の道具や釣り方を目に焼き付けていました。まだ安田川以外の釣り場ではサオをだしたことがなく、もっぱら泳がせ釣りで安田川を楽しんでいました。

中学生だったかな？　隣の叔父さんに連れられて隣河川の奈半利川へ、父のがまかつ「プロセプター競技中硬10ｍ」を借りて行きました。初めての川で挑戦です。安田川の数倍もある水量にオトリを放して少し泳がすと、安田川のアユとは全く違う強烈な引きに驚き必死にタモへ取り込んだ。中学生になると安田川では引き抜きで取り込めるくらいになっていたのに、奈半利川では全く引き抜けない。アユが大きく、とにかくアタリから引き味までスケールの差というか……。

私も中学生の時はこんな感じに自転車で川に通っていました。写真の若者は地元の期待の若手、松本優吾さんの中学生時代の写真

この奈半利川釣行をきっかけに、ビデオや本で見たいろいろな河川へ行きたい気持ちが非常に強くなり、夢見るようになりました。名だたる名手たちがその釣技と仕掛けでアユを釣りまくり、タモに大量の釣果を入れていたニコパチ画像・画面を、自分もこうなりたいと必死で見る。また雑誌の友釣り大会の記事を見て「いつかは自分もここに立ってみたい」と思い続けていました。

どんなジャンルでも上には上がいる。これは当然。地元の茄子栽培でも一番収量の多い生産者、一番等級のよい作物を作る生産者がいます。アユ釣りでも何でも、競うことを意識すれば順位が必ずついてくるはずです。

よく釣る人を真似る アユの気持ちになって考える

今思えば小さな頃から常に自然に接し、川で遊び川魚を捕りまくっていたことが大きかったのかもしれません。魚はどの時期どんな場所にいて、どの方法で捕るか。アユに関しては川の真ん中では逃げられやすいので川岸で待ち伏せして捕まえる。水が増えると魚は川岸に寄る等々、自然環境に合わせた捕まえ方を父や近所の方に教えてもらい、自然と身についたことが釣り上達の役にも立っている気がします。

成長するにつれ大人たちの釣りの真似はもちろん、雑誌やビデオで最新の釣りを子供ながら真似していました。前記したように父もアユ釣り好きなので、釣り道具はわりと買ってくれました。雑誌に「0・15号のナイロンが釣れる」と書いてあれば即購入して使って試し、名手たちの仕掛けを真似て技術を取り入れていました。

これは今でもそうなのですが、その時に釣る方が一番上手じゃないかな!?と思っています。その状況に合った場所やポイント、それに合った仕掛け。オトリ操作。これらが全て上手く噛《か》み合っているからこその結果だと思います。

高校卒業後、高知市内へ就職。車を持ち行動範囲が大きくなると、安田川の小僧から大きく環境の違う仁淀川へも釣行するようになりました。

茄子栽培が私の生業。農作業の本格シーズンは冬場。7月～お盆はハウスが暑すぎて休耕になるのでアユ釣りが思う存分できます

しかし安田川ではポイントがはっきりしているのですが、仁淀川では水面変化が全くなく、どこを釣っていいのか分からないまま釣りをしていました。私がサオをだしているポイントで釣れずに移動し、後から来た方も釣れなければ「あ～やっぱり釣れないのか」と納得しますが、釣られるとその方の釣りを見学したこともしばしばありました。釣り人が移動するとふたたびその場所に立って川を観察したりサオをだす。真似事が好きなのでその方がオモリを付けていればオモリを、背バリを付けていれば背バリを……という具合。釣果に簡単には結びつきませんが、釣具店に足しげく通い、上手いといわれる方に講習してもらったり仕掛けを頂いたり、自分なりに少しずつ進歩していたつもりでした。

私は人とアユは同じ生き物と考えています。これは作物についても同様です。

小型アユはどのような場所に定位し、良型はどこにいるのか？　自分なら、「体が小さければ水流抵抗の優しい場所、なおかつ川に高低差があって少しでも水面変化の多い場所には、一見流れが速くても緩いスポットが点在するのでそこに行く」「良型は体力があるので流心の石頭でよいコケを食べてナワバリを持つ」「そしたら一早くオトリ交換をするのであれば、良型を一撃で釣れば円滑なオトリ交換ができるのではないか？」。

渇水になれば高温になる。人でいえば木陰の風が吹く場所で休みたい。「アユだと高低差がある場所。また伏流水があれば水温が少しでも低い流れ(風)があるのでもっと涼しいのでは？」とか、とにかく自分ならこの状況だとどこへ行けば快適にエサが食べられ、順調に一日を過ごせるかなと思いながら釣りを展開しています。

安田清友会、四国ちろりん会でアユ釣りを愛する大人たちの釣り談義に耳を傾けるようになり、釣り大会への興味が増していきました

釣果が振れすぎない釣りを心掛ける

釣果が振れすぎないことも大切です。極端にいえば今日は１００尾、明日は10尾、これではあらゆる状況に対応できていないということなので、出来るだけ平均釣果を上げるように気を付けています。私の場合、１日の釣行で釣りの正味時間はだいたい４時間。そこで時速計算をして日々少しでも平均釣果が上がるように意識しています。ちなみに時速平均最高釣果は２０１５年の７・２尾だったと思います。

アユ釣りはアユと呼吸を合わせる釣り。また、これほど日本伝統といわれる釣りはないのではないかなと思っています。

ほとんどの釣りは口にハリを掛ける釣りです。ゆえにグレの引きはグレ。ヒラスズキの引きはヒラスズキ。しかし友釣りはどこに掛かるのか全く分からない、いわゆるスレ掛かりの釣り。いろんなところにハリ掛かりするので、そのつど引きが全然違ってきます。しかも生きたアユをアユに近づけて引っ掛ける釣りのため、アユの元気度が大事。そしてアユが掛かれば生きて泳ぐ２尾のアユを取り込まなければならない。こんなオカシナ釣りは世界中を見回してもないと思いますが、それだけに、釣れば釣るほど楽しくなり、釣れなければ釣れないほどますます沼にハマるのではないでしょうか。

アユに魅せられ、競技に魅せられ、多くの名手や仲間と出会いダイワ鮎マスターズでは２度頂点に立てています

友釣りを始めて38年、その間1年たりとも休んだ年はないくらいとにかく面白い。しかも、毎年始まり（解禁）と終わり（禁漁）があるからダラダラしない釣り。禁漁になると来年の解禁に向けてあらゆる道具や仕掛けを考えながら準備をして、来年の初アユを夢見て……。

中毒性の強い釣り、それが友釣りです！

仁淀川は水面変化に乏しく攻略法に戸惑いました

第2章

友釣りの道具選び

川の流れに立ち込み、アユを操りアユを掛けるという
他に類を見ないスタイルの友釣りは、道具立てやウエアも独特だ。
ここではもっとも値の張るサオを中心に、
これから始める方には「コレが必需品！」というものを紹介。

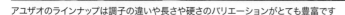

サオ選び、最初の1本

　友釣りを始めたくてアユザオを初めて購入される方は、近年では次の3パターンのどれかに当てはまることが多いのではないでしょうか。
①友人や知人から友釣りに誘われたり、YouTubeなどインターネットの情報を頼りに一度も釣りをすることなく釣具店でサオを選ぶ方。
②友人や知人からサオを借りて釣りをしたら1回でドハマりして購入される方。

アユザオのラインナップは調子の違いや長さや硬さのバリエーションがとても豊富です

③アユイングを経由して友釣りザオを購入される方(これから増えると思います)。
　いずれにしても、最初のサオ選びは非常に難しい面があるかと思います。なぜなら、総合釣り具メーカーのアユザオのラインナップは、シリーズやサオの長さ、硬さの違いなどを合わせると50前後にもなります。価格や性能もエントリーモデルから最上級機種までピンキリです。では、なぜそんなにもたくさんあるのかというと、河川の規模をはじめ、石の大小、アユのサイズ、釣り方、また増水や渇水などあらゆる自然現象の変化にきめ細かく対応できるように、各メーカーとも多彩なバリエーションを用意しているのです。

　仮に、アユザオにリールが付くのなら、サオの種類は半分くらいになるかと思います。

　話が少しそれましたが、私の考え方としては、まずは釣具店や知人に相談するのがサオ選びの近道だと思います。ベテランの方なら「コレ!」と決めてくださるかもしれません。私が釣具店で、アユザオの知識が全くないまま購入しようとしている方に話しかけられたら、行きたい河川の大小・河川の形状・アユの平均サイズを聞いたうえでお勧めの1本をチョイスします。また最初の1本に数十万円するサオはお勧めしません(ただし知人のサオを借りて何年間かアユ釣りの経験がある方にはお勧めします。笑)。

　最近のサオは安価なものでも性能はものすごくよく、一昔前であれば20万円クラス以上の性能を備えています。その点を踏まえて、最初の1本を選ぶなら5万円程度で8〜8・5mの早瀬クラスが取り回しがよく使いやすいかと思います。ただし、これは小中河川で盛期アユの平均サイズが18㎝を想定したものです。大河川の場合は当然水量も多くなり、アユのサイズは同じ18㎝でも、水量が多いということは水深も流れの押しも違ってくるので、サオは9mで急瀬クラスのサオがベストかなと思います。

　久しぶりに友釣りを再開する方、知人にサオを借りて友釣りをしている方の場合、サオを肩に担ぐことができ、仕掛けの張り替えやオトリ交換時でも両手を自由に使えるなら、もうすでにドップリ友釣りにハマっているはずなので、少し上級機種のサオをお勧めします。

　問題はその先です。

　ちょっと話が飛びますが、ある程度年数をこなしてくると、「このサオは引き抜けない」とか「ノサれる」という言葉をよく耳にします。実は友釣りのサオは矛盾する要素が絡み合って出来ているといってもよいほどで、これがサオ選びの難しさにもなっています。

　仕掛けの先にオトリが付き、そのオトリと仕掛けを操作しながらねらいのポイントで野アユにオトリを追わせ、掛けバリに野アユが掛かる。

　この時、使っているのがしなやかなサオであればサオは軽量で釣り人は体力的に楽です。そしてオトリの弱りは遅く、野アユに当たる確率は上がるはずですが、掛かると引き抜き時、もたもたするのでじれったい＝引き抜けない。だからワンランク強いサオを考える。

もう1つの「ノサれる」ですが、これはサオの張りが強すぎるという場面でよくある現象です。強い張りのあるサオは、小型アユであれば想像以上に早く引き抜け、タモへとどんどん運ぶことが可能ですが、良型となるとサオの硬さが勝ち、掛かりアユが水中で元気に暴れてもサオが曲がらない＝限界点がこないのでノサれる現象が起こります。サオは曲がれば元に戻る。つまり曲がらなければ曲がるまで戻らないということです。

でもお気づきでしょうか。これって全部取り込みの話をしてますよね？「卵が先か鶏が先か」ではないですが、その前にアユを掛けないことには始まらないのですが、現実にはほとんどの方が友釣りザオに求めているのは掛けるサオよりも取り込めるサオ。つまり若干でも強いサオを購入する傾向が多いような気がしています。

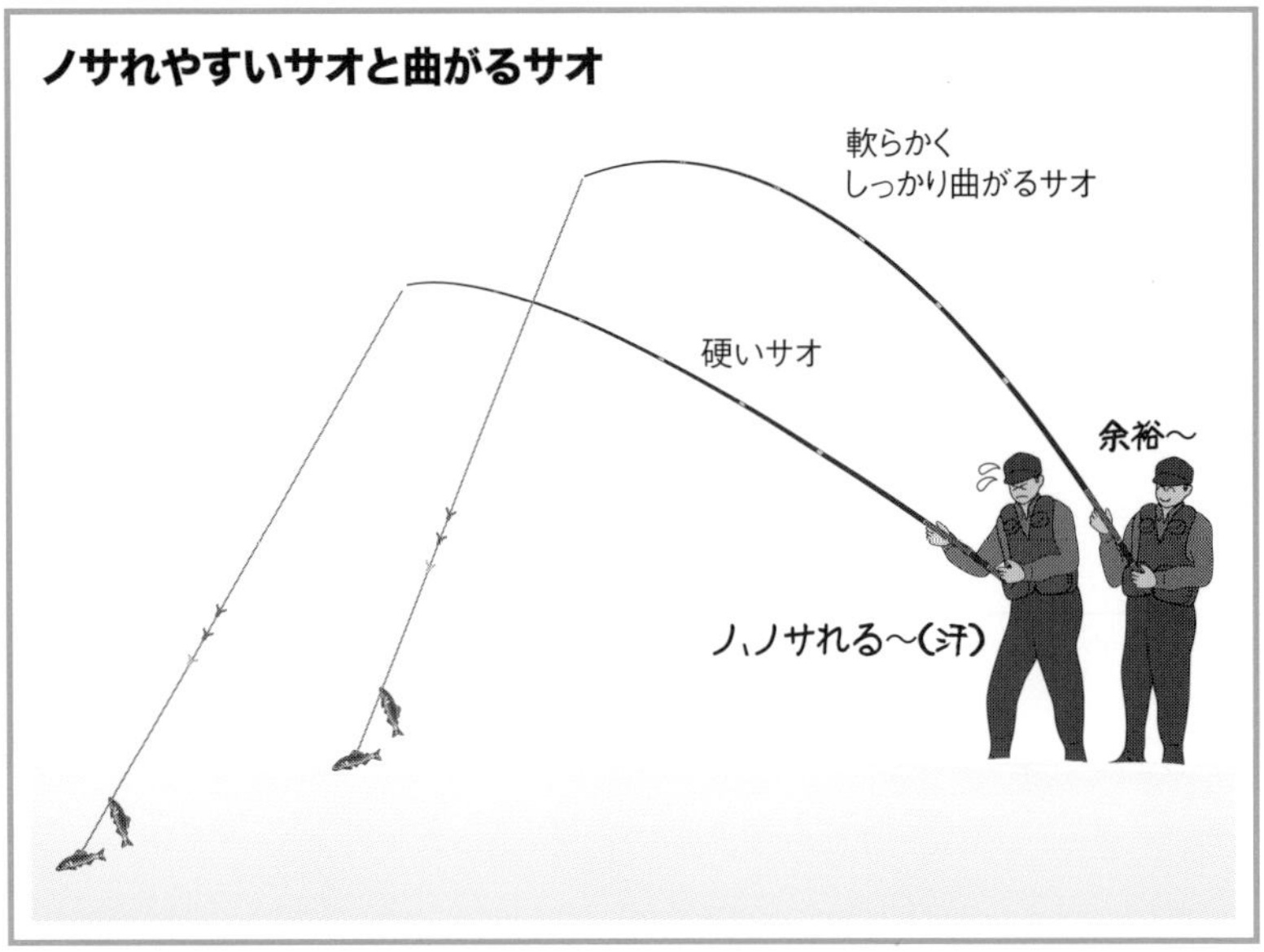
ノサれやすいサオと曲がるサオ
軟らかく
しっかり曲がるサオ
硬いサオ
余裕〜
ノ、ノサれる〜(汗)

SPECIAL
サオを選ぶときに河川規模やアベレージサイズなど魚を抜く（取り込む）ためのパワーにこだわる人が多いが、いうまでもなく掛けるまでの操作性もサオを選びには大切な要素です

DAIWA AVANCER

**ダイワのエントリー機種を代表する「アバンサー」。
コスパに優れバリエーションも豊富。最初の1本には8mもしくは8.5mの早瀬抜がおすすめ**

DAIWA GINEI AIR

10万円代ながら性能のよさは折り紙つきの銀影AIRシリーズ

DAIWA GINEI KYOGI

**中級機種の銀影競技シリーズは2本目におすすめ。
20万円代ながら性能は一気に変わる**

DAIWA GINEI KYOGI SPECIAL TYPE S

**「いつかはクラウン」的な最上位機種がスペシャルシリーズ。
私が求めてつくりあげた調子がTYPE-S**

■アユザオの硬さ(パワー)表記

中硬硬　早瀬抜　急瀬抜　荒瀬抜

柔 ←→ 硬

※H→XHというパワー表記もある

■ダイワアユザオの調子表記の例

T	A	S	MT
先調子	胴調子	TとAの中間的な調子（穂先がしなやか）	粘りのあるパワー系胴調子

ただし、これは正解だとも思っています。しなやかなサオを強くするのは、まず不可能。しかし強いサオをしなやかに使うのは可能だからです。少し話が難しくなるかと思いますが、天井イトの素材を変える。流行りのPEラインやフロロラインを使わず、ナイロンラインで仕掛けに伸びを与え、少しでもサオの張りを抑える方法もあります。

2本目の選び方

私の周りでは、初めてアユザオを買ってから2〜3年後に2本目を選ぶ方が多いような気がします。この時よくあるのがワンランク上のサオを購入されるケース。つまり最初に5万円のサオを買っている方は、次のサオは10万円となるはずです。

1つずつのランクアップは当たり前かもしれません。ですが、私の周りではアユ釣りを始めた方と話をすると、「もう少し早くアユ釣りをすればよかった」「なぜもっと早くアユ釣りを始めなかったんだろう」という話をよく聞きます。こういう方はまずアユ釣りを止めないはずです。それだけ友釣りは中毒性が強く、「もっと釣りたい病」が始まるわけでドンドン深みにはまる釣りですから、ましてや2本目を購入しようと思っている方は、最高機種までたくさん種類があることを考えると一気に2ランクはステップアップしたほうが賢明だと思っています。

軽さと感度は比例し、かつ近年のサオはパワーもある。オトリの泳ぎや野アユの反応など振動がよく伝わるサオほどドキドキします

私の愛用メーカーはダイワですが、つまり「いつかはクラウン」ではありませんが「いつかはスペシャル」。そこまでは買えないとしても私的には競技クラスをお勧めします。5万円と20万円の間には10万円クラスのサオがあります。ここで極端なことをいうと、今年10万円クラスのサオを買えば来年は間違いなく20万円クラスのサオが欲しくなり、翌年20万円クラスのサオを購入すると、間違いなく10万円クラスのサオはタンスの肥やし的な予備ザオになると思っています。

中級機種といわれる10万円クラスのサオは、数年前の20万円クラスよりもはるかに性能がアップし、実際に使用しても満足のいくサオです。しかし、やはり上がある限り最上級機種への思いが強くなるはずです。

ここまでは同じ強さや同じ長さのサオを購入する体で話をしていますが、調子や長さの違うサオを購入する時も同じことがいえるはずです。

すぐ購入できるサオよりも、悩んで悩んで決心、購入できたサオは非常に愛着がわき、きっと楽しい友釣りとなるはずです。

私がサオに求めるもの

軽くてやはりドキドキするサオ（振動が手元によく伝わってくる）ですかねえ～（笑）。

軽いサオは最高に有利だと思っています。たとえば9ｍで200ｇのサオと、9ｍで1kgのサオではどちらが疲れないか？　当たり前ですが9ｍ200ｇですよね。その軽さを最大限に生かせるのは、オトリの重さを感じやすいこと。すなわちオトリを強く引きすぎない細かい操作が可能だと思っています。

なぜ軽いサオがオトリの重さを感じやすいのか？

200ｇのサオ先に1号オモリを付ける。

1kgのサオ先に1号オモリを付ける。

同じ1号のオモリですが、その重さを感じやすいのは200ｇのサオのはずです。サオ自体が軽量なので少しの重さ変化でも感じられ、対応しやすいため、オトリの張らず緩めず操作が楽に行なえ、疲れも少ないぶん集中力が持続すると思っています。

では次に、サオが同じ重さで穂先が髪の毛ほどの繊細な穂先と、箸《はし》ほどの太い穂先。どちらが目で見て重さを感知しやすいか？　曲がる穂先と曲がらない穂先。単純ですが曲がる穂先のほうが目で見て重さを感知しやすく、その後にサオから手元に重さを感じるはずです。目で見る重さの有利さは、手元に感じる前に穂先が曲がるので、穂先の曲がりを操作して張らず緩めずを常に目視し、手で感じる。つまり2段階で重さを感じるので、ただ手で重さを感じるだけのサオよりもはるかにオトリの元気度を持続させる操作ができるはずです。

感度

先ほどの〝ドキドキ〟には、いろいろな状況があります。釣りをしていて「無」、つまりオトリや野アユの動きを何も感じることができない＝〝音が聞こえない〟状況では友釣りは何ら楽しくありません。最近のサオは非常に軽く、なおかつパワーが充分にあるので、普通に使えれば全く問題ありません。感度のない、音の聞こえないサオはないはずです。

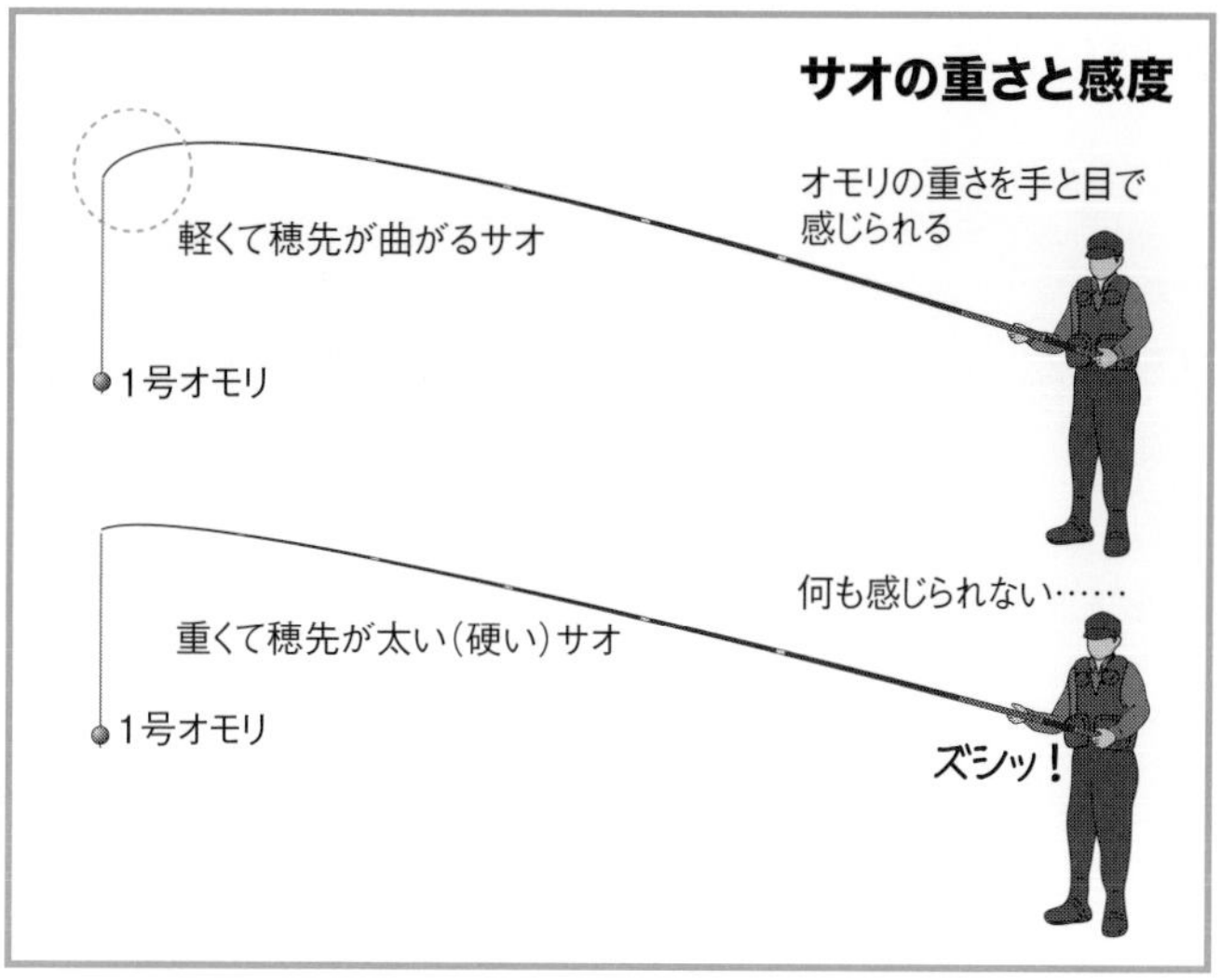
サオの重さと感度
オモリの重さを手と目で感じられる
軽くて穂先が曲がるサオ
1号オモリ
何も感じられない……
重くて穂先が太い(硬い)サオ
1号オモリ
ズシッ!

アユ釣りでは何尾釣れると充実感があるでしょうか。釣り雑誌では1日100尾という記事というか企画も目にします。それには正味10時間で1時間当たり10尾。単純に6分に1尾釣り続ければ100尾ですが、簡単には釣れないのが現実です。実際には30尾釣れば充実した1日となるはずです。これは程よい状態でオトリの回転が利き、飽きない程度にサオが曲がっている状況です。この、サオが曲がるまでの過程で得られるさまざまな感度に釣果は大きく左右されると思います。目で見る感度、これは目印や水中イト。偏光グラス越しに見るオトリアユの動きや野アユの動き。そして手で感じる感度。動画で私は独り言のようにいつも「あっ!」「追われた」という言葉を口にしますが、これは後方の手に感じる感度、つまり音を最優先して友釣りを展開しています。

浅場であればよく見えるのでサイトの釣りも可能ですが、私自身は友釣りの醍醐味《だいごみ》は瀬だと思っています。瀬は水面に波立ちがあり、まずオトリや野アユは確認しにくくなるので一番はオトリの動きをイメージできること。野アユの追いの音を感じハリ掛かりさせ、アユの引きでどの場所に掛かっているのか？ グルグル口掛かり、ガツガツ背掛かり、グー腹掛かり、ブルブル尾掛かり。これらの「掛かりアユの引きの感じ」が分かれば取り込みもしやすくなるはずです。

SPECIAL
オトリの動きをイメージできるサオは釣果も自然と伸びてくるはず

ウエア類のアドバイス

ベスト

アユベストは比較的安価な物から5万円もするような高級品もあります。理想は軽量でなおかつ疲れないことですが、ベストには仕掛けが入るため、道具が多くなれば当然重量も増え疲れも出やすいはずです。そこでまずは少しでも軽くするために無駄な物を出来るだけ入れない。そして半日釣りができる仕掛けやハリをベストに入れます。また、これはいうべきか迷いましたが、私はズバリ仕掛けケースは使わず、ジップロックに入れてコンパクトにしています。

私の基本的な友釣りスタイル

安価なベストも容量的には全く問題ないはずです。それでは何が違うのか？　値段が上がるにつれ撥水《はっすい》性やフィット感が違ってきます。釣行日の天気は自分で決められないので当然雨釣行もあります。ベストに撥水性がなければ水を吸って重くなり、疲れなどにも影響します。最近の高級機種は、サイドのダイヤルをクルクル回すと自分の体形にフィットする機能もあり、やはり値段がよくなると快適さもアップします。

最後にベストに入れる道具ですが、なぜ半日の釣り道具に絞るのか？　理由は、ほとんどの方は昼食を食べると思います。食べない方でも入った場所で釣れなければ場所を大きく車移動するでしょう。両者とも一旦車へ戻るので、残り半日分の仕掛けバリなどの予備は車に置けばよいのではと思い、出来るだけ荷物を少なくしています。そうすることで身体は軽く遠くへも歩きやすく、おのずと釣果アップにもつながるかと思います。

シャツ

これはどんなシャツでも同じだと思う方もいるはずです。私も二十歳頃まではTシャツやロンTでアユ釣りをしていました。一方で、専用のシャツは濡れても乾きが早く、発汗作用や氷冷作用のある製品が数多く出回っています。熱中症対策としても、ぜひともお勧めします。また半袖と長袖では、私は肌を紫外線に触れさせないほうが涼しいと思っているので長袖をお勧めします。

タイツ

近年は温暖化で猛暑が続き、ライトスタイルの方も見られますが、聞くところによると、内臓を冷やすと後々体によくないそうで、腰痛などに悩まされる方も見受けられます。

私は主に初期の水深の浅い河川ではネオプレーン素材のスリムウエーダーをメインに、水量

■軽量化を追求したベストの装備

右（写真左）の胸ポケットにはすぐに張って使えるように円形仕掛巻に巻いた主力仕掛け、天井イトの予備を巻いたスプール、天井イト

左（写真右）の胸ポケットには主力となる予備仕掛け。最もよく使うメタコンボヘビー水中イト→下付けイト0.4号→中ハリス0.8号を2個ずつジップロックに入れています。また群れアユや渇水時に対応するお守り的な仕掛けのフロロ0.2号→中ハリス0.8号も常備

左胸ポケットには自作の外付けのハリケース（メインとなるハリ3種類24本を入れた）を装着

右下（写真左下）のポケットには予備のハリ8種類60本を入れたケースを収納

ファスナー近くのピンオンリール（右側）にはラインカッターとオマツリほどき、左には0.5～1号のオモリを入れる自作オモリストッカーを装着

写真右下に見えるダイヤルは回せばフィット感が高まるDDSというシステムです

ドライタイツ

急流に立ち込むときはドライタイツを使用。ソックスタイプのウエーダーで、シューズは別に購入します

スリムウエーダー

アユ釣りは足もとの装備がとても重要です。私が愛用しているのは脱ぎ履きしやすいブーツフットタイプのネオプレーン製スリムウエーダー。なるべく下半身を冷やしすぎないようにしています

ウエットタイツ

ウエットタイツは盛夏のアユ釣りの定番ウエア。生地(クロロプレン)の厚さは概ね1～3㎜で薄いものほど安価で涼しいです

タビ

タビはつま先部分がしっかりガードされたものがおすすめ。流れがきついところや浮石が多い釣り場ではトウガードのよしあしが足の負担に影響します

キャップ

キャップも撥水性の高いゴアテックス製がおすすめ。アユ釣りは天候が移ろいやすい真夏の釣り。炎天下の熱中症を防止して急な夕立にも対応できるキャップがよい

シャツ

アユ釣りは基本的に濡れる釣りなので速乾性のシャツが釣りを驚くほど快適にします。近年は氷冷作用のある製品も出回っており炎天下でも涼しい。長袖のほうが日焼けによる疲労が少ないです

ライトスタイル

真夏はライトスタイルでもよいでしょう。ただしボサ川や大河川での使用はおすすめしません。アユイングはこれくらい軽快なほうがいいですね

2024年のダイワ鮎マスターズ全国大会では救命具の着用が義務化されました

手動膨張式ライフジャケット

アユ釣り用の救命具は首掛け式の手動膨張タイプがおすすめ

膨張時

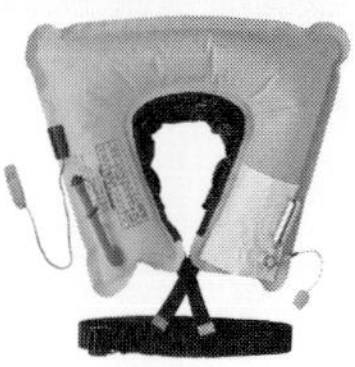

フロートベスト

浮力材入りのアユベストも登場していますが、こちらは腹付近まで立ち込むような場所は足が浮いてかえって危険です

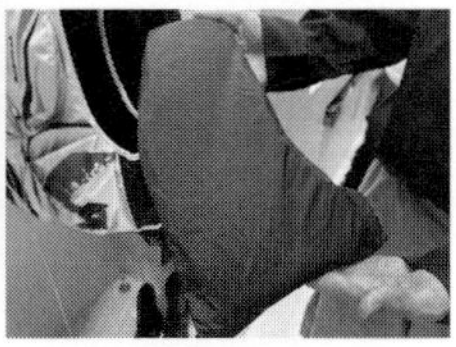

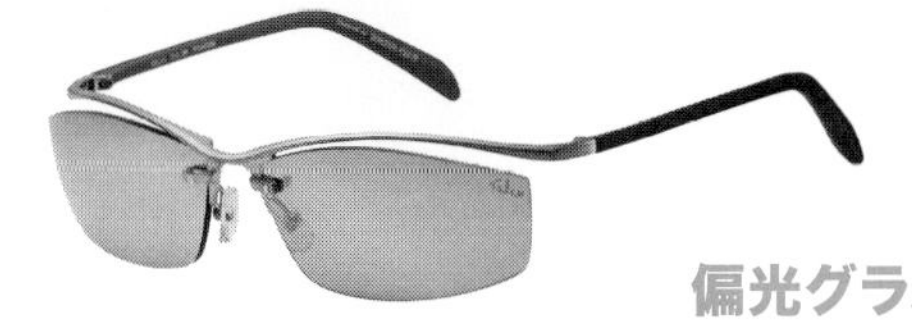

偏光グラス

アユは石色を見て釣ります。そのためにも偏光グラスは欠かせません。私が愛用しているカラーはラスターブラウンです

の多い河川ではドライタイツを履《は》いています。

一概に水深といっても人それぞれ。私は流れがそれほどなく、深くても股下以下であればスリムウエーダーを履き、それ以上であればドライタイツを履いています。寒がりということもありますが、帰りの運転でも疲れが全く違うので出来るだけ体を冷やさないように心がけています。

気温や水温が上がり暑くなると、脱水症状の危険もあるのでウエットタイツを使用しています。やはり動きやすさや涼しさ、安全面においてもウエットタイツが一番よいはずです。最初に購入するのであればウエットタイツでしょうか!?

河原が広く草木が水際にない河川であればライトスタイルもお勧めです。このスタイルはとにかく行動が楽。どんどん動き回る方にはもって来いです。ただし、タイツと違いヤブ漕ぎはしないほうが賢明です。インナーに半ズボンもしくは半ズボン型のタイツなので膝下はインナー。これに草木などが当たるとケガの可能性があるので、水際付近に草木がある河川ではお勧めできません。

このほか、暑がりの方であれば薄地タイツでの釣行をお勧めします。

近年、河川では水難事故が非常に多く、アユ釣りは危険な釣りと誤解されがちです。またほかの釣りでは救命具やフローティングベストをよく着用していますが、アユ釣りではそのような救命具を身につけるとかえって危険な状況になることもあります。

通常の救命具やフローティングベストは、腰以上の水深に立ち込むと浮力材で浮いて足が持ち上がるため、下流に流される危険もあります。自動膨張のベストもお勧めできません。常に水に浸かることが多いため、濡れてしまうとフローティングベストと同様、膨らんで流されてしまうので手動膨張式の救命具を装着することをお願いします。

急流などでの大アユ釣りではネオプレーンジャケットを着ます。これは立ち込みを前提とした装備で保温性にも優れ、また程よい浮き加減です。立ち込みを主に友釣りをしている方は、手動膨張式救命具とネオプレーンジャケットの装備で急流の大アユ釣りを楽しんでいます。

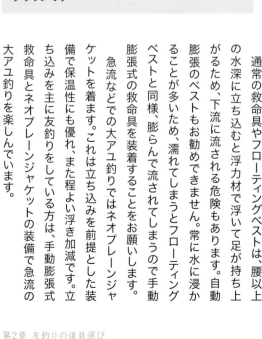

タモ・引き舟・小物(オモリポーチ・ハリケース)

タモ

タモ網は素材によって大きな差があります。比較的安価なタモと高級なタモでは何が違うのか？これは使い勝手が驚くほど違います。友釣り未経験の方や初心者の方は、タモはアユを入れる道具、すくう道具と簡単に考えがちかもしれません。

生きたアユでアユを釣る友釣りでは、アユ(オトリ)の活きが大事！ タモの中でモタモタするとアユの体力はどんどん低下し、いざオトリとして使う時にはすでにダメな状態になっているかもしれません。

タモは生きたアユを逃がさないための道具。掛かりアユを取り込むと、オトリ交換までタモ網は常に水に触れているので手にまとわりつきやすいタモは使いにくい。やはりタモ網はパリッとした形状をしているほうが取り込み時、網にハリなどが掛かりにくいのでストレスなく釣りを展開できるはずです。

また、円柱設計のタモ網よりも、タモの底を狭くすることでアユが泳ぎ回り暴れるのを抑え、体力を消費しにくい形のタモもあります。次に使うオトリがタモの中で泳ぐ＝体力消耗につながってくるので、私はタモの中で動きが少なくなるタモを使うことをお勧めしています。

タモ

タモは取り込みだけではなく、仕掛けを張る時やオトリ交換にも使う作業場です。目が細かくパリッとした形状をしているほうがストレスなく使えます

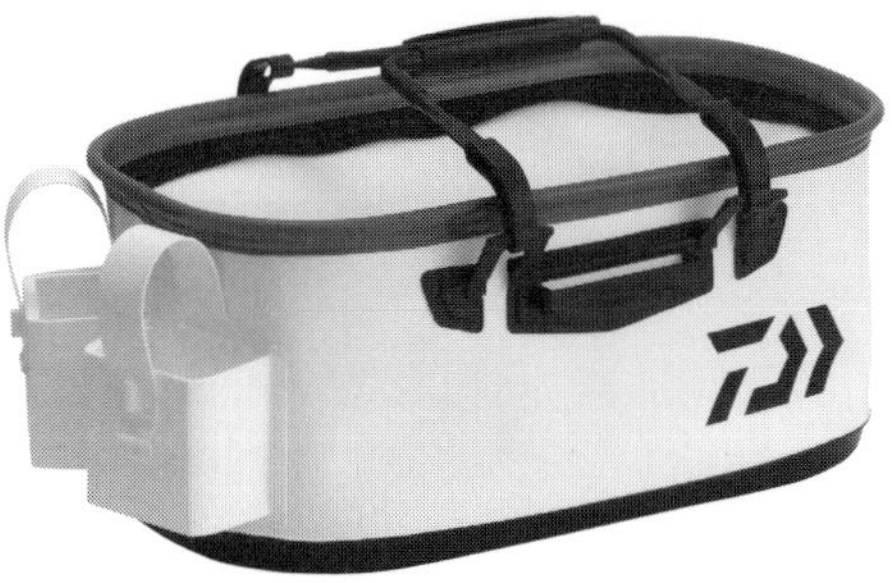

友舟バッカン

移動距離の短い釣り場なら友舟バッカンも便利です

友カン

ダイワの7ℓ引き舟が中に入る24ℓの友カンを愛用しています

引き舟

引き舟は7ℓがベストだと思っています

引き舟

最近は複雑な流れでひっくり返っても元に戻る「起き上がりこぼし」的な引き舟もあり、快適に釣りができます。容量は7ℓが主流です。4・5ℓから最大8ℓまで種類がありますが、私も、大は小を兼ねるではありませんが、7ℓ容量がベストだと思っています。

大は小？ 8ℓがあるのにと思った方は正解です。少しでも大きいほうがよいのは分かっていますがなぜ使わないのかというと、単純に24ℓの友缶に入らないからです。8ℓの引き舟が入る友缶があれば使うかもしれませんが、現状では大会など遠征に対して不便なので……。ちなみに、8ℓの引き舟が入る簡易移動タイプの「友舟バッカン」という製品はあります。

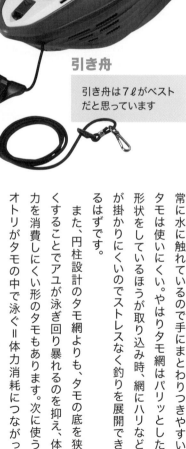

オモリポーチ

オモリポーチはマグネット式になってから、ファスナー開閉式に比べてオモリの取り出しがはるかにスムーズに楽になりました。ただ、大きなオモリは取り出しやすく、小さいオモリは大きなオモリの下に入るので思うように取り出せないことがあります。私はベストに小型オモリ用のオモリストッカーを装着し、オモリポーチの中で探す手間を省きわずらわしさを解消しています。用意するものは、

●ワンデイパックの空
●先鋭なハサミ
●安全ピン

これで簡単にオモリストッカーなる物が5分ほどで完成します。オモリサイズは最大で1号、最小では0・3号。私は一番上＝1号、真ん中＝0・8号、下＝0・5号と3種のオモリをはめ込んでベストに付けています。もちろんオモリポーチには2〜0・3号まで入れています。速攻性を上げるためのオモリストッカーです。

オモリポーチ

マグネット式のオモリポーチはスムーズに出し入れできますが、小さいオモリは取りにくい

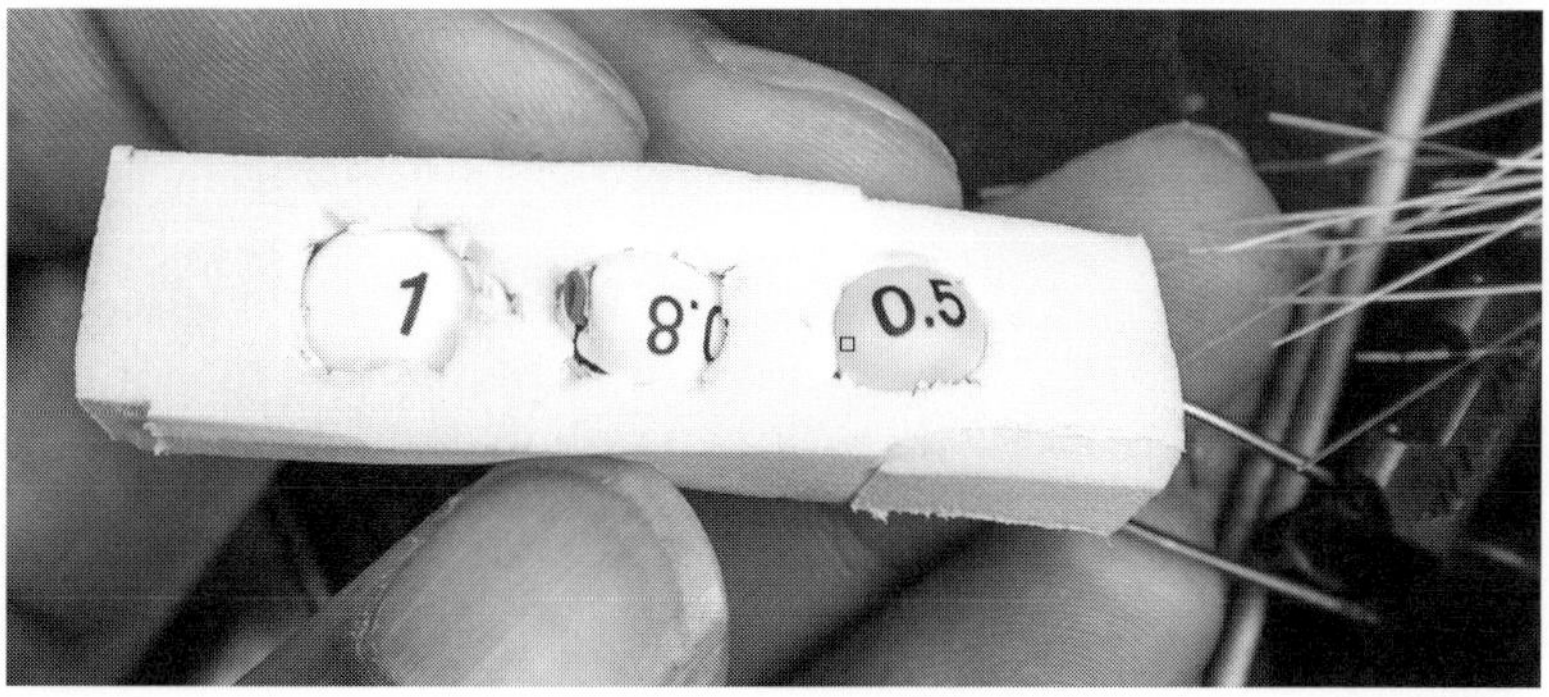

自作オモリポーチ

ハリのワンデイパックのスポンジで作った自作のオモリストッカー。0.3号でもしっかりとハマりやすい。私は0.5〜1号を写真のように装着しています

ハリケース

ベストにはハリケース入れが右に2ヵ所、左に大型ポケットがあり何ら問題なく使用できるはずです。私の場合、ファスナーの開け閉めがストレスになるので外に後付けで自作ハリケースを作りピンで装着しています。

ハリケースはもちろん1つ持っています。これには8種類、60本ほど入れています。これで充分といえば充分なのですが、あくまでも予備なのでメインは外付けのハリケース。この中にはメインにしているハリ3種を24本ほど入れており、2時間の試合では充分に足りる量だと考えます。もし、この3種のハリがいまいちしっくりこない時には、ポケットに入っているハリケースの出番となるわけです。

ハリケースの作り方は少し時間がかかるのでここでは書かないでおきます。

試合で携帯することの多いハリ

● 外付けハリケース

外付けのハリケースには3種類24本のハリを入れて釣りをすることが多いです

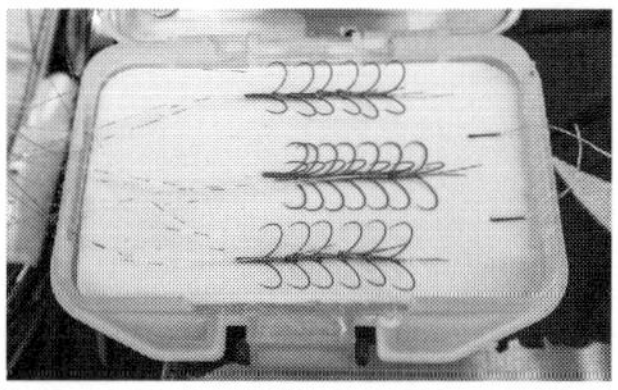

スピード6.5号 3本イカリ
フックK6.5号 4本イカリ
パワーミニマム6.5号 3本イカリ

● 予備のハリケース

ハリケースは予備として1つもっており、予備には8種類60本を入れています

スピード7号 3本イカリ
パワーミニマム7号 3本イカリ
ミニマム6.5号 3本イカリ
ミニマム6.5号 4本イカリ
キープ7号 3本イカリ
キープ7.5号 3本イカリ

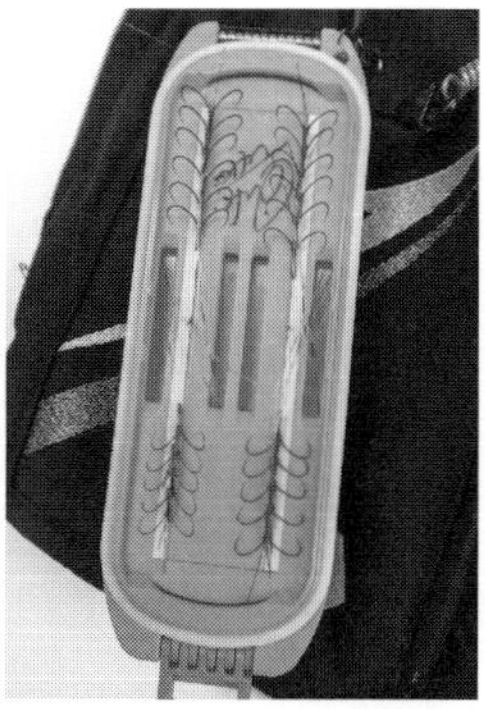

第3章

仕掛けについての考察

アユ釣りは仕掛け作りが難しそうで……というのは昔の話、現在はすぐれた「完成仕掛け」がある。

一方で、仕掛けを自作するのはやはりアユ釣りの面白さを何倍にもしてくれる。

そこで私なりに経験と研究から導き出した、現時点の仕掛け作りと勘所について述べてみたい。

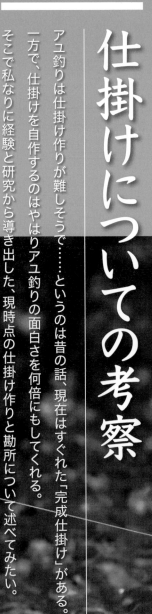

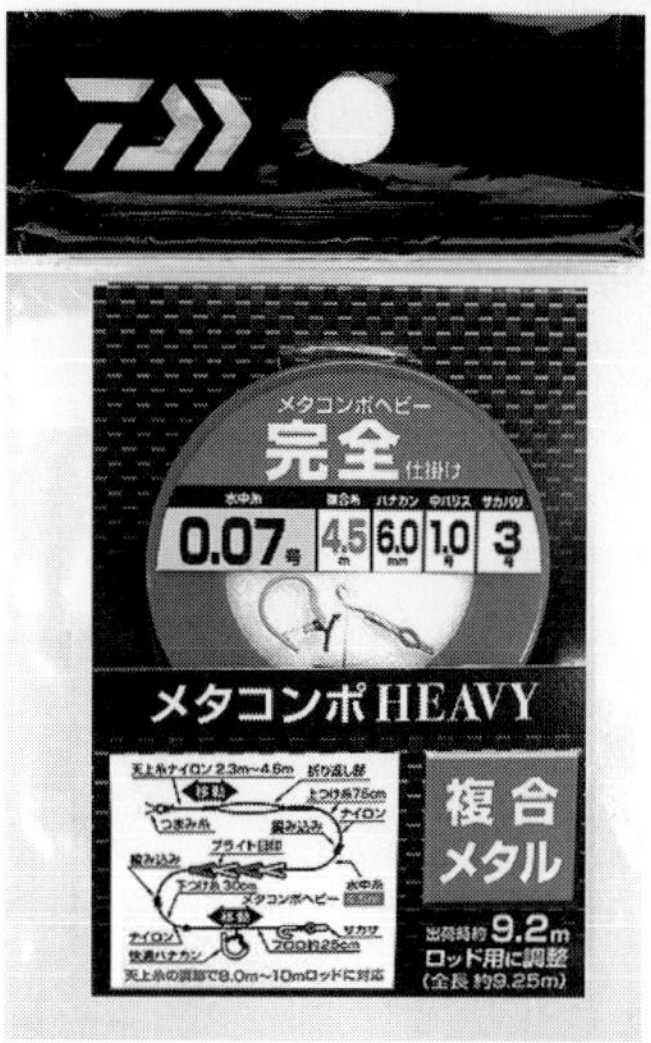

メタコンポヘビー完全仕掛け

近年の完全仕掛けの完成度の高さには驚かされるばかり。仕掛け作りが大変というビギナーは迷わず市販仕掛けでスタートするのがよいでしょう。おすすめのひとつがメタコンポヘビー完全仕掛けです

メタコンポ大鮎完全仕掛け

ダイワの完全仕掛けの中で珠玉といえるのがメタコンポ大鮎完全仕掛け

完成仕掛けについて

最近の完成仕掛けは非常に出来がいいです。正直にいうと、5年前くらいまでのものはまず使いたくなかった。理由は、言い方が悪いと思いますが、雑。ここまで瞬間接着剤をつけるかというくらいつけすぎのイメージがあり、それでいて接合部分は不安。ハナカンの編み込みも緩くどうにも納得できませんでした。だいたい自分で仕掛けが作れるので、好みではないということもありますが、どうしても不満が出てきます。

講習会などで完成仕掛けを使うことがよくありますが、年々出来具合がよくなってきてバランスも向上し、結節部分も……これなら完全仕掛け買うかな？と思うくらい今の完成度は非常に高いと思っています。私のお勧めは、「メタコンポヘビー完全仕掛け」の0・07号もしくは0・1号です。この号数はごく一般的に多用している方が多いと思います。細すぎず太すぎず。付けイトも0・5号とベストなバランス。パーツはハナカン6㎜、中ハリス1号、逆バリ3号。いつも使用している仕掛けに限りなく近いので何ら違和感なく使えます。ただし、一工夫して付けイトと中ハリスをアユのサイズに合わせて少しカットし、好みの長さで使用しています。

このほか、「メタコンポ大鮎完全仕掛け」は本当に大アユのためだけに作られたといってもよいほど完成されており、自信をもって使うことができます。ただ目印は半分くらいにカットして小さくします。

仕掛け作りは釣りの楽しさを何倍にもしてくれる

最初は何も分からずにスタートしても、釣行回数が多くなるにつれて完全仕掛けから自分で作ることに興味が湧いてきます。また完全仕掛けを使っている間も、修理や工夫などいろいろしているはずです。今はYouTubeなどがあり、難しいと思われる結節方法なども細かく出ているので仕掛け作りも比較的簡単かと思います。中ハリスをもう少し細くしてみよう、背バリを付けようかな、など自ら作った仕掛けでアユを釣りたい気持ちが出てくるのではないでしょうか。

アユの仕掛けは他の釣りとは違い結節部分が非常に多く複雑で、なおかつ釣り人の数だけ仕掛けがあるといっても過言ではないくらい多彩です。それだけに自作する楽しみもまた大きいのです。

ところで、アユ釣りの仕掛けではどこのトラブルが一番多いでしょうか。どんな釣りでも同じかもしれませんが、それは結節部や障害物に擦《こす》れる箇所だと思います。そしてアユ釣りでは完全仕掛けも自作仕掛けも下付けイト部分のトラブルが多いです。障害物や石がない状態では簡単に切れる

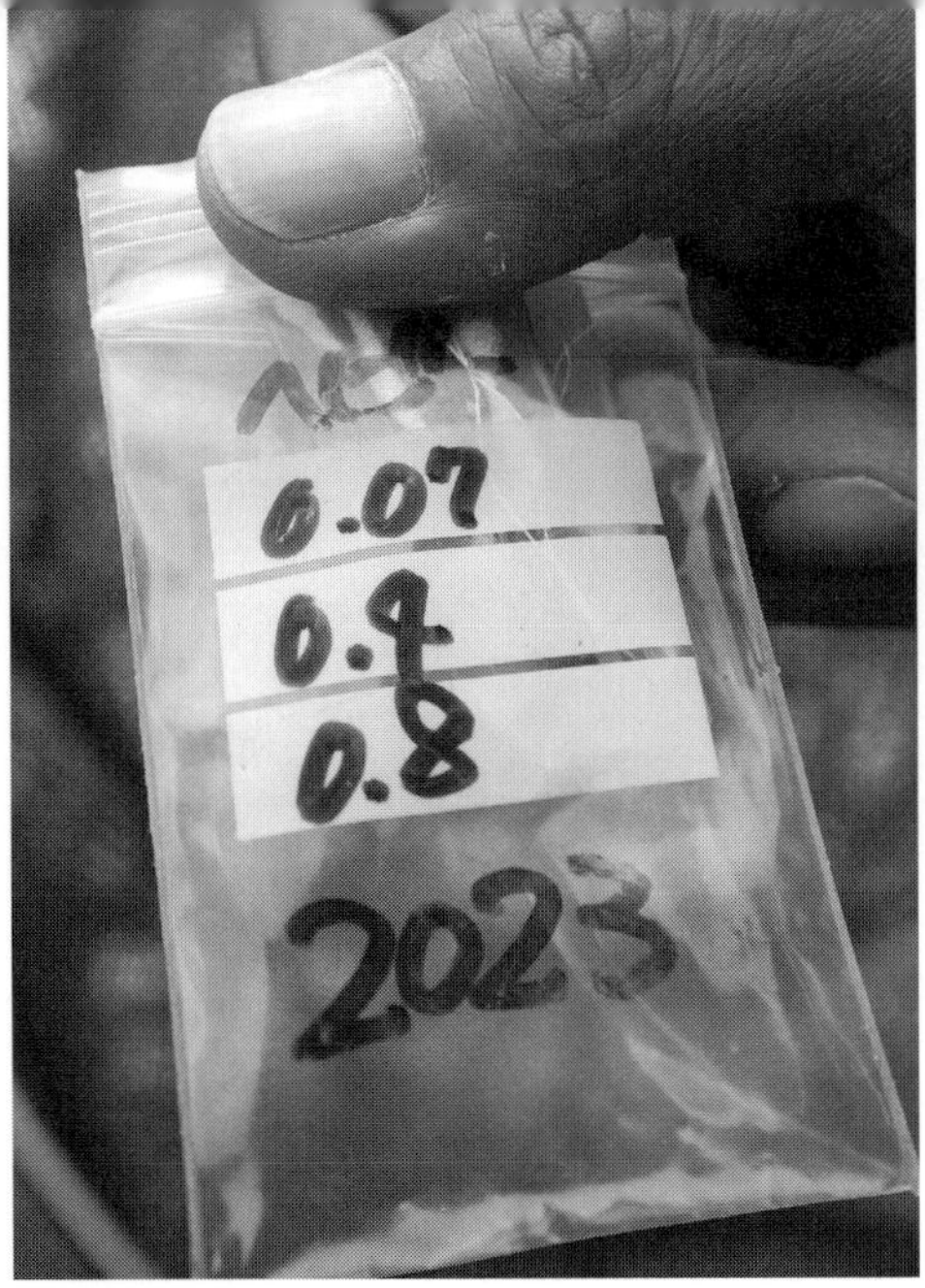

仕掛けはペラに巻いて小型のジップロックに入れます。なるべくベストを軽くしたいからです。作った年度、号数の詳細は袋に記入して分かりやすく携帯します。この仕掛けの場合は水中イトがメタコンポヘビー0・07号、下付けイトが0・4号、中ハリスが0・8号という感じです

天井イトはフロロカーボンを愛用。主に0.6号がメインで1個作ればワンシーズン使えることもあります

ことはないはずですが、水中に入れば当然オトリは石の周りを泳ぐので石や障害物、草木に擦れ、野アユが掛かれば瞬間的な力がイトに加わります。この瞬間的な力が勝ると、一番弱くなっている場所から切れるはず。それがほとんど下付けイトから下部分なのです。

このトラブルを防ぐために、私は試行錯誤し完全仕掛けに勝つ仕掛けを目差しています。前記したとおり十人十色の仕掛けがあるので、最初の頃はいろいろな方の仕掛けをお手本に作りました。そして今でもよく釣る方の仕掛けをもらったりもしています。その時その時間で周りの人よりも多く釣る方は、すべてにおいて完璧に釣っているはず。もちろん釣り方や場所の見方は当然あるかと思いますが、まずは猿真似というか、できる部分から真似ていこうと仕掛け作りをしています。この部分を大きくすればオトリに対する抵抗が増える、ここを長くすれば衝撃を吸収して切れにくくなるとか、名手の仕掛けを参考に作ったりもしていました。

私の場合、友釣りは5月1日から和歌山で解禁し、10月後半どこかの河川で終了を迎えます。ただ、釣りは5月1日から始まりますがその前にやるべきことがいろいろとあります。友釣りはほかの釣りとは少し違い準備が非常に多いので、翌年の解禁が早い方はその年の禁漁を迎えるとすぐに来年に向けて仕掛け作りをしている方も多いようです。私はあわてず4月くらいからボチボチ始めますが、この仕掛け作りが一番胸弾む時なのかもしれません。5月の解禁は和歌山へ行くので若くひ弱なアユ向けの仕掛けを作ります。昨年を振り返りイトの号数や仕掛けの長さ等を工夫して、いざ解禁を迎え使ってみると何かしっくりこない場合と、「おっ！コレよい」と思う場合があり、このマル・バツがあるからこそ仕掛け作りの面白さや意外性を感じます。

ダメといわれる道具がよい方向に転ぶとものすごい釣果が出る。

よいといわれる物が実際よいと普通よりも少しよい釣果が出る。

そのような感じが見受けられます。いつでもどこでも正解ということはまずないです。その時に合った仕掛けが一番よいはず。でもその仕掛けを持って次回釣行すると不満になったりまた満足したり。帰るとその仕掛けに改良を加える。そして次回釣行……。

永遠に完成形がないのがアユ仕掛け作りの楽しさだと思います。

仕掛けの各部について

天井イト

近年PEラインを使い感度を上げる方が増えていますが、私はフロロカーボン0・6号のみを使用

有岡只祐さんの主な仕掛けセッティング

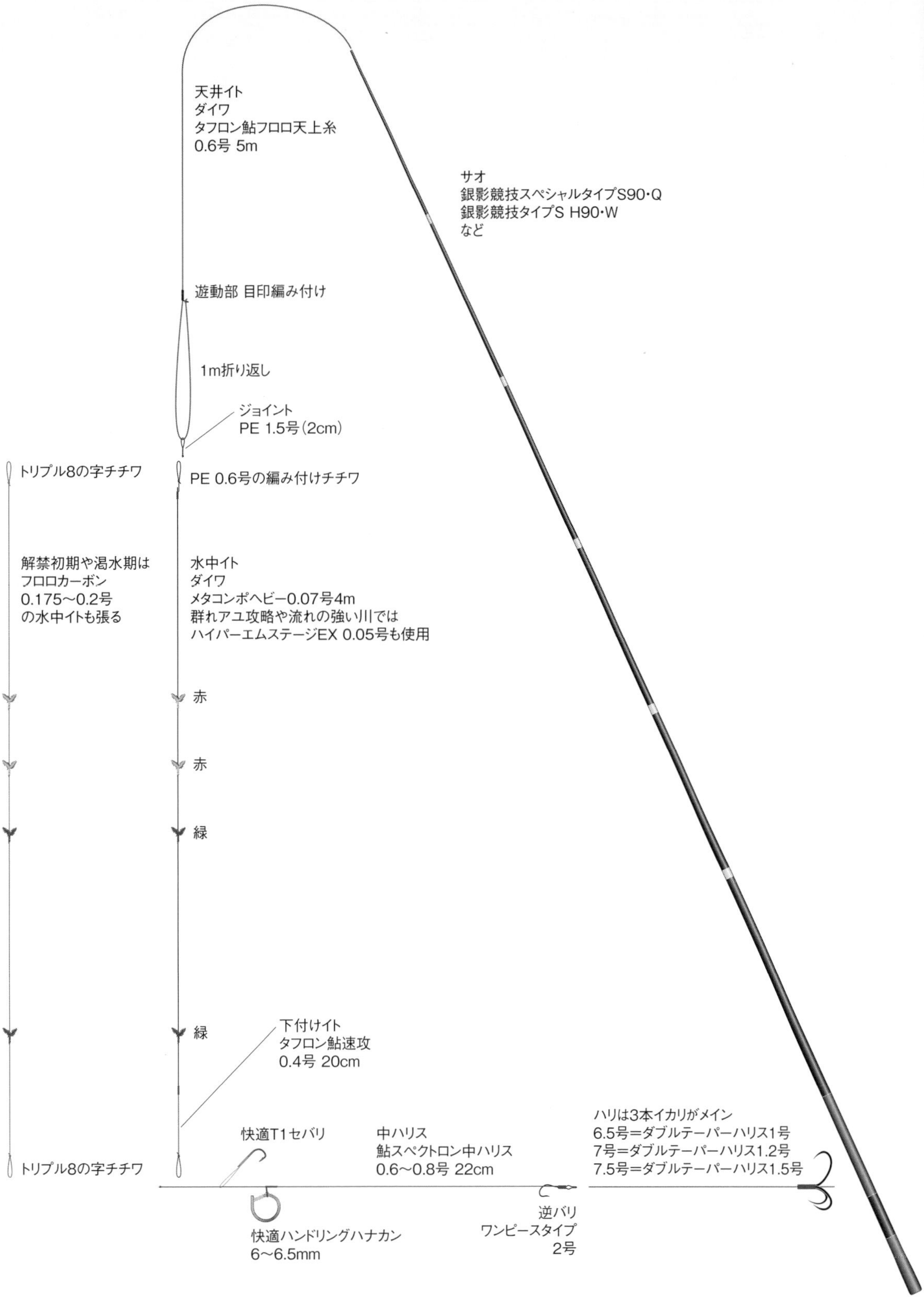
天井イト
ダイワ
タフロン鮎フロロ天上糸
0.6号 5m
サオ
銀影競技スペシャルタイプS90･Q
銀影競技タイプS H90･W
など
遊動部 目印編み付け
1m折り返し
ジョイント
PE 1.5号（2cm）
トリプル8の字チチワ
PE 0.6号の編み付けチチワ
解禁初期や渇水期は
フロロカーボン
0.175〜0.2号
の水中イトも張る
水中イト
ダイワ
メタコンポヘビー0.07号4m
群れアユ攻略や流れの強い川では
ハイパーエムステージEX 0.05号も使用
赤
赤
緑
緑
下付けイト
タフロン鮎速攻
0.4号 20cm
快適T1セバリ
中ハリス
鮎スペクトロン中ハリス
0.6〜0.8号 22cm
ハリは3本イカリがメイン
6.5号＝ダブルテーパーハリス1号
7号＝ダブルテーパーハリス1.2号
7.5号＝ダブルテーパーハリス1.5号
トリプル8の字チチワ
快適ハンドリングハナカン
6〜6.5mm
逆バリ
ワンピースタイプ
2号

天井イトの編み付け遊動部の作り方

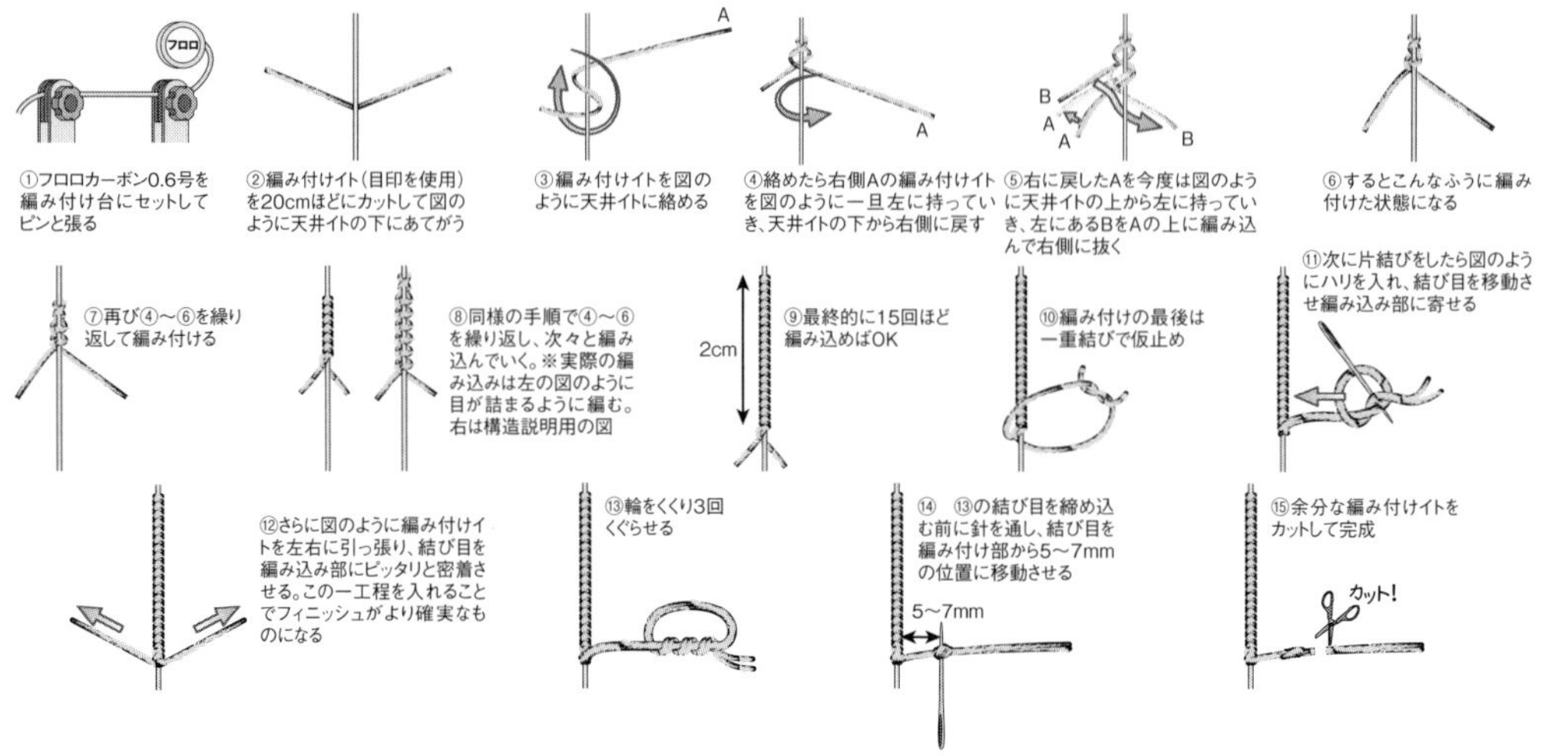

フロロ
A
A
B
A
A
B
①フロロカーボン0.6号を編み付け台にセットしてピンと張る
②編み付けイト(目印を使用)を20cmほどにカットして図のように天井イトの下にあてがう
③編み付けイトを図のように天井イトに絡める
④絡めたら右側Aの編み付けイトを図のように一旦左に持っていき、天井イトの下から右側に戻す
⑤右に戻したAを今度は図のように天井イトの上から左に持っていき、左にあるBをAの上に編み込んで右側に抜く
⑥するとこんなふうに編み付けた状態になる
⑦再び④〜⑥を繰り返して編み付ける
⑧同様の手順で④〜⑥を繰り返し、次々と編み込んでいく。※実際の編み込みは左の図のように目が詰まるように編む。右は構造説明用の図
2cm
⑨最終的に15回ほど編み込めばOK
⑩編み付けの最後は一重結びで仮止め
⑪次に片結びをしたら図のようにハリを入れ、結び目を移動させ編み込み部に寄せる
⑫さらに図のように編み付けイトを左右に引っ張り、結び目を編み込み部にピッタリと密着させる。この一工程を入れることでフィニッシュがより確実なものになる
⑬輪をくくり3回くぐらせる
⑭ ⑬の結び目を締め込む前に針を通し、結び目を編み付け部から5〜7mmの位置に移動させる
5〜7mm
⑮余分な編み付けイトをカットして完成
カット!

折り返した天井イトを投げ縄結びで接続

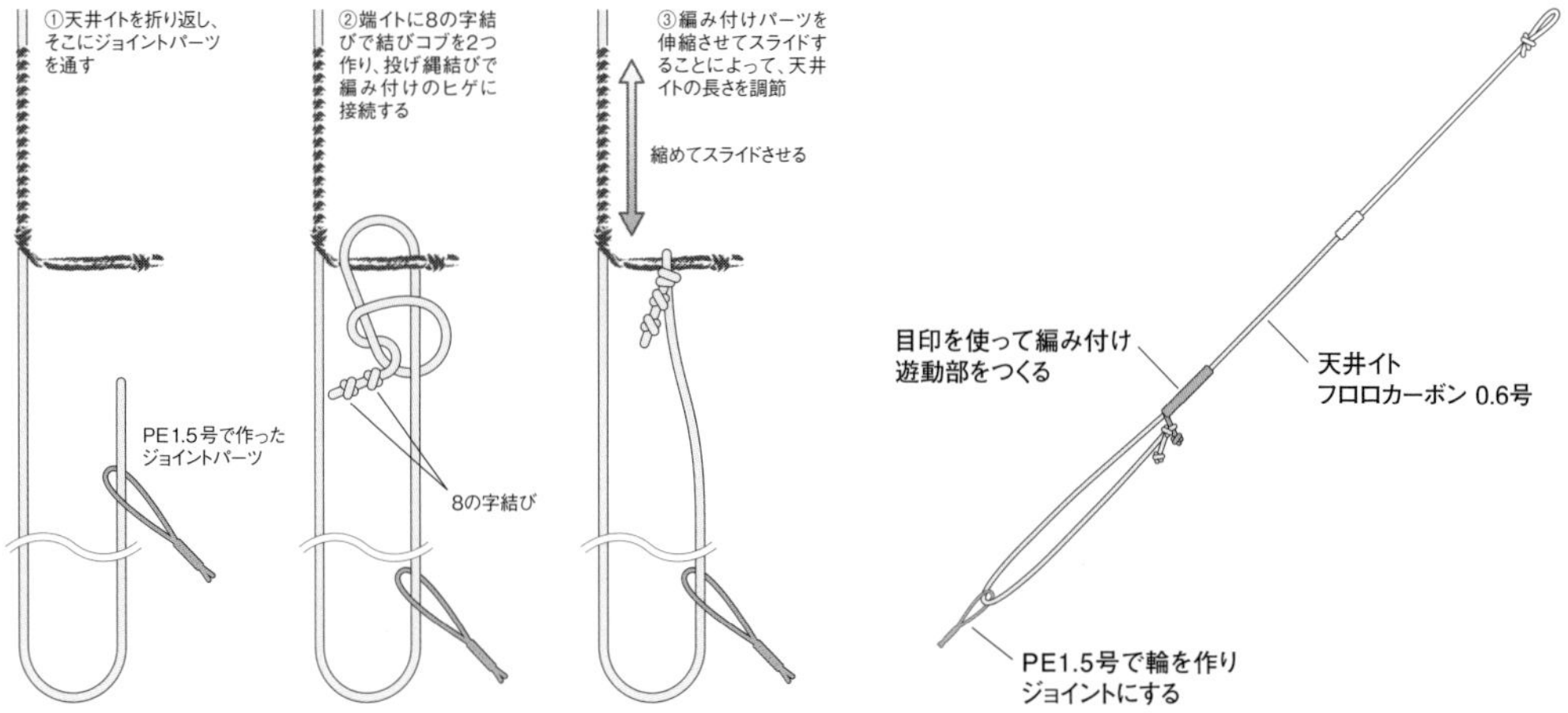

①天井イトを折り返し、そこにジョイントパーツを通す
PE1.5号で作ったジョイントパーツ
②端イトに8の字結びで結びコブを2つ作り、投げ縄結びで編み付けのヒゲに接続する
8の字結び
③編み付けパーツを伸縮させてスライドすることによって、天井イトの長さを調節
縮めてスライドさせる
目印を使って編み付け遊動部をつくる
天井イト
フロロカーボン 0.6号
PE1.5号で輪を作りジョイントにする

しています。ナイロンで伸びを作り仕掛けの強度を上げることもしました。またPEラインも使い感度を上げようともしましたが、イマイチ自分には合わなかったのです。

ナイロンは伸びと吸水性があり、回数を使うと全長が合わなくなったり吸水して編み込み移動ができなくなり、そこから切れる。長持ちしないことがストレスになって止めました。

PEラインにいたっては、吸水性はありませんが適度な伸びがなく私にとってはオトリの馴染みが悪く、またライン自体が柔らかいので雨の日

天井イトの遊動ジョイントは目印を編み付けて使用しています

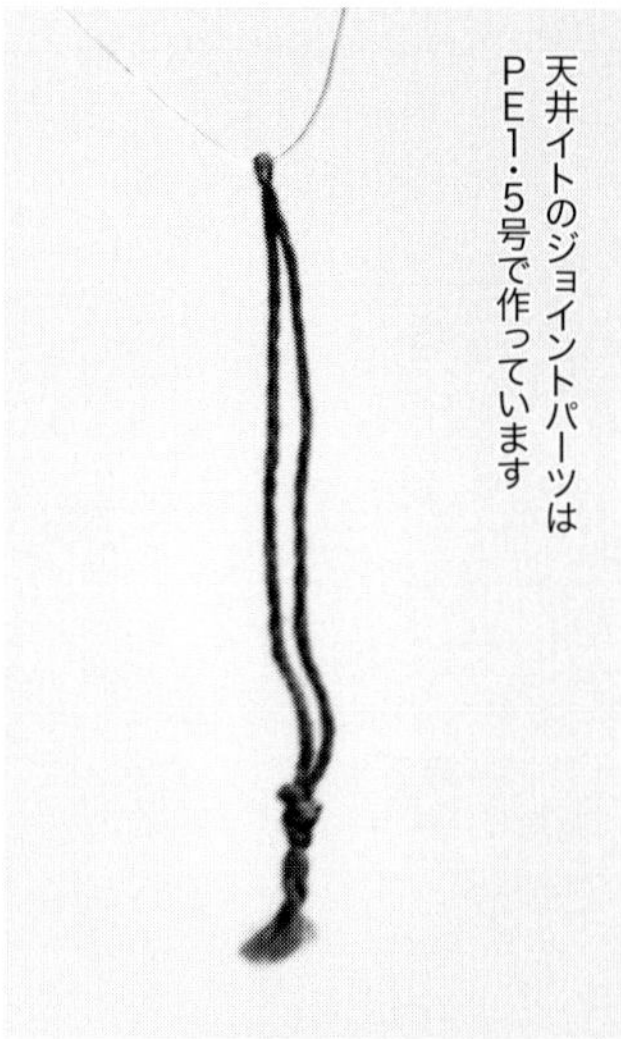

天井イトのジョイントパーツはPE1・5号で作っています

■仕掛け作りの手順

1. 天井イトを作る（最後に作ってもよい）
2. 天井イトと水中イトの接続部となる「PE編み付けチチワ」のジョインターを作る
3. 中ハリスに逆バリをフィンガーノットで結束
4. 中ハリスにハナカンを編み付ける
5. 水中イトに下付けイトを編み付ける
6. 水中イトに目印をセットする
7. 下付けイトと中ハリスを結束する
8. 水中イトの長さを決めて仕掛巻に巻く
9. 水中イトの上部に編み付け式ジョイントチチワをセットする
10. 天井イトと水中イトを結束する

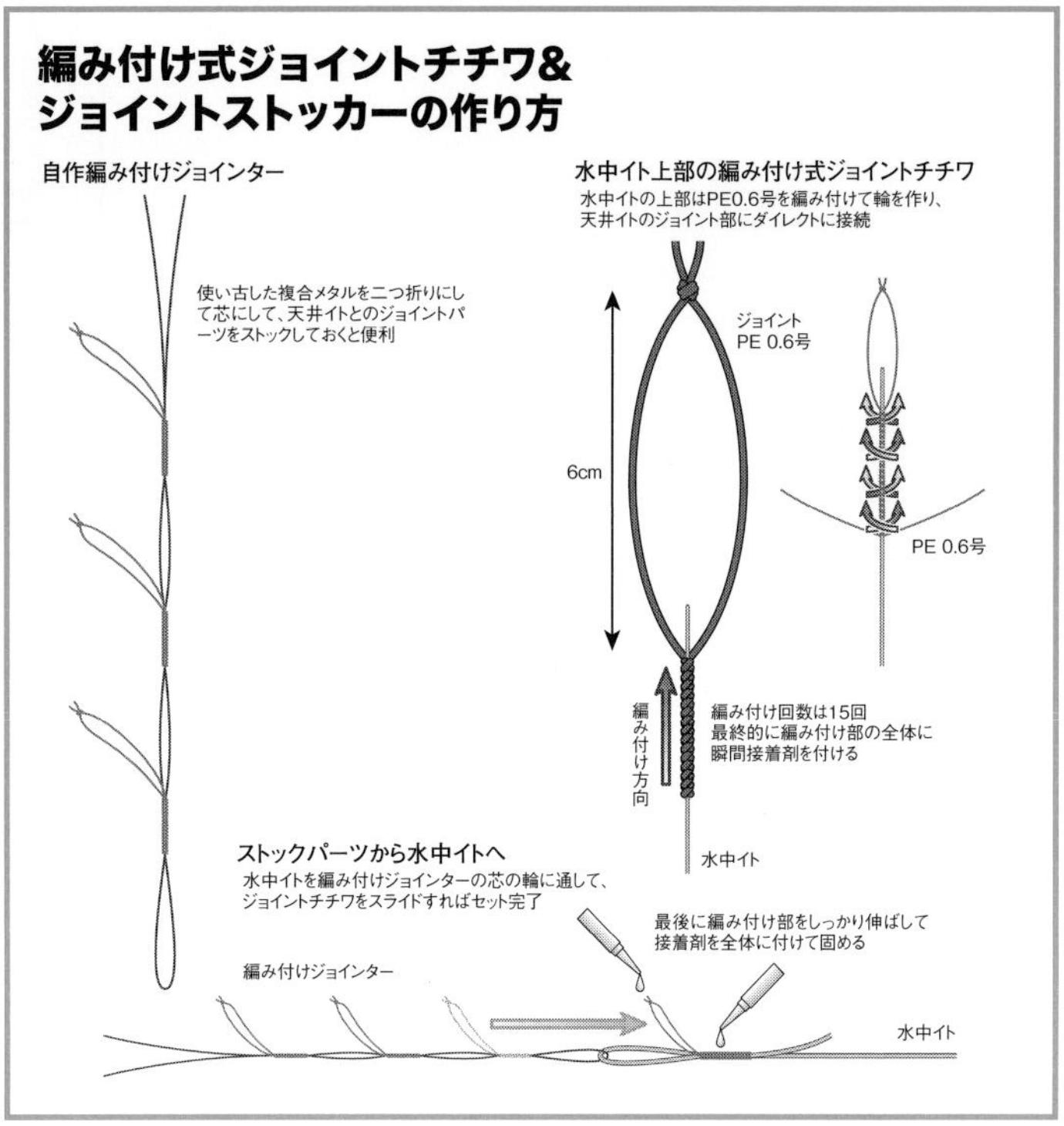
編み付け式ジョイントチチワ&
ジョイントストッカーの作り方
自作編み付けジョインター
使い古した複合メタルを二つ折りにして芯にして、天井イトとのジョイントパーツをストックしておくと便利
水中イト上部の編み付け式ジョイントチチワ
水中イトの上部はPE0.6号を編み付けて輪を作り、天井イトのジョイント部にダイレクトに接続
ジョイント
PE 0.6号
6cm
PE 0.6号
編み付け方向
編み付け回数は15回
最終的に編み付け部の全体に瞬間接着剤を付ける
水中イト
ストックパーツから水中イトへ
水中イトを編み付けジョインターの芯の輪に通して、ジョイントチチワをスライドすればセット完了
最後に編み付け部をしっかり伸ばして接着剤を全体に付けて固める
編み付けジョインター
水中イト

に絡むと直せないことがしばしばあって断念。以後、フロロカーボン0・6号に落ち着きました。それは適度な伸びと、吸水性がないので長持ちするといった簡単な理由で決めています。

■天井イトの作り方

折り返しは1m取り、目印（太）で両編み込み15回で折り返し。リリアンはPE1・5号で2cmほどのチチワを作り結びは8の字結びで、それをフロロに通す。フロロの端は投げ縄結びで編み込み目印に接合しています。この編み込みですが、あまりきつく編みすぎると動きにくくなり無理に動かすと切れる可能性があるので、最初は2～3回は少し強く締め、目印がきつく決まれば少し優しく締めています。これで、よほどのトラブルがない限り一張りでワンシーズン使えます。

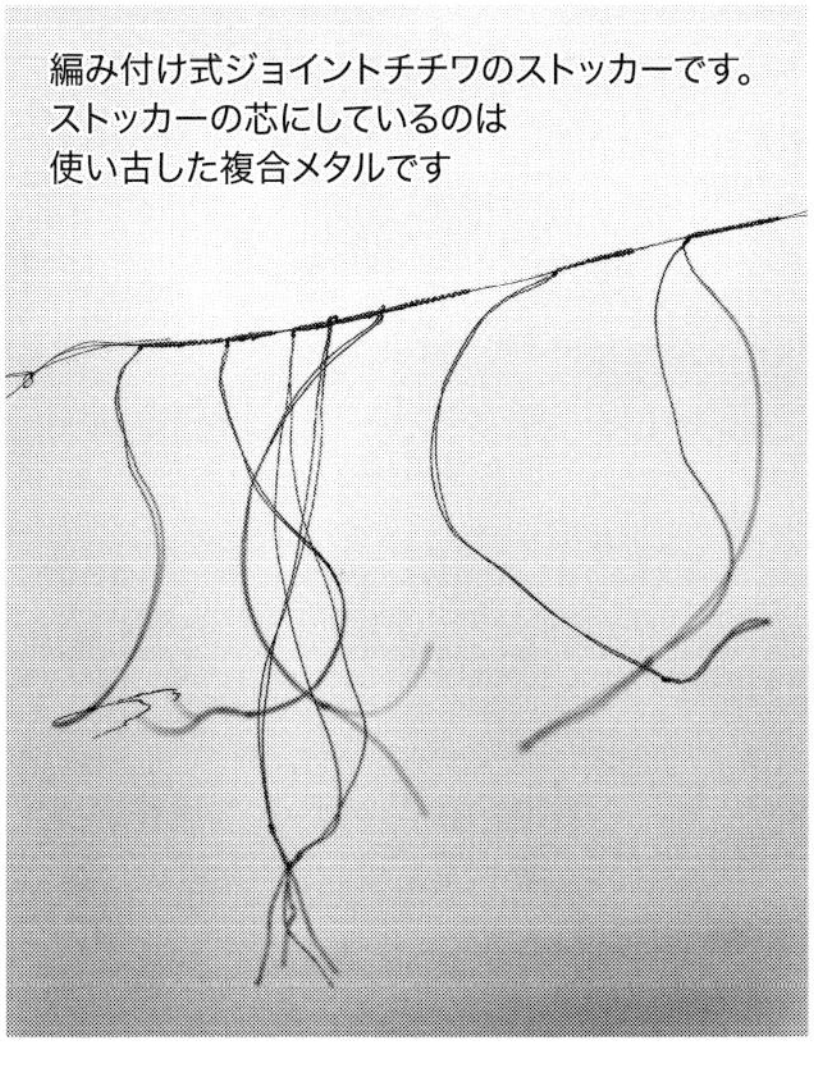
編み付け式ジョイントチチワのストッカーです。ストッカーの芯にしているのは使い古した複合メタルです

ジョイントパーツから編み付けチチワを水中イトにスライドして瞬間接着剤で固めます

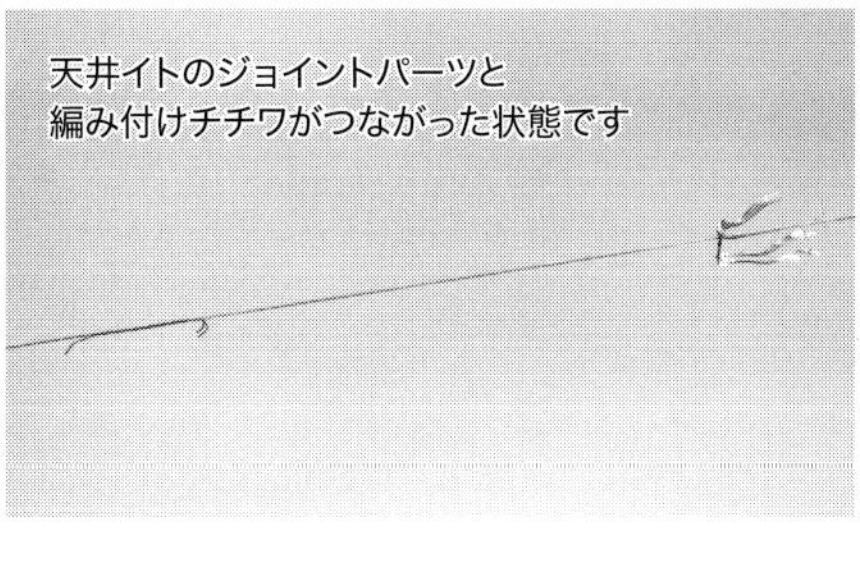
天井イトのジョイントパーツと編み付けチチワがつながった状態です

結節で多用する「速攻８の字むすび」を使ったトリプルチチワ

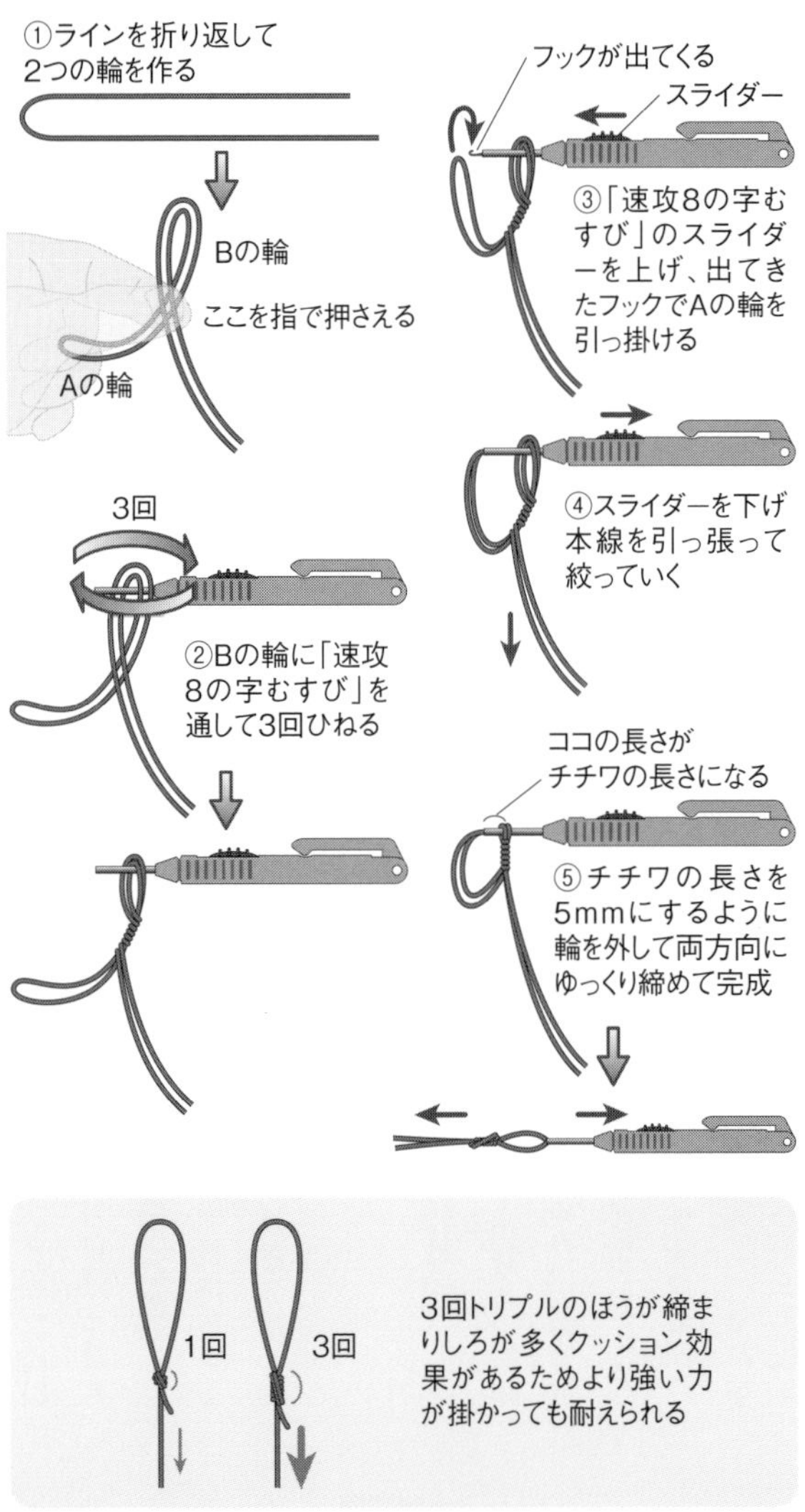
①ラインを折り返して
2つの輪を作る
Bの輪
ここを指で押さえる
Aの輪
3回
②Bの輪に「速攻
8の字むすび」を
通して3回ひねる
フックが出てくる
スライダー
③「速攻8の字む
すび」のスライダ
ーを上げ、出てき
たフックでAの輪を
引っ掛ける
④スライダーを下げ
本線を引っ張って
絞っていく
ココの長さが
チチワの長さになる
⑤チチワの長さを
5mmにするように
輪を外して両方向に
ゆっくり締めて完成
1回
3回
3回トリプルのほうが締ま
りしろが多くクッション効
果があるためより強い力
が掛かっても耐えられる

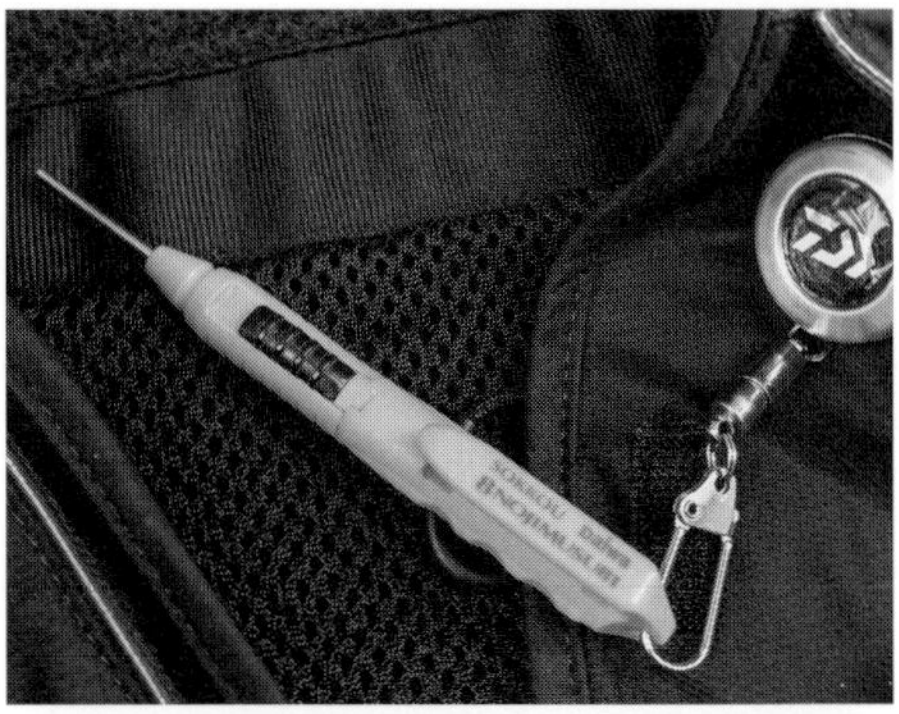

仕掛けのチチワ結びに欠かせないダイワ速攻８の字むすび

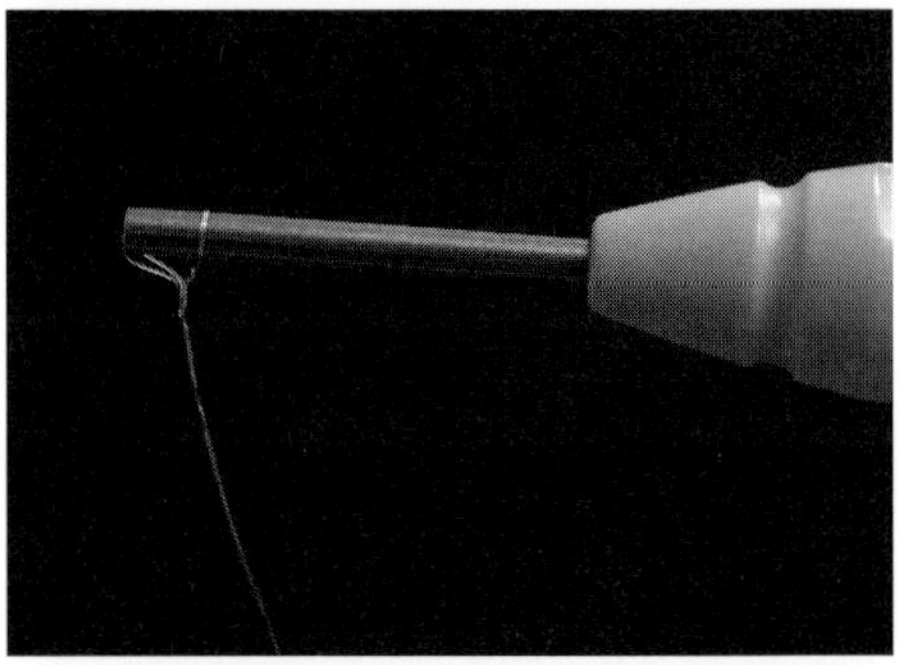

8の字結び器のフックから引っ掛けた輪の距離でチチワの大きさが決まります

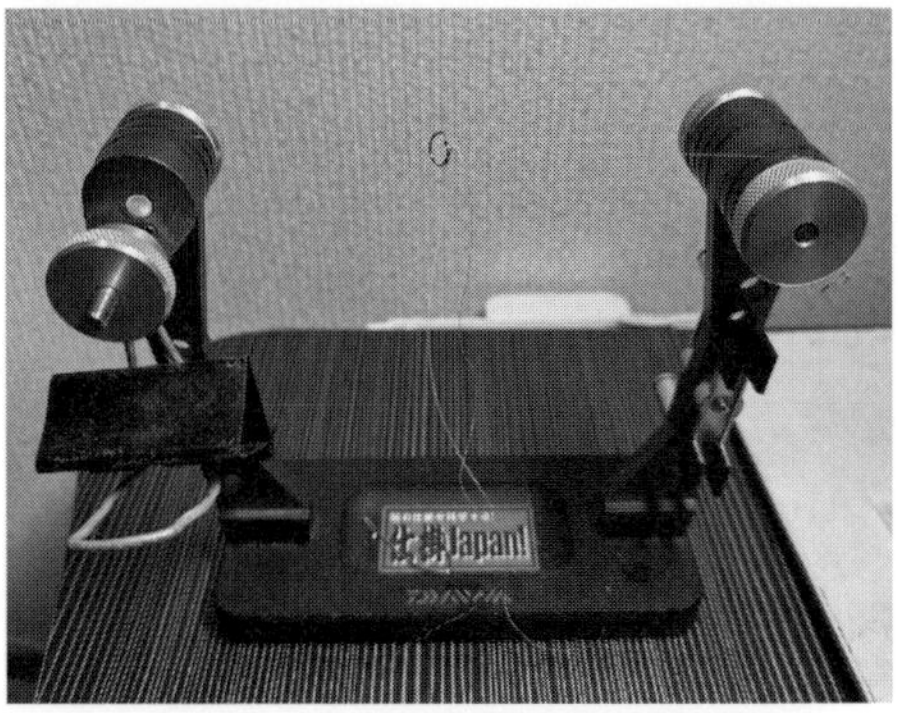

愛用の編み付け台。アユの仕掛け作りには不可欠です

ハナカン周り

ハナカン周りのイトはほとんどの方がフロロカーボンですが、私はもっぱらナイロン派で、大アユのみフロロカーボンを使用しています。

フロロカーボンのほうが吸水性もなく擦れにも強いのになぜ？と思われるかもしれませんが、ナイロンはオトリの魚体に沿うというか泳ぎが軽いような気がしています。それと伸びがあるのでクッション性に優れ、22㎝ほどしか使わないのでこの長さでの瞬間的な引張強度はフロロカーボンよりもナイロンが強いように感じることが使用の理由です。

ハナカンは「快適ハンドリングハナカン」を平均15㎝くらいまでは6㎜を使い、18㎝くらいになると6・5㎜にしています。これはただ単にアユのサイズが大きくなれば鼻穴の幅も広くなるのでワンサイズ上げています。6・5㎜であれば25㎝のオトリでも楽に通ります。

逆バリ

ワンピースタイプの逆バリ2号を20年ほど使っています。やはりメガネハリス止と違いハリ交換が非常に楽なのと、

ハナカンの編み付け方

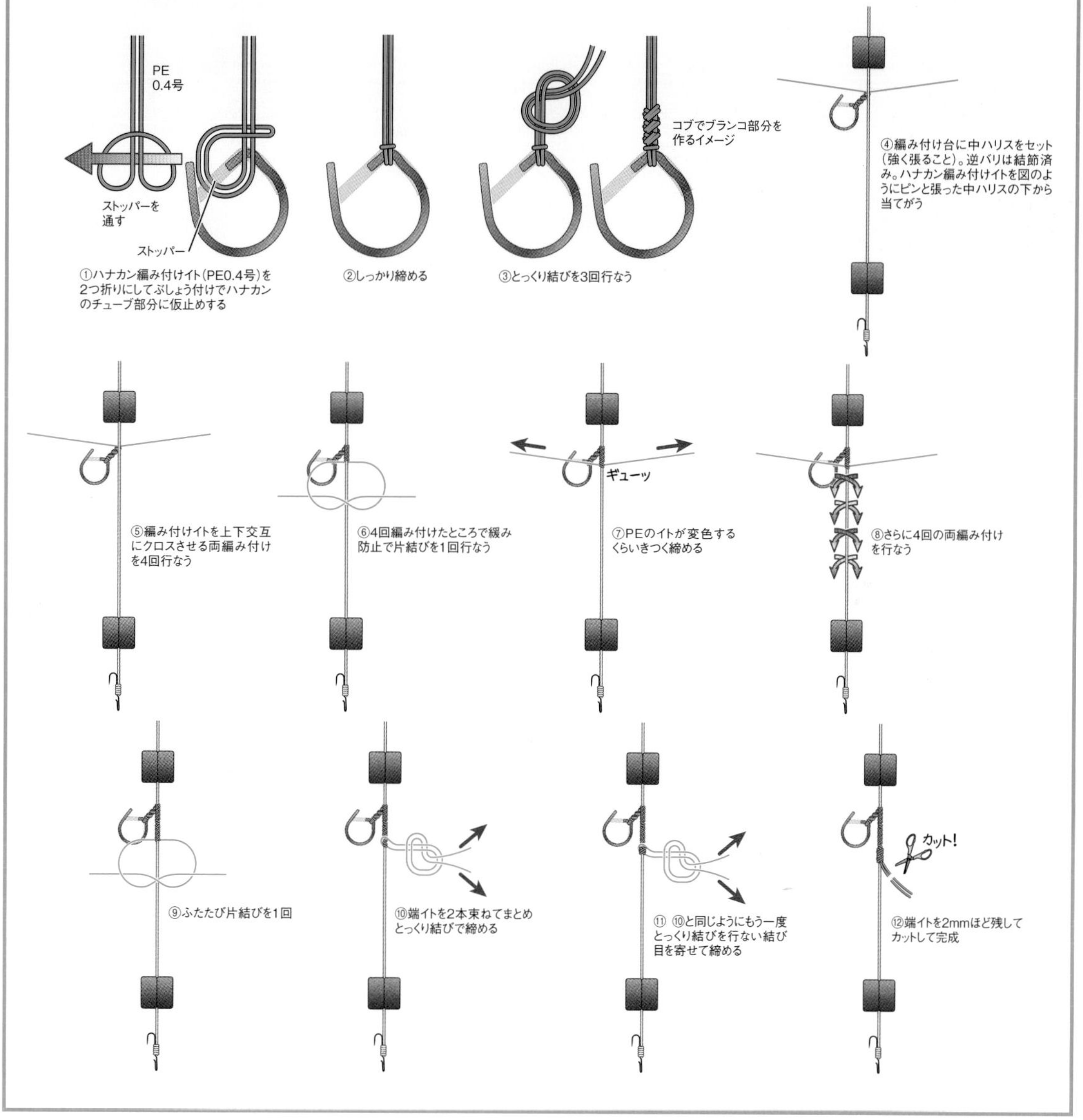
PE
0.4号
ストッパーを
通す
ストッパー
①ハナカン編み付けイト(PE0.4号)を2つ折りにしてぶしょう付けでハナカンのチューブ部分に仮止めする
②しっかり締める
③とっくり結びを3回行なう
コブでブランコ部分を作るイメージ
④編み付け台に中ハリスをセット(強く張ること)。逆バリは結節済み。ハナカン編み付けイトを図のようにピンと張った中ハリスの下から当てがう
⑤編み付けイトを上下交互にクロスさせる両編み付けを4回行なう
⑥4回編み付けたところで緩み防止で片結びを1回行なう
ギューッ
⑦PEのイトが変色するくらいきつく締める
⑧さらに4回の両編み付けを行なう
⑨ふたたび片結びを1回
⑩端イトを2本束ねてまとめとっくり結びで締める
⑪ ⑩と同じようにもう一度とっくり結びを行ない結び目を寄せて締める
カット!
⑫端イトを2mmほど残してカットして完成

少し深く刺してもハリ自体が開きハリス切れが格段に少なく感じています。それと皮打ちで使用しているので刺しやすいというメリットもあります。

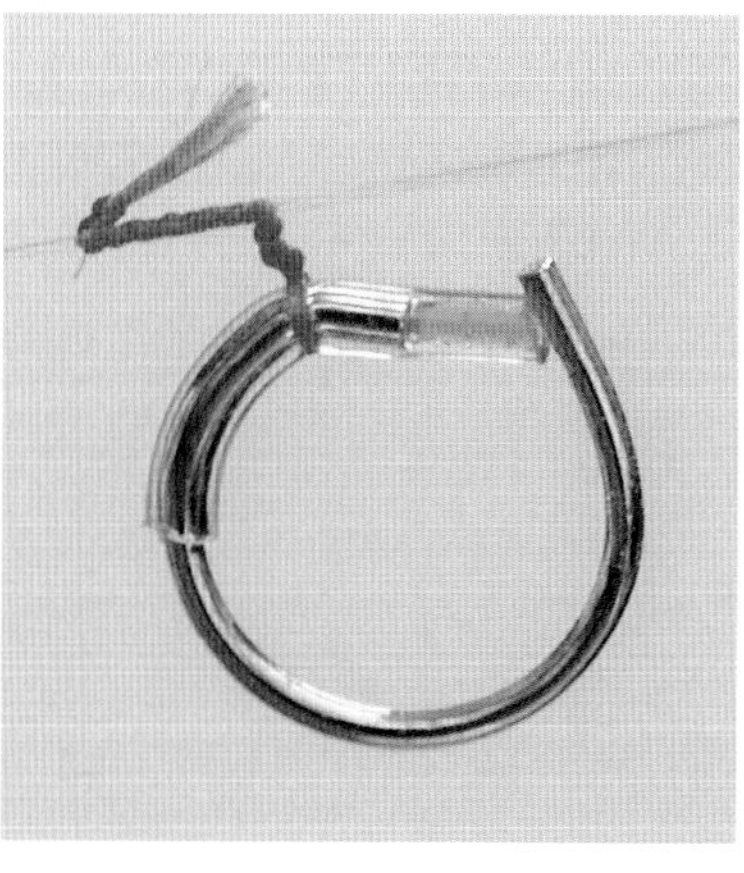

私のハナカンは逆バリ側にのみ編み付けています。背バリを装着した時に付けイト側に編み付けがあるのが嫌なのです

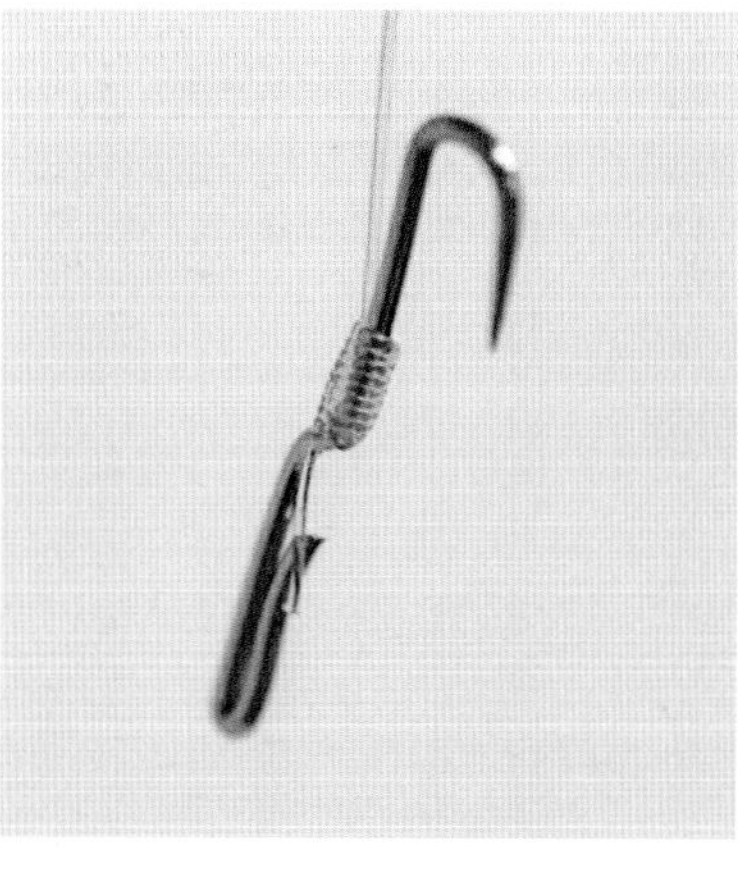

逆バリは中ハリスをフィンガーノットで接続しています。結び方は図にすると複雑なので私のYouTubeを見てくれると分かりやすいと思います

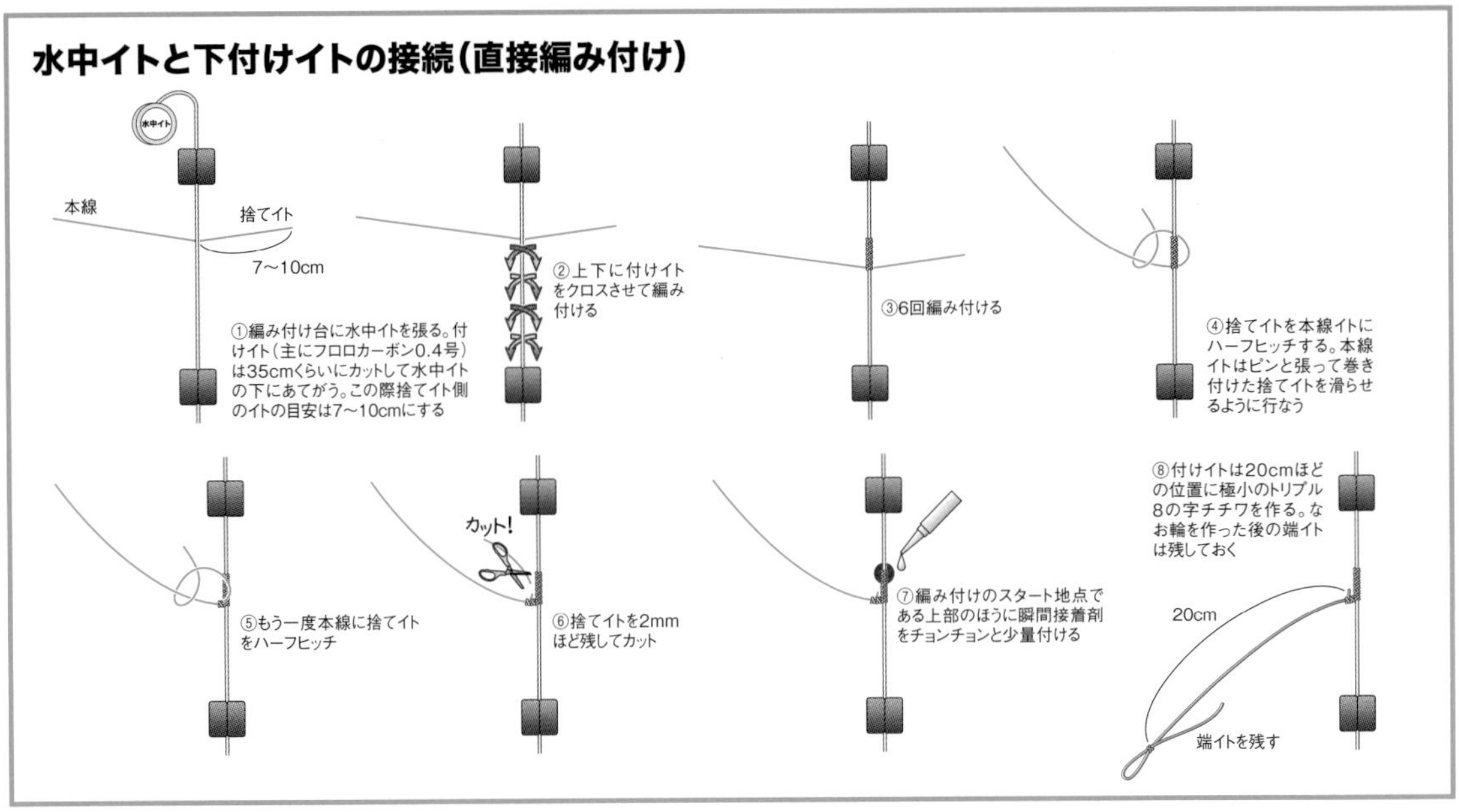
水中イトと下付けイトの接続（直接編み付け）
水中イト
本線
捨てイト
7〜10cm
①編み付け台に水中イトを張る。付けイト（主にフロロカーボン0.4号）は35cmくらいにカットして水中イトの下にあてがう。この際捨てイト側のイトの目安は7〜10cmにする
②上下に付けイトをクロスさせて編み付ける
③6回編み付ける
④捨てイトを本線イトにハーフヒッチする。本線イトはピンと張って巻き付けた捨てイトを滑らせるように行なう
⑤もう一度本線に捨てイトをハーフヒッチ
カット!
⑥捨てイトを2mmほど残してカット
⑦編み付けのスタート地点である上部のほうに瞬間接着剤をチョンチョンと少量付ける
⑧付けイトは20cmほどの位置に極小のトリプル8の字チチワを作る。なお輪を作った後の端イトは残しておく
20cm
端イトを残す

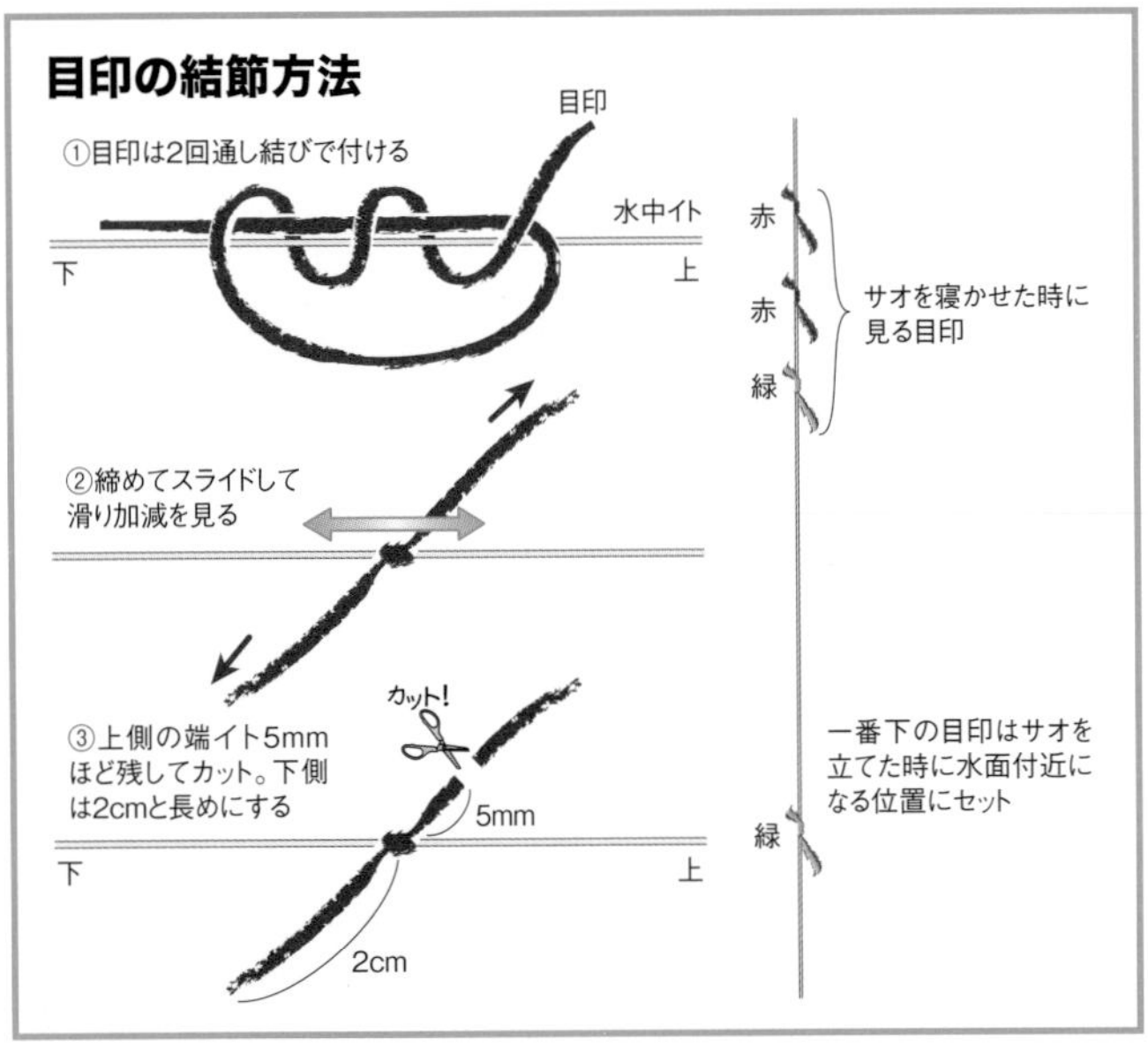
目印の結節方法
①目印は2回通し結びで付ける
目印
水中イト
下
上
②締めてスライドして滑り加減を見る
③上側の端イト5mmほど残してカット。下側は2cmと長めにする
カット!
5mm
2cm
下
上
赤
赤
緑
サオを寝かせた時に見る目印
一番下の目印はサオを立てた時に水面付近になる位置にセット
緑

水中イト周り

メインラインは複合ラインの比較的重くしっかりした「メタコンポヘビー」0・07号を使っています。このラインは複合ラインの「メタコンポ」とは少し違い、比重の大きいタングステンを巻いているので少し硬く感じ、「メタコンポDURA」よりも重くなっています。

複合メタル
METACOMPO
HEAVY
VP
メタコンポヘビーVP
0.05号
バリューパック
16m
DAIWA

私が多用する水中イトの「メタコンポヘビー」。特に0.07号が好きです

このイトを4m取り、天井イト部分はPE0・6号を15回編み込んだジョイントストッカーを大量に作り、それをメインラインに通し瞬間接着剤で止めています。この時編み込み部分をよく伸ばしていないと万が一すっぽ抜けの可能性があるので、きちっと伸ばして瞬間接着剤を適量つけてください。

目印は通常下から緑、緑、赤、赤。編み込みなどはせず2回通し結びで簡単に付けます。

編み込みは面倒なので、簡単に作れる仕掛けが短時間ですみ余計なトラブルもないはずです。結ぶと目印の端は当然上下に出るので上端を5㎜ほど残してカット、下端は2㎝ほど残してカットしています。これは上端が長いと、水流抵抗が目印に掛かるとイトがフケやすくなると思い、流れに沿いやすい下端を長めにとって見やすさを重視しているためです。また動画で見るともっと大きく見えると思いますが、あれは撮影用にカメラの方と視聴者の見やすさを優先しているためです。

下付けイトは編み付けイトなどは全く使わず、付けイトを直接編み付けています。フロロカーボン0・4号を40㎝ほど取り、ラインホルダーにセットした

下付けイトと中ハリスの接続

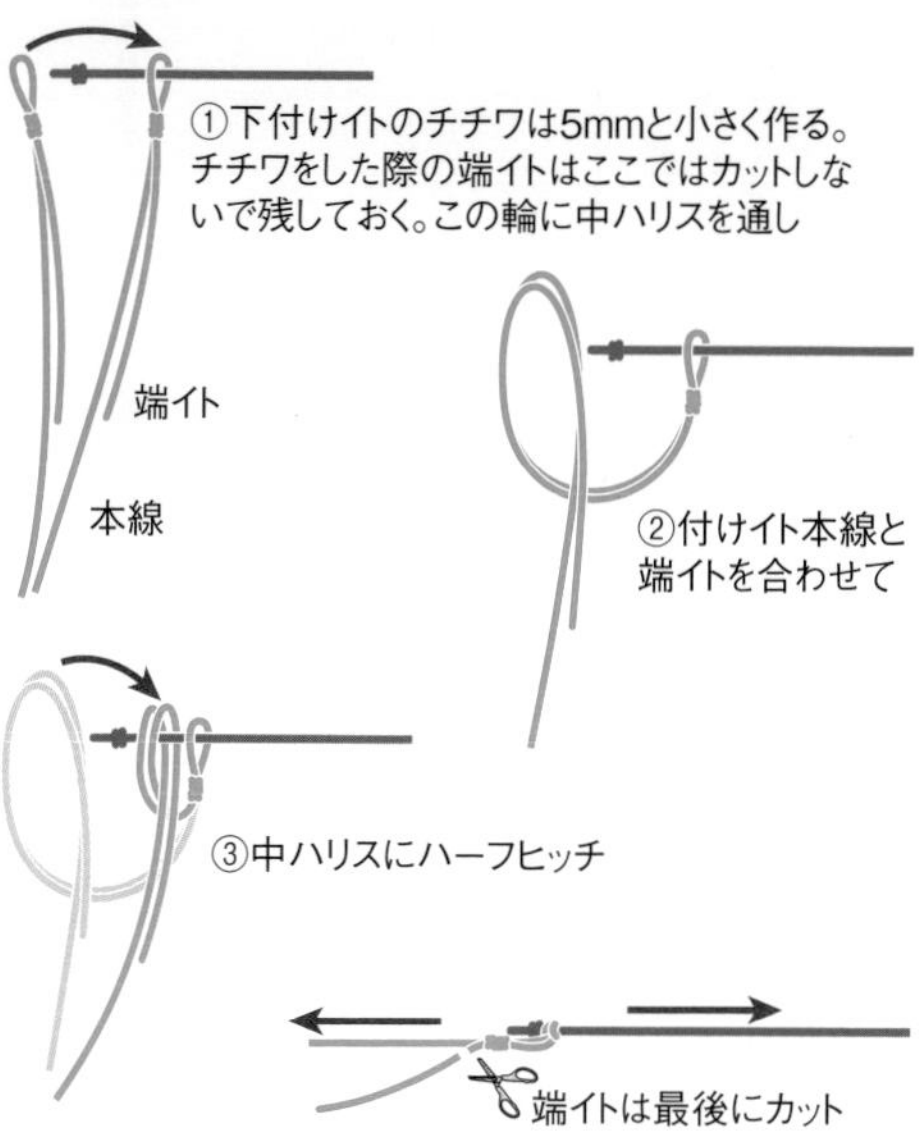
チチワ通し＋ハーフヒッチ
①下付けイトのチチワは5mmと小さく作る。チチワをした際の端イトはここではカットしないで残しておく。この輪に中ハリスを通し
端イト
本線
②付けイト本線と端イトを合わせて
③中ハリスにハーフヒッチ
端イトは最後にカット
④締め込めば完成。締め込む際に端イトをカットしているとハーフヒッチの輪が締まる間際にカットした端イトのコブを巻き込み結びにくい。このため端イトは最後にカットする。水中イトの編み付け部にセットするのも同じ方法

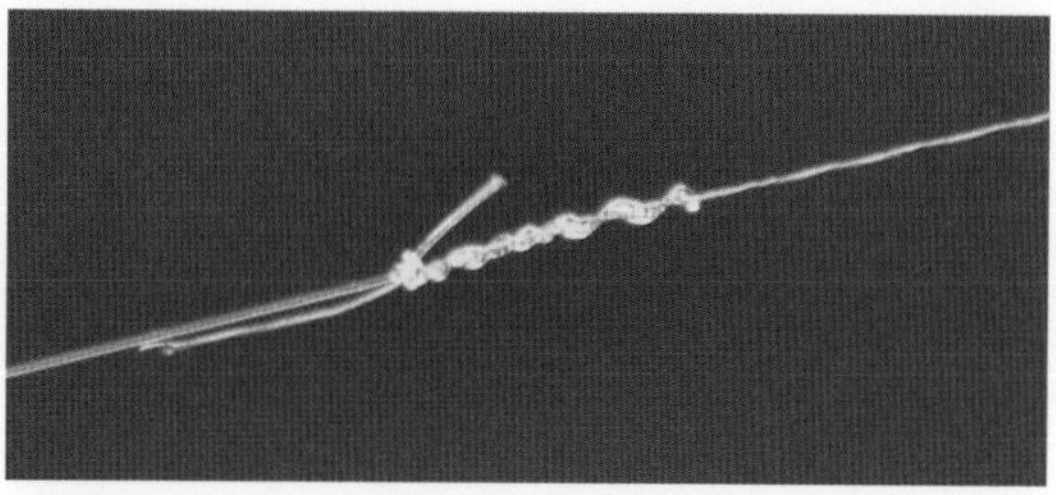
下付けイトのジョイント部です。私の編み付け回数は少ないといわれますが、これで問題なく止まります

目印は片側（下側）だけ2㎝ほど残して上部は5㎜程度にカットします

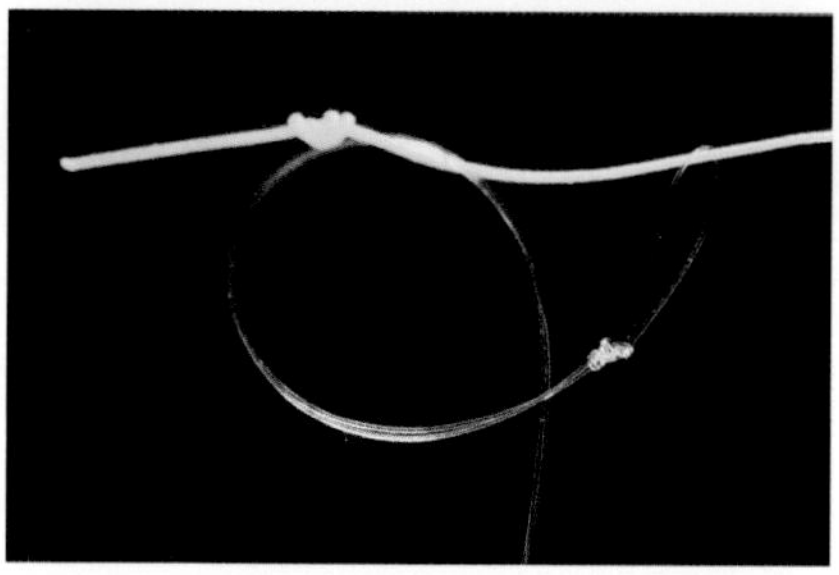
下付けイトと中ハリスの結束は下付けイトの極小チチワを中ハリスに通し、ハーフヒッチを重ねるように行ないます

水中イトに直で両編み6回。エンドノットを2回し瞬間接着剤で止めています。たったこれだけの編み込みで抜けないの？とよくいわれますが、すっぽ抜けのトラブルは1回もありません。とにかく余計なことは出来るだけしないのが私の仕掛け作りのモットー。そしてトラブルが起きると現場で直さず、家に持ち帰って直すようにしているので直付けをしています。

ハリ

ハリは永遠の課題です。毎年各メーカーから新しい形状が発売され種類はどんどん増え、何が何だか分からなくなっているのも事実だと思います。

最近私の考え方としては、3本イカリを非常に多く使用しています。3本イカリのハリスはWテーパーハリスを使用し6・5号は1号、7号は1・2号、7・5号は1・5号といった具合にハリとハリスのバランスを決めています。では4本イカリは？

4本イカリは巻きやすく3本イカリと比べると守備範囲が広いので、魚体に触れやすい＝掛かりが早いと思います。ハリ幅の広い早掛けタイプはフロロカーボンをハリスに使い4本イカリで結んでいます。これは川底がフラットな場面で使うことが多いハリ形状です。フロロカーボンでハリ幅の広いハリはこのように決めています。

■メインのハリ

ハリのハリ先はストレートとシワリに大別されます。なので選択肢は2つ。まずは自分好みのハリはどちらか？　私はストレートバリが好きなので信頼度100％としています。しかし河川状況によりバレが出たりすると信頼度が0％になり、逆の0％（シワリ）が100％に反転します。細かいデータがあるのではなく、単純に正で逆目になると＝負、そして今までの負が正になる。つまり好きなハリがダメであれば嫌いなハリを使うといった感じです。

主なハリ先形状の違い

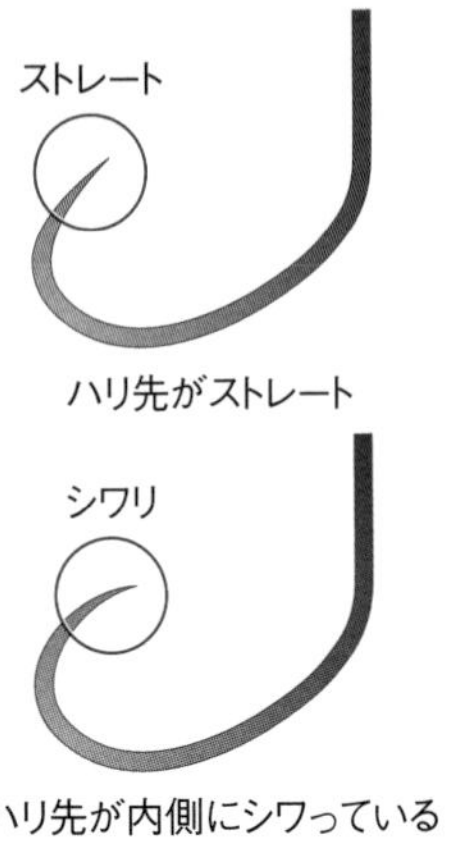
ストレート
ハリ先がストレート
シワリ
ハリ先が内側にシワっている

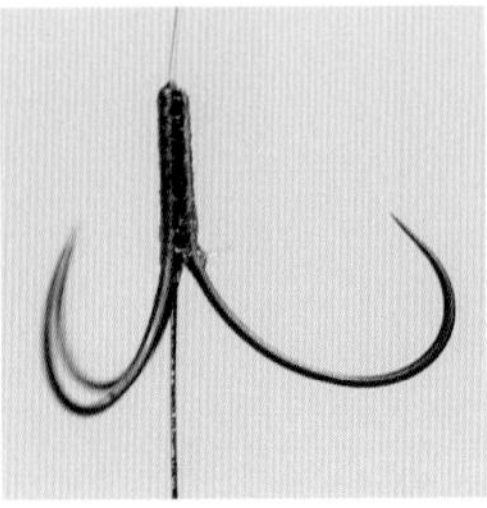

早掛け形状といわれるハリの代表選手ともいえるスピード。フトコロが広くハリ先が短くストレートで軸も短い。私は3本イカリで使用することが多いです

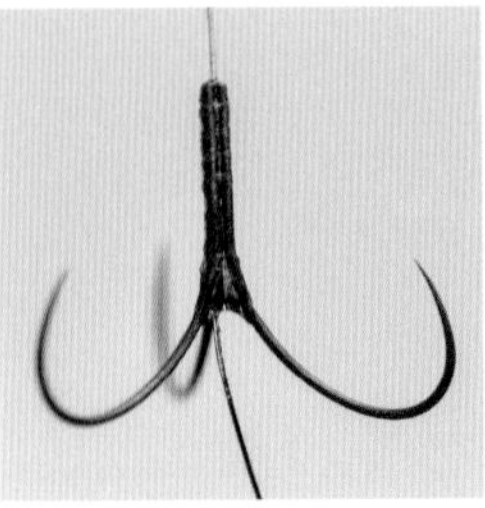

パワーミニマムというハリはハリ先のテーパーが長くフトコロの狭いキツネ型です。ハリ先はシワリ系でキープ力のあるやや細軸のハリです

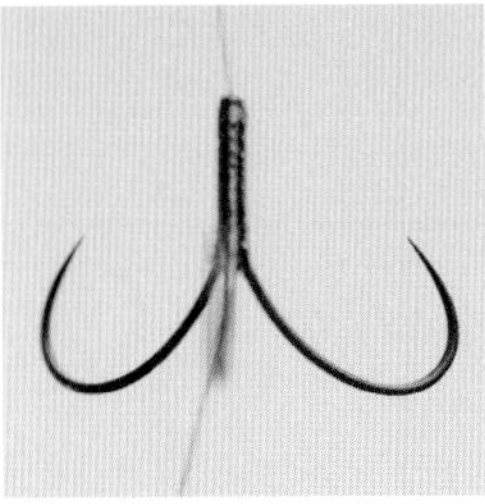

キープはハリ先がやや内側を向いてキープ力の高いシワリ型の代表選手です

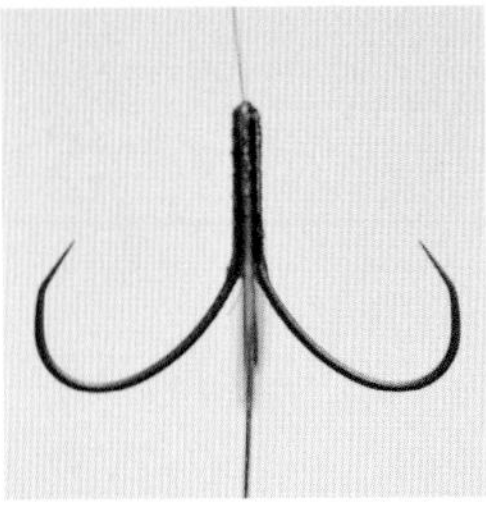

フックKはハリ先が特徴的です。ハリ先の直線部の長さと曲がりが野アユに食い込むと抜けにくい

背バリ

友釣りを始めた頃はノーマル仕掛けでしたが、あらゆる名手が背バリを使い始め好釣果を出しているのを見て私も便乗しました。しかし、どうしても背バリがしっくりこなくて気が付くとノーマル仕掛けに戻っていました。

なぜ背バリを使うことができなかったのか？　それはとにかく引きにくいことが原因でした。背バリを使うと弱ったオトリでも潜りやすく、川底から浮き上がりにくく感じていましたが、どうしても突っ張り加減になって引きにくくなり、引き操作に対してのストレスから背バリ使用を止める結果となりました。

ではなぜ最近になって背バリをメインに使いだしたのか？

それは、「引きやすさを制御するための背バリ」と解釈したからだと思っています。この背バリ仕掛けを本当に意識し始めたのは15年ほど前からで、どうしても釣れない状況に直面しました。それまではとにかく引き釣り一辺倒で釣果を伸ばしていたのが、昼まで逆バリが1回も切れない状況。周りは釣れているのに……。

ノーマルは泳ぎが軽い。背バリは泳ぎが重い。この重さやオトリの動きに対しての粘りというか、言い換えるとゆっくりとオトリが付いてくる、じ

背バリのハリスの種類による効果の違い

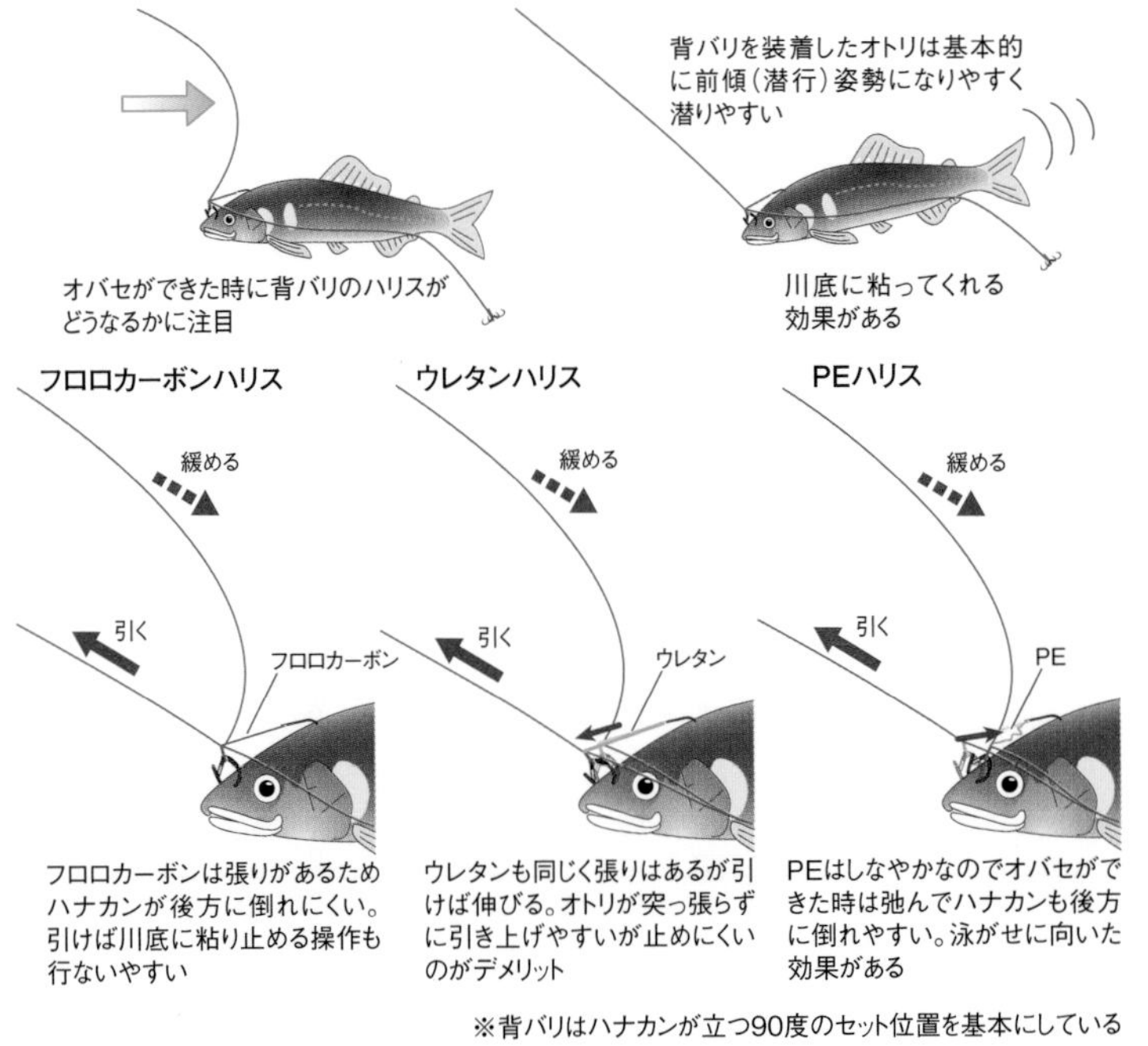
背バリを装着したオトリは基本的に前傾（潜行）姿勢になりやすく潜りやすい
オバセができた時に背バリのハリスがどうなるかに注目
川底に粘ってくれる効果がある
フロロカーボンハリス
ウレタンハリス
PEハリス
緩める
引く
フロロカーボン
ウレタン
PE
フロロカーボンは張りがあるためハナカンが後方に倒れにくい。引けば川底に粘り止める操作も行ないやすい
ウレタンも同じく張りはあるが引けば伸びる。オトリが突っ張らずに引き上げやすいが止めにくいのがデメリット
PEはしなやかなのでオバセができた時は弛んでハナカンも後方に倒れやすい。泳がせに向いた効果がある

※背バリはハナカンが立つ90度のセット位置を基本にしている

PEはテンションを緩めるとイトがちゃんと弛みます

背バリはハナカンが立つようにセットします。背バリのハリスがしなやかなPEであればイトを緩めてオバセた時にハナカンがオデコに密着します

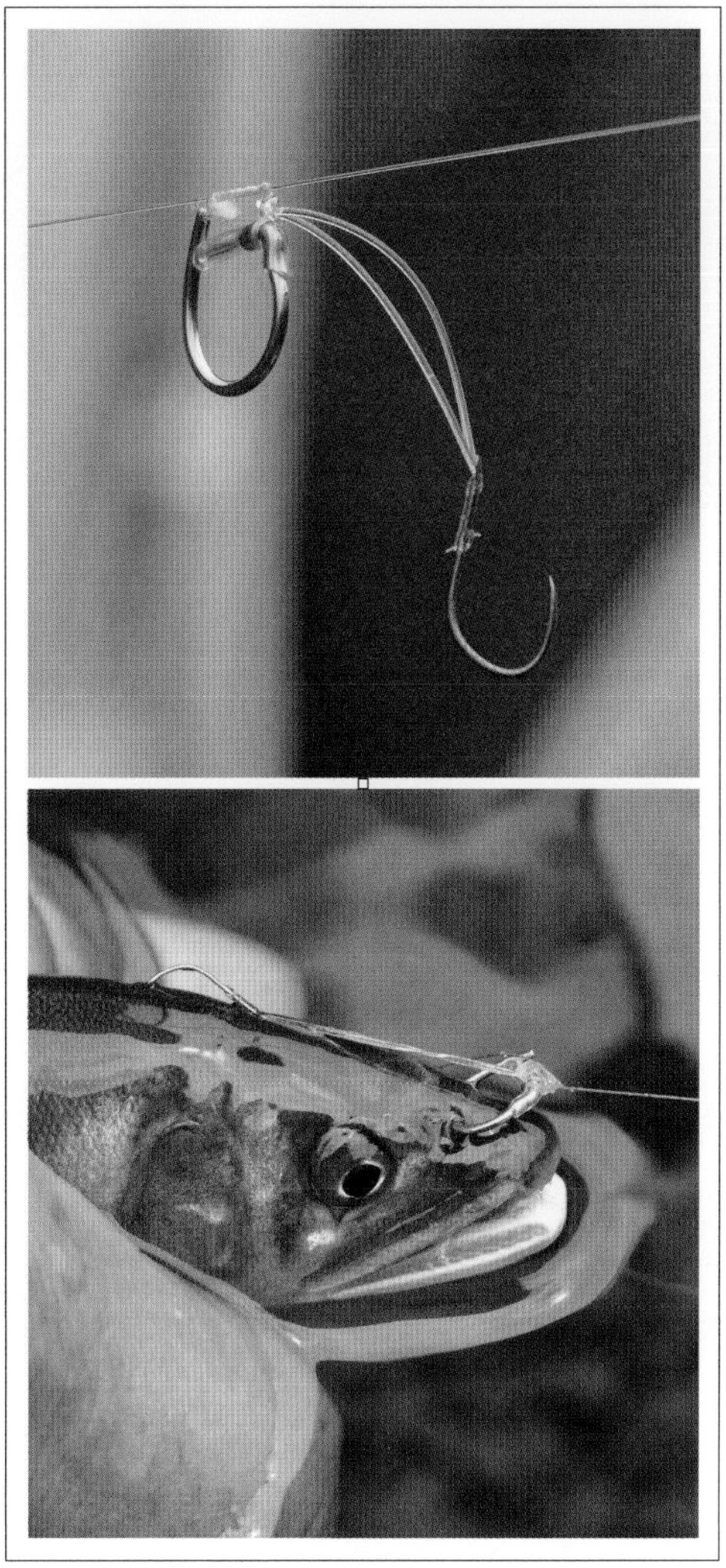

ウレタン背バリを使う時期もありました。引くと伸びることで引きやすいのだが、止める、泳がせるという操作はしづらかった

わじわと泳ぐ感じが必要なことが分かり、背バリ大研究を始めました。ただ引きやすい背バリをひたすら考えていたので、収縮のあるウレタンゴムを使ったウレタン背バリをしばらく使っていました。それからかな？マスターズ常連といわれだしたのは。背バリを使うことによって川底への馴染み安定感が上がったのか？　時速平均釣果は6尾を超えるようになってきましたが3位止まりが続き、もう少し何かが足りないと思っていました。

フロロの背バリ。ウレタン背バリ。この2種は引きと止めを前提としており、泳がせと止めには使いにくいことが分かりました。それではどのように泳がせと止めを取り入れた背バリを作ればいいのかを考えたところ、「泳がせが上手な方はアユのオデコにハナカンの跡がつく」という記事を思い出しました。ということは、ハナカンをまず倒すにはフロロは張りがあるので倒れない。ウレタンはハナカンの自由が利きすぎて止め行動ができない。泳がせと止め。引きは無視と考えた末にＰＥラインに行きつきました。

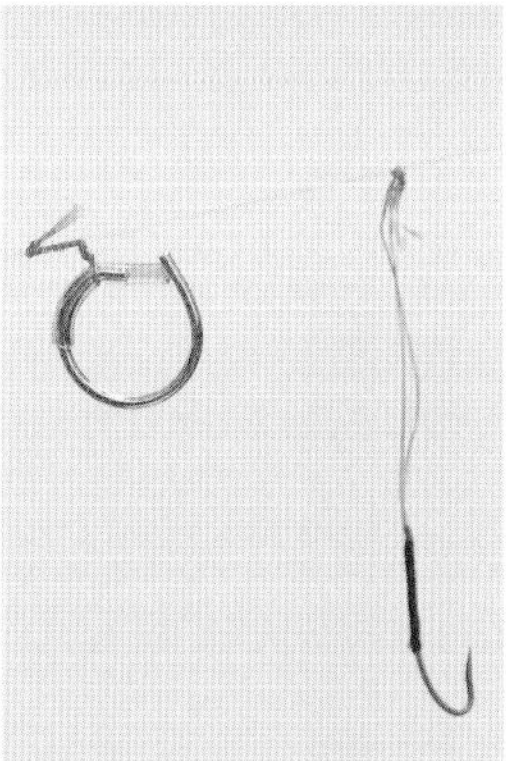

PEのしなやかさを利用すればオバセを活かした泳がせ系操作もしやすい。近年はもっぱらPE0.6号にキスバリ４号をセットした背バリを愛用しています

PEとひと口にいってもあらゆる種類や号数があり、いろいろと使用してみます。はじめは、細いほうが当然柔らかいのでハナカンが倒れやすいのではないかと思い0・3号を1ヵ月ほど使った結果、確かにハナカンは後ろに倒れやすいと感じましたがハナカン周りにPEが絡むと解くのに時間がかかる。それと意外なほどPE自体の持ちが悪い。そこで少しずつ太くしていき0・6号に落ち着きました。0・3号よりは0・6号のほうが少しでも太くて張りのあるぶん後ろに倒れにくいのと、背バリを止め泳がせに意識を持ち出すようになってからはハナカンの跡がつくオトリとつかないオトリがいることに気づきました。これはオトリの個体差から来るもので、それ以降は意図的にハナカンを倒すクセをつけてオトリを送り出すようになりました。ハナカンを通した後、そのハナカンを持っていた親指もしくは人差し指の腹で、ハナカンをオトリのおでこにぐっと押し込むように倒し「倒しグセ」をつけてから、ハナカン角度が90度に立つくらいの位置に背バリを打つ。このようにすることでハナカンは90度〜オトリにつくまで自由度が生まれやすく、止めと泳がせがスムーズに出来ているような気がしています。

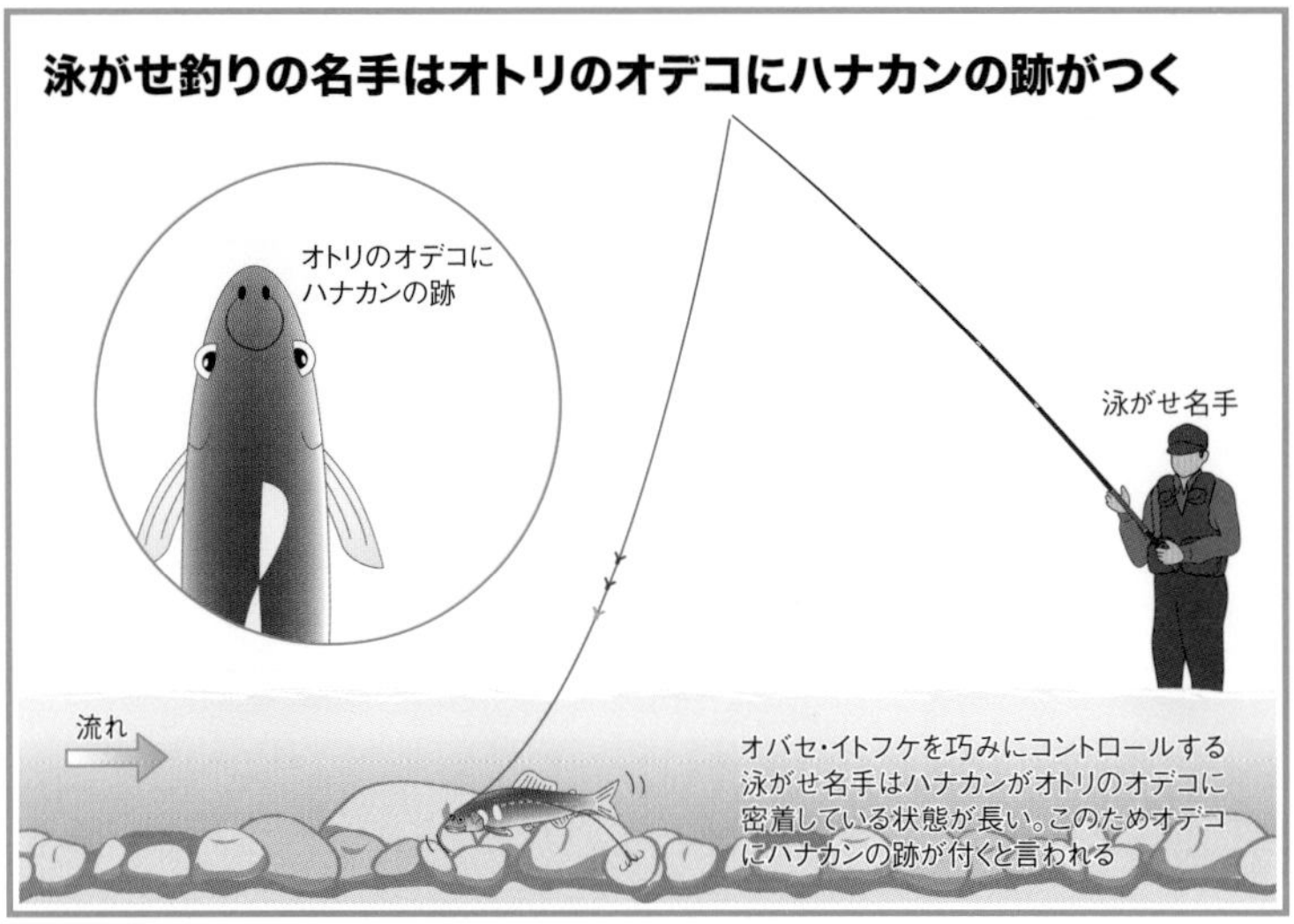
泳がせ釣りの名手はオトリのオデコにハナカンの跡がつく
オトリのオデコに
ハナカンの跡
泳がせ名手
流れ
オバセ・イトフケを巧みにコントロールする泳がせ名手はハナカンがオトリのオデコに密着している状態が長い。このためオデコにハナカンの跡が付くと言われる

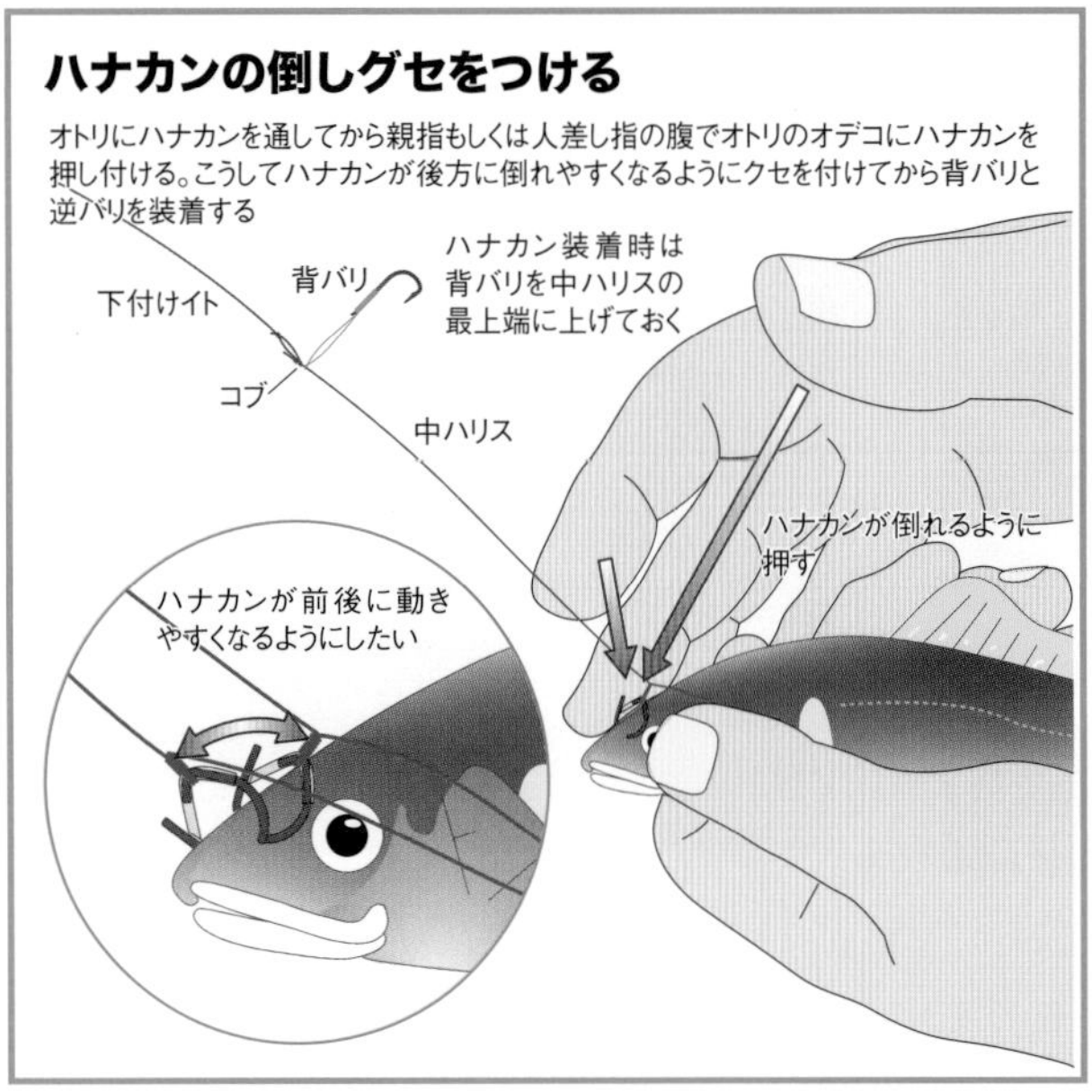
ハナカンの倒しグセをつける
オトリにハナカンを通してから親指もしくは人差し指の腹でオトリのオデコにハナカンを押し付ける。こうしてハナカンが後方に倒れやすくなるようにクセを付けてから背バリと逆バリを装着する
ハナカン装着時は
背バリを中ハリスの
最上端に上げておく
背バリ
下付けイト
コブ
中ハリス
ハナカンが倒れるように
押す
ハナカンが前後に動き
やすくなるようにしたい

オモリ

オモリを使うタイミングは、浮き上がり気味になったりオトリの動きをセーブしたり、押しの強い瀬でオトリを沈ませるために使うことが多いのですが、基本的に大きい号数はめったに使いません。一番多用するのは0・8〜1号です。

背バリを多用しているのである程度背バリ効果でオトリを川底へ馴染ませられますが、それでも川底へ入らない場合は水中イトの抵抗が大きいと考え、水中イトの抵抗が消えるくらいのオモリを使います。0・8号くらいで効果があるの？　と思われるかもしれませんが効果は絶大。しかもサオがしなやかだとオトリの川底への馴染みがよく、比較的小さなオモリでも充分効果を発揮できます。

オモリ位置は大体、オトリの全長分くらいに付ける方が多いかと思います。私はオトリの鼻先から5㎝ほど離した位置に付けています。オモリを意識しながらオトリを操作すると、オモリの根詰まりとオトリの動きの2つを同時に注意しなければいけません。オトリ

私のオモリ使いの大部分は、
ハナカンから近い距離に打っています

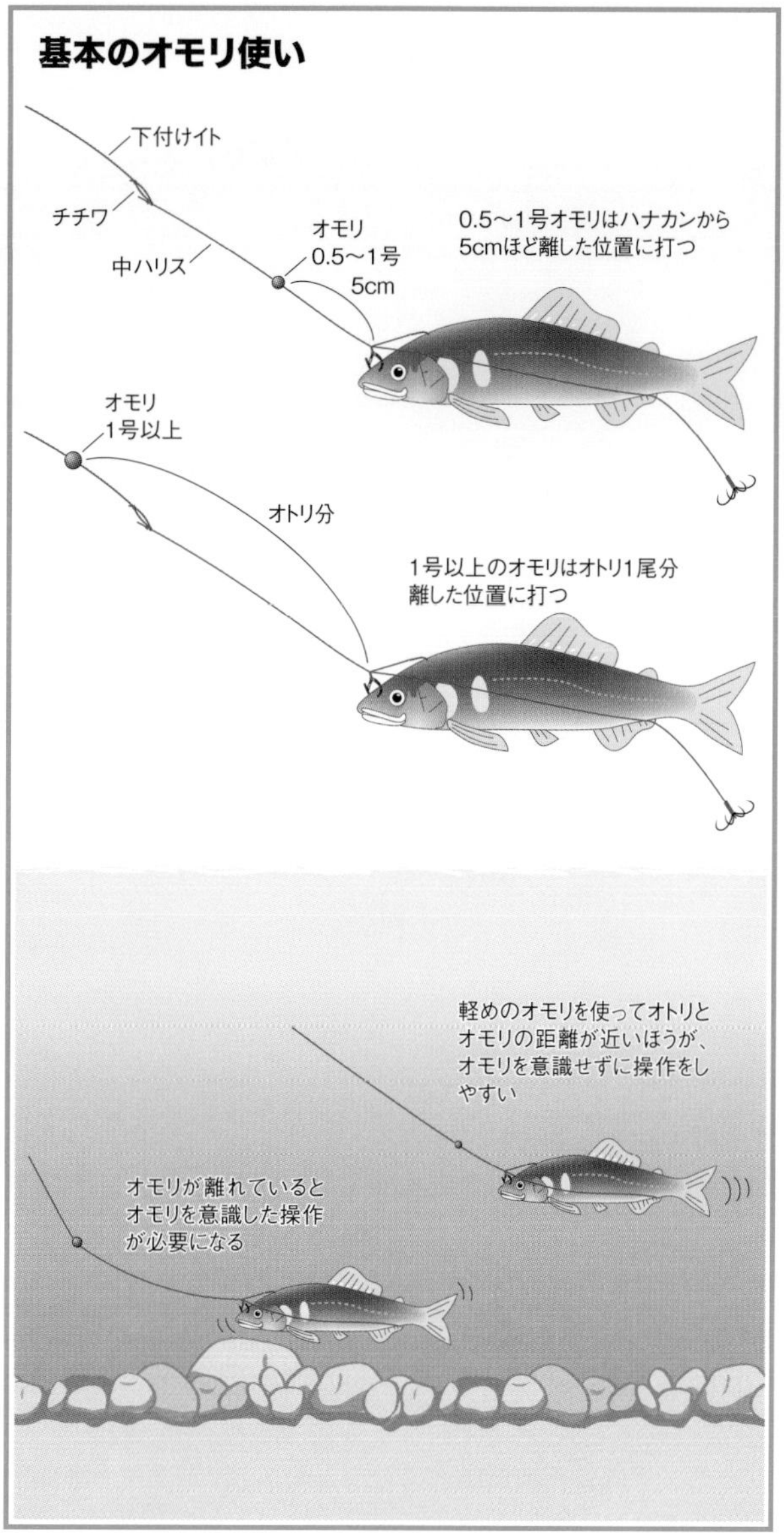

基本のオモリ使い
下付けイト
チチワ
中ハリス
オモリ
0.5〜1号
5cm
0.5〜1号オモリはハナカンから
5cmほど離した位置に打つ
オモリ
1号以上
オトリ分
1号以上のオモリはオトリ1尾分
離した位置に打つ
軽めのオモリを使ってオトリと
オモリの距離が近いほうが、
オモリを意識せずに操作をし
やすい
オモリが離れていると
オモリを意識した操作
が必要になる

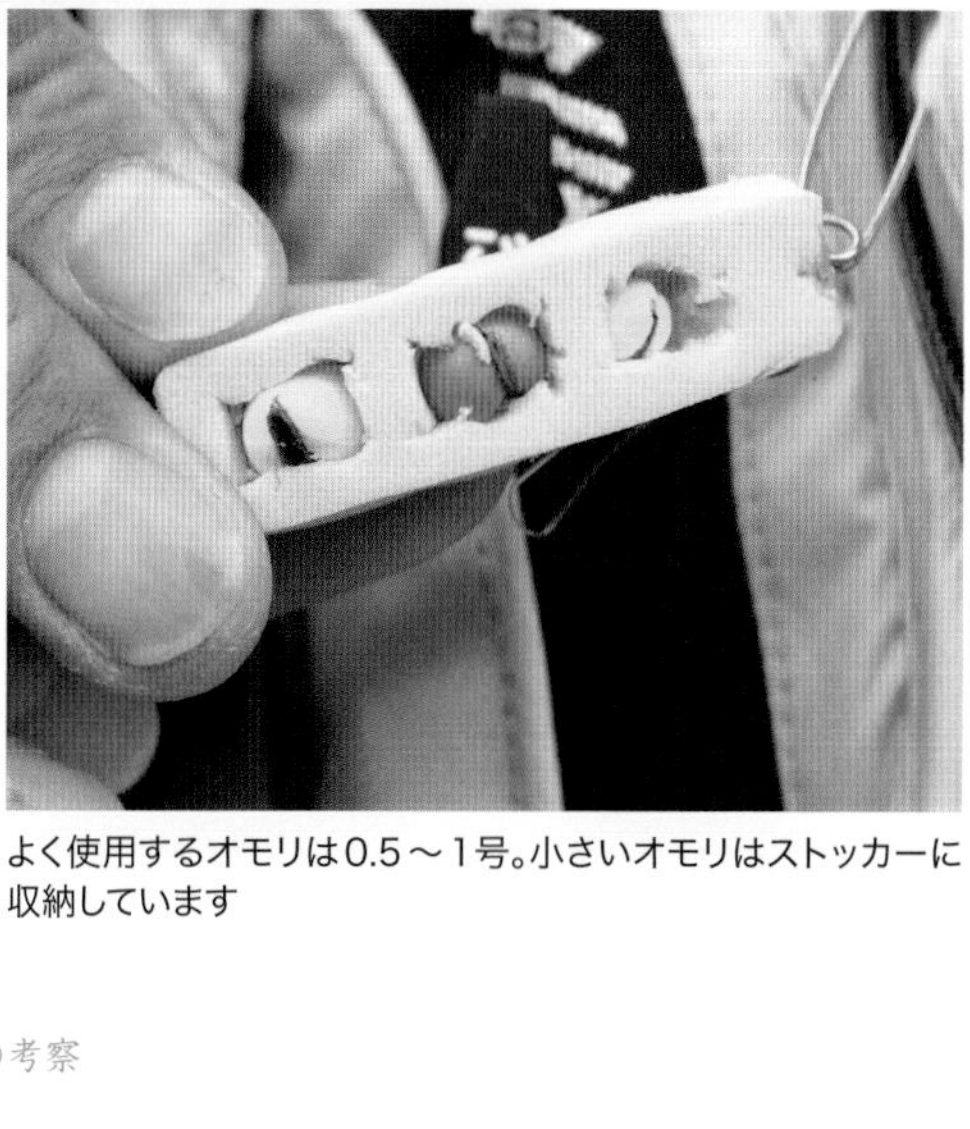

よく使用するオモリは0.5〜1号。小さいオモリはストッカーに
収納しています

の近くにオモリを付けると、オトリ操作つまりノーマル仕掛けや背バリ仕掛けと同じようにオトリを操作できるはずです。

一方、大きなオモリはオトリから離します。この場合はオトリを沈める効果と考え、水深があり押しが強い場所でサオを伏せた状態で多用するので、オトリを意識して釣る感覚ではなくオモリを意識しオモリを操作する感覚で使用しています。

第４章

川に立つ

アユ釣りの実戦は「川を見ること」から始まる。
コケの付き具合、石の状態と食み跡、野アユの動向、水位の増減……
すべてのヒントは目の前にあり、それは季節や1日のなかでも刻々と変化する。
自分がアユになったつもりで考え、見ていきたい。

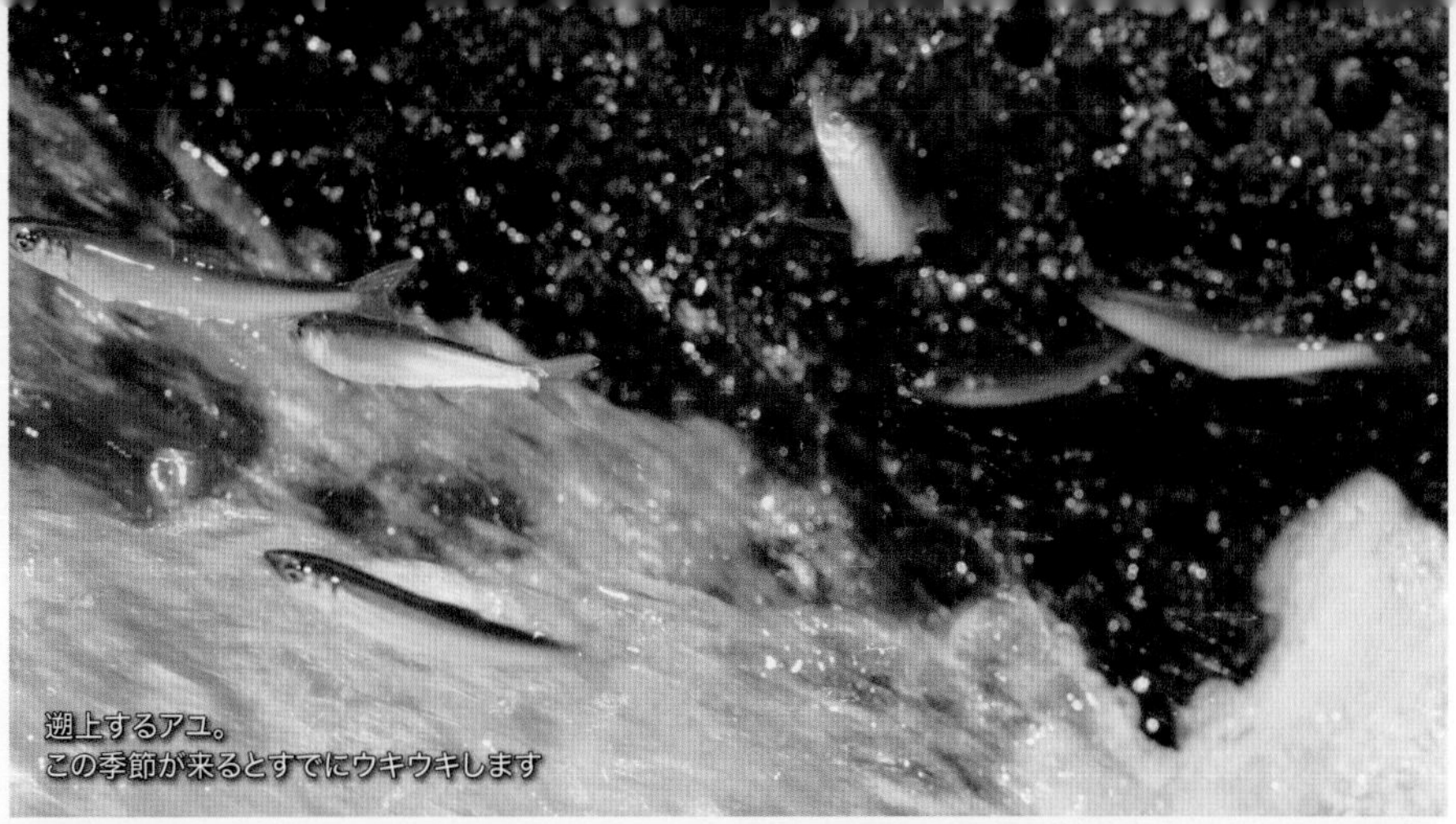
遡上するアユ。
この季節が来るとすでにウキウキします

ヘチを群れなす遡上アユ。
体力のない稚アユは流れが
少しでも緩い場所を選んで遡上しているはずです

さあ、いよいよ釣り場です。アユ釣りはアユの食性（コケを食《は》む）と習性（ナワバリを持つ）を利用した釣りであることと、比較的透明度の高い流域が釣り場になるので、ポイントの見方も独特です。シーズン、水位、アカなどいくつかのキーワードを軸に解説していきましょう。

視点〜アユの立場で考える・見る

アユを釣るためにはやはり自分もアユになるというか、自分だったらここで休んでここでエサを食べる、みたいな感じで、自分の考えと照らし合わせていつも釣りをしています。

私は遡上時期からよく川を眺める習慣があります。橋の上から見ていると、稚アユは遡上するとき流心付近ではなく川岸近くを遡上しています。なぜ川岸近くなのか？　岸際は鳥類の恰好の餌食になるはず。しかし流心を遡上するアユはほとんどいませんよね？　おそらく遊泳力のない稚アユは体力もないので、流れが少しでも優しい場所を選んで遡上しているはずです。

この遡上アユと若アユとの因果関係はどうでしょう。私は遡上中の水量が初期の友釣りを左右すると思っています。遡上時期に水量が少ないと遡上は比較的楽に、水量が多すぎると困難になっていきます。これはアユの発達にも大きく影響することは間違いないので、解禁前の遡上時期の水

川の流れは瀬、淵、トロ場、瀬を繰り返します

量も釣り場選びの参考になるはずです。水量が少なければ体力や尾ビレの発達は全体的に小さく、ヒレが成長するまで荒い瀬よりも浅場やトロ場が釣り場になることが多くなります。逆に、遡上時期に水量があるとアユの運動量が増え、体力や尾ビレもどんどん発達して大きくなるはずなので、水通しのよい荒場で活性のよいアユが釣れると思っています。

当たり前かもしれませんが川は上流から下流に流れ、瀬があるとトロ場や淵が続きふたたび瀬へと流れを作っています。

さて、ここから先はさまざまな状況別にポイントとアユの動きを見ていきましょう。

まずはアユは石を釣れ！という格言があり、アユは流れの強く当たる場所で良質のコケを食べながら成長するので、石のある場所がポイントになります。そこで石＝波立ちを見ます。そして、波立ちがある場所には緩い流れも生まれ、そこで休憩もできるので石が少しでも大きく流れの変化が少しでも多い場所をポイントとして見ていきます。

小石底河川でも同じことがいえます。小石河川は水面変化が少ない場所を多く見かけますが、川底は多少なりとも起伏があり、表面にもその起伏と同じように水面は波打っているはずなので、少しの水面変化を見逃さないように気をつけています。

アユが食んだ石

アユがコケを食んだ石は周りよりも輝きが増し、艶《つや》やかな石色になります。それは河川によっても大きく変わり、黄色味がかった石色がよい河川があれば、黒光りしたり白く光る石色がよかったりと、さまざまなケースがあるでしょう。橋上や河川敷から流れを見ると追いアユの付き場が分かるはず。その付き場こそがその河川に合ったよい石色といえるはずです。

アユがコケをよく食んでいる石は全体的に光沢があるほか、石自体にも生命感があります。食んでいない石は曇っていて生命を感じないと思いますが、アユが食みだすと光沢が現われ生き生きとした生命あふれる石色になってきます。

たとえば私のホームでもある安田川では黄色く光るビールの中身色。隣の奈半利川ではビール瓶色。和歌山の河川はビール中身色。長良川ではビール瓶色。そして馬瀬川はビール中身よりもさらに薄いビール色と私の中で区別しています。

アユの有無を見るには石色がすべてといっても過言ではないほど気を付けながらサオをだしています。ただ川に行けば釣れるというのではなく、川のココで、この石色だからオトリを放し掛けるといった具合に、石こそが友釣りのすべてかもしれません。

石があれば波が立つ。
流れの変化をねらうのが肝心です

小石底河川も川底の変化で波ができます

川底をよく見てください。
アユが食んだ川底は周りよりも艶があるはず。
石に生命感が生まれます

これは高知県の野根川の水中写真。アユの周辺にある石が食まれた石色です

初期・盛期・後期 それぞれのアユとポイント

初期群れアユ

河川にもよるかもしれませんが、ほとんどの河川は追いアユよりも群れアユが多く、一通り追いアユを掛けると1級ポイントも釣れなくなります。1日の後半になるとオトリの回転も考え、群れアユを必然的にねらうようになるかと思います。

初期のポイントは追いアユと群れアユを上手に釣り、

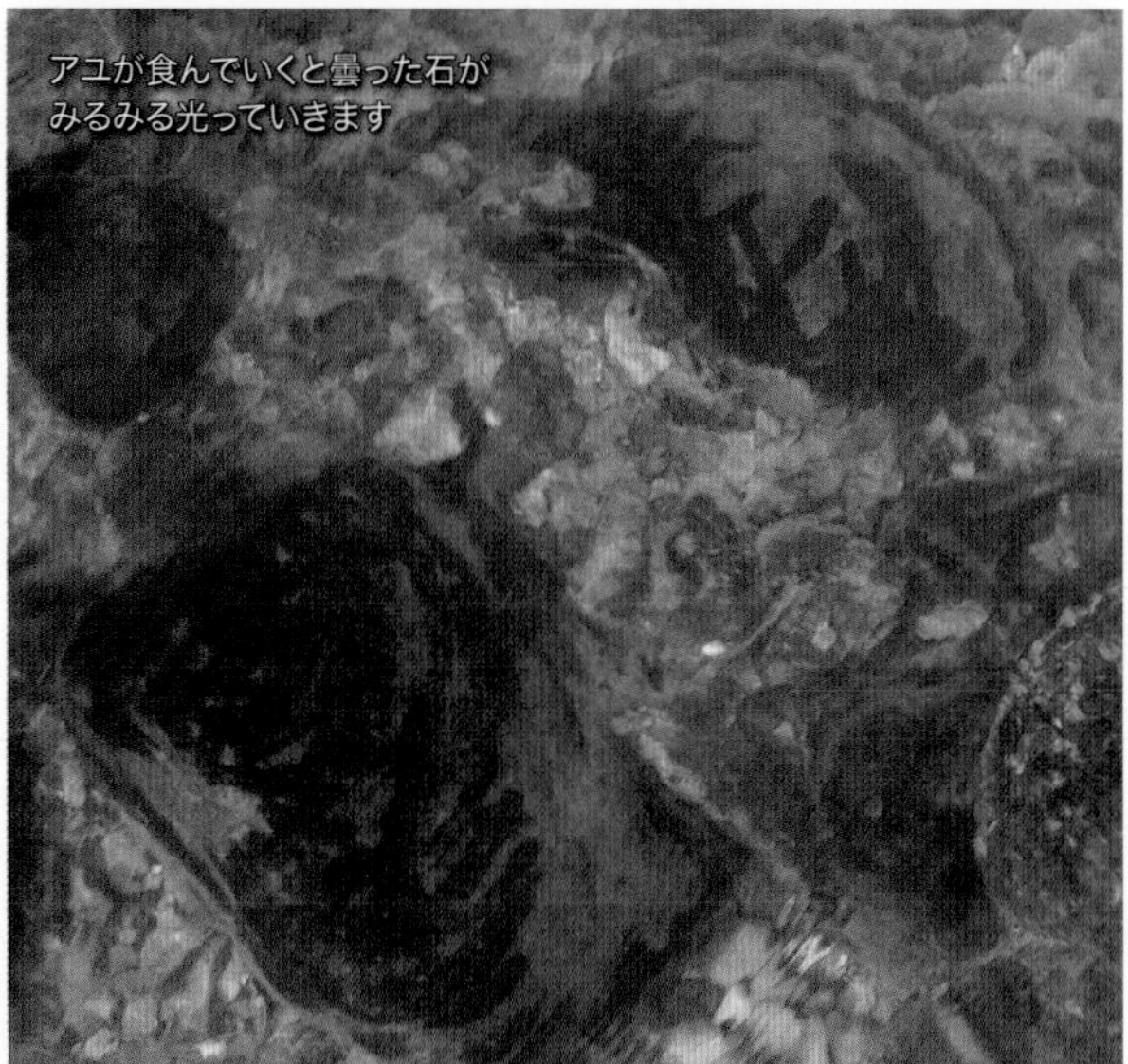

アユが食んでいくと曇った石がみるみる光っていきます

5月初旬に和歌山県有田川の釣れたアユです。生育のよいアユはしっかり追星が黄色くなります。アユはアカを食むほど黄色くなる。アカの成分が追い星を黄色くします。夢中に食んでいるアユは当然ナワバリ本能も強いといえます

また草木も若い解禁初期の和歌山県有田川

群れアユが見えますか？
初期は群れもいる釣り場でないと1日オトリを循環するのが難しい。そして群れアユは遡上期の稚アユと同じくヘチにやっぱり多いです

オトリの回転を重要視しています。追いアユが多くいれば、当然追いアユを釣れば回転が上がりオトリ確保も比較的楽にできるかと思いますが、すべてのポイントに追いアユがいるわけではありません。一旦動ける範囲の追いアユを釣ってしまうと、特にシーズン初期は遡上中の若アユなのですぐに釣り返しのできる状況は考えにくい。そこで群れアユをねらっていくようになります。

この群れアユはどこにいるのか？

水通しのよい場所は活性の高い追いアユのポイントなので、真逆のポイントがねらい場となるはずです。ただ一概に群れアユのポイントでも、また小型ながらも少しは追いアユもいるはずなので、流れが緩い浅場と割り切らず水さえあればオトリを入れることをお勧めします。ヘチ際など一見ポイントに見えない場所ほど好釣果を生むことがあります。

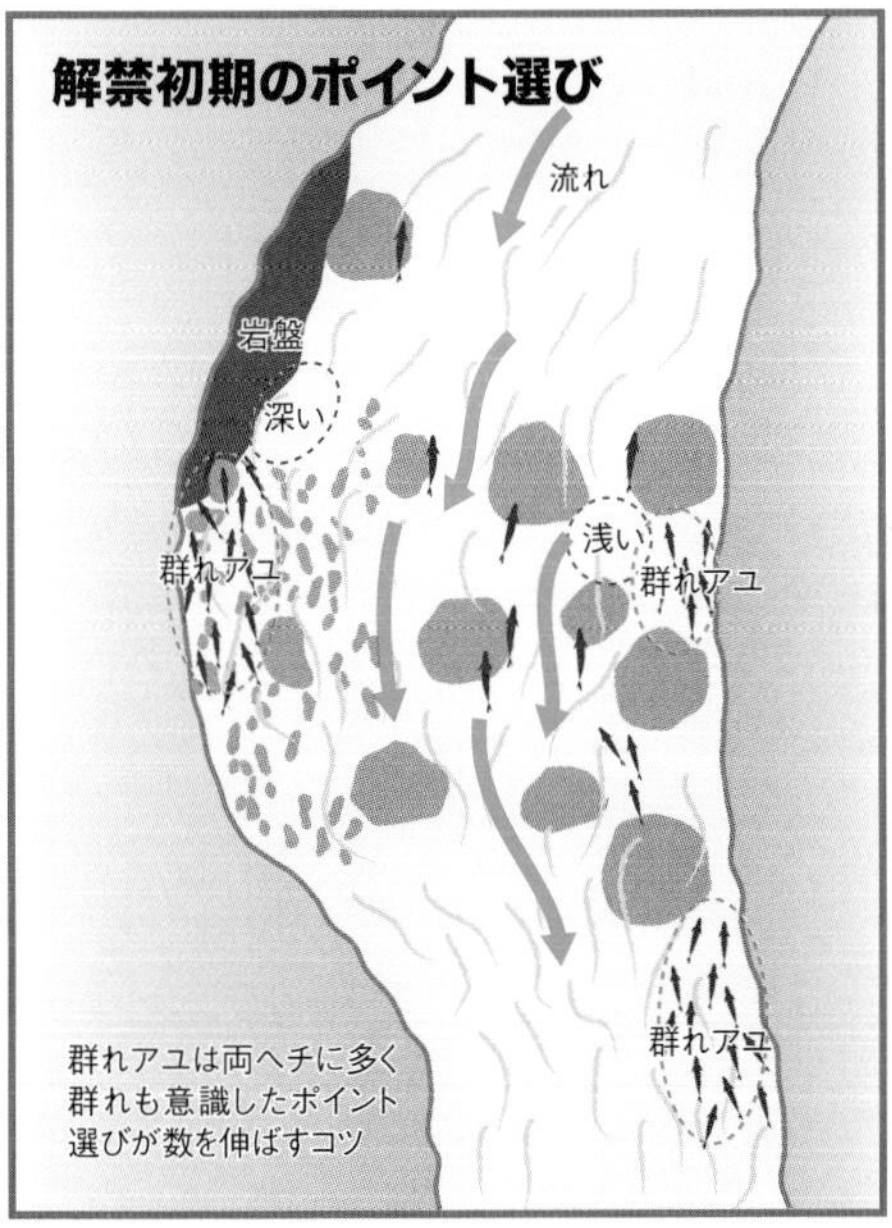
解禁初期のポイント選び
流れ
岩盤
深い
浅い
群れアユ
群れアユ
群れアユ
群れアユは両ヘチに多く
群れも意識したポイント
選びが数を伸ばすコツ

盛期のアユ。完全体といえる高知県奈半利川の天然アユです

盛期高活性

盛期になると淵以外川全体がポイントとなり、アユはどんどん成長し、どのポイントでもオトリに対してよく反応してくれるはずです。自分の釣りに合った場所で数を伸ばせるほか、苦手な場所を克服する技術アップや、道具の評価、いろいろなことを試すのにもよい時期だといえます。

また水温も上がり早朝からよく釣れるようになるのでオトリの回転もよく、1日の釣果が最も上がる時期が7月中旬と9月初旬だと思っています。

これは日本が北南に長いため、北へ行くほど盛期が早く(7月中旬から)、南に来るほど盛期が遅く(9月初旬)なるのではないかな?と思っています。

出すなりすぐ掛かることもよくある時期なので、とにかくテンポよく足で稼ぐ渓流釣りのようなスタイルが釣果を伸ばすコツではないかと思っていますが、混みあっている河川では当然動きにくく、一旦釣ってしまうと釣り返しが全く利かない河川もあるはずです。そこで川の読みが非常に大事になり、川の水面変化に目をこらしながら釣り場を決めるように心がけています。前記したように、水面変化がポイントの量ではないかな?と思っているほど水面の変化を気にしています。変化は川底の起伏や石の大小で起きるはずなので、それを見逃さないようにするとおのずと数が伸びるはずです。

渇水期になると少し状況が変わってきます。水量が少なくなると水温もおのずと高くなり、よくいわれる土用隠れになります。アユは瀬から伏流水が出ている浅場や流れの穏やかな場所へ群れで移動し、ナワバリを持つ個体が極端

左岸が浅い分流で右岸が流れの本線。盛期はこのどちらでもアユがねらえます

手前が深く、隆起した川底は浅い。
渇水期は浅場もしくは深いトロ場の川底で反応が多いです

に少なくなるので、活性のよい状況とは違いゆっくりしたテンポの釣りになってきます。

後期産卵間近（大アユ）

シーズン後半になると日が経つほどにアユの魚体は丸みを帯び、流れの強い場所よりも少し穏やかな所を好むようになります。流速の速い瀬肩よりも、穏やかに流れが広がる瀬尻が後期のポイントとなるような気がしています。

追いアユよりも群れで行動するアユが多くなるので、基本的にサオを使って引く釣りよりも極力オトリの力を最大限に利用して泳がせ釣りをするほうが好釣果を得られるはずだと思っています。

ここで、天然アユと人工アユの違いにも少し触れておきましょう。両者の大きな差は、やはり厳しい自然の中を生き延びて育ったか否かだと思います。天然アユは比較的

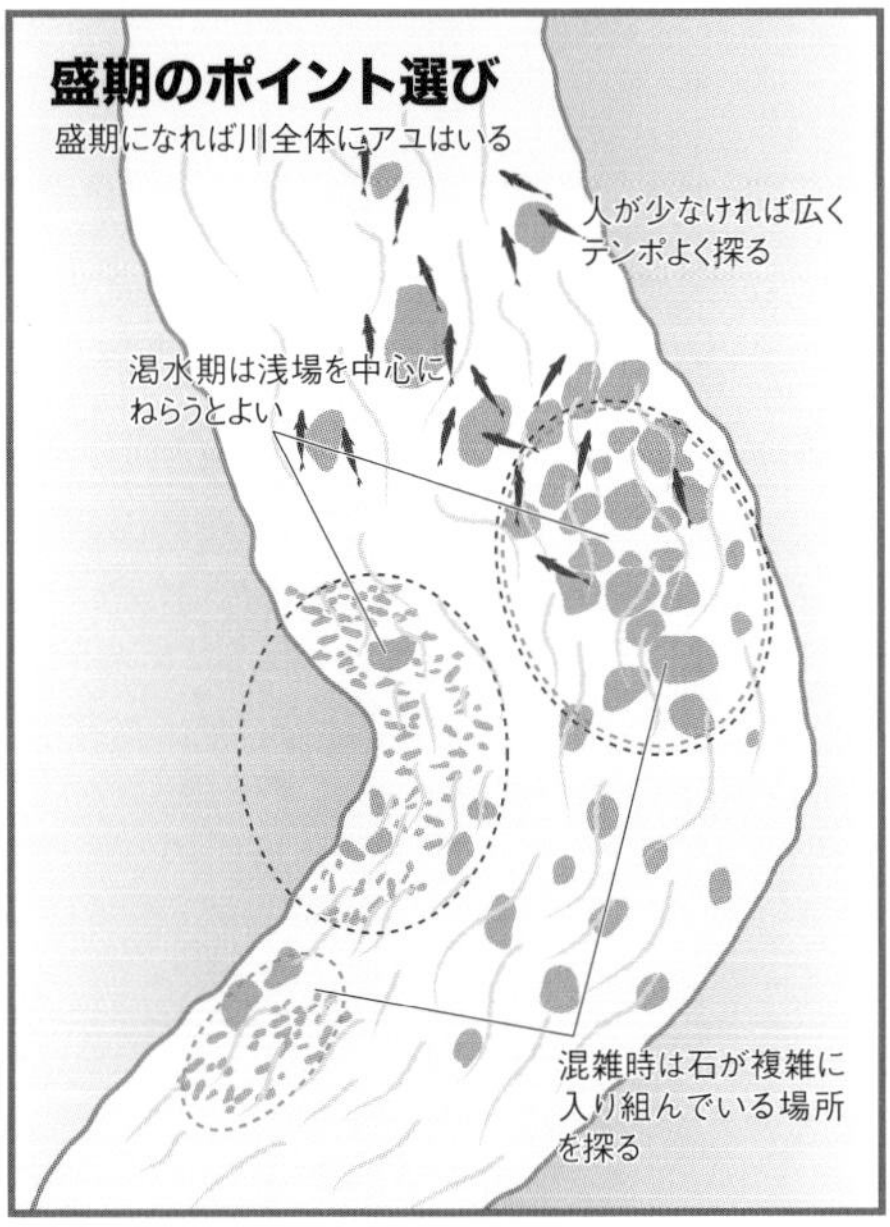
盛期のポイント選び
盛期になれば川全体にアユはいる
人が少なければ広くテンポよく探る
渇水期は浅場を中心にねらうとよい
混雑時は石が複雑に入り組んでいる場所を探る

水通しのよい強い流れを好む気がしています。

一方、人工産も水流を人工的に作り出して自然に負けない強いアユを育てているはずだと思います。しかし河川の水流は複雑な流れなので、やはり慣れるまでは石裏など穏やかな流れがポイントになるような気がします。

後期のアユは瀬尻に多いです

一体何を掛けたのかと思うほどサオを曲げる大アユとのやり取りです

高水（増える）

水の増え方にもよります。急激な水量変化は鉄砲水の可能性もあるので、川へ行かないようにしています。また雨が上流で降る場合とダム放水とでは全く違うと思っています。

雨が上流で降る場合、ジワジワと増えているのであればポイントとしてあまり変わらないと思っています。増え方がある程度の水量で透明感のある水色であれば、アユはそのままの位置でいるはず。これが、どんどん水量が増えてくるにしたがってアユの反応は少なくなり、濁りが入り木の葉が流れてくるとピタリと釣れなくなります。恐らくアユ自体も身の危険を察知してヘチ際や流れの穏やかな場所へ避難していると思われます。その時は直ちに帰る準備をしてください。もう少し、あともう少しの気持ちで釣りをしてしまうと、中州に取り残されたり、身動きが取れなくなったりします。水量が増すのは想像以上に早いです。

ダム放水の増水は入れ掛かりの予兆があるはずです。これは雨によるダム放水ではなく、義務放水のことです。

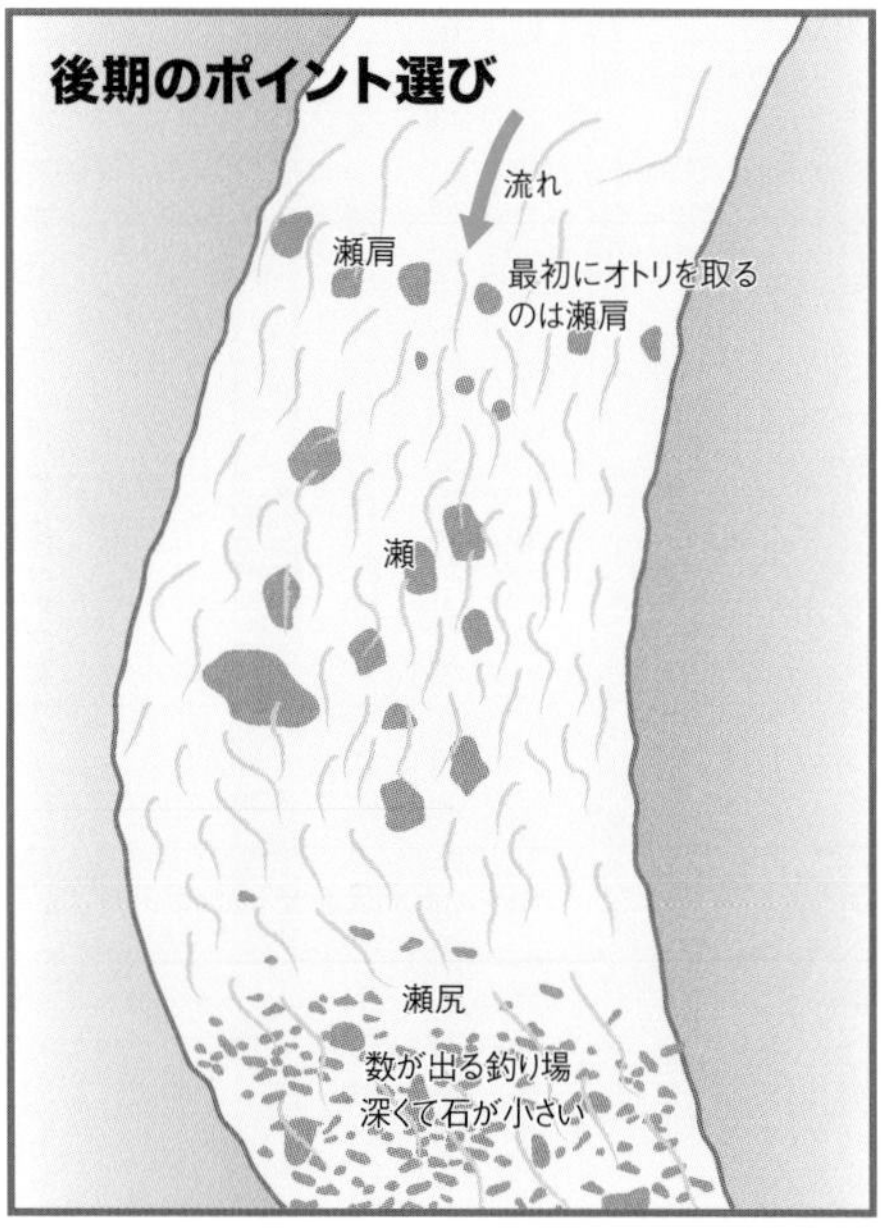
後期のポイント選び
流れ
瀬肩
最初にオトリを取るのは瀬肩
瀬
瀬尻
数が出る釣り場
深くて石が小さい

濁りが出て木の葉が流れてきたら撤収しましょう。
アユも流れの穏やかな場所へ避難していると思われます

ダムの義務放水によって途端に
入れ掛かりになることは少なくありません。
逆に水量が減った時は途端に掛かりが悪くなります

決まった時間に水量が増えるとアユの活性は一気に上がり入れが掛かりモード突入。そして水量が減ると急に掛からなくなるパターンです。ダムのある河川は、くれぐれも各河川のテレフォンサービス等で安全確認のうえ釣行してください。普段より放水量が多い場合は、いくら釣れるといっても行かない勇気も必要です。

高水(減る)

増水後の引き水は高活性のアユが残りアカへ真っ先に付きナワバリを持つので、いれば速攻掛かることが多い状況となるはず。ただし水量が減ったからといって釣りが可能な状況は?

私の場合、水量よりも濁りを重視します。真っ赤な濁りやコーヒー色の濁りは当然避け、それから水量が少しずつ落ちてくると、それに伴い濁りも徐々に薄くなります。まずは川底が見える状況でないと釣りには行きません。これは河川によっても大きく違うことがあり、平時から濁りのきつい河川は話が別です。また足元が見えないと石の配置などが確認できず、転倒などの危険性も充分考えられるので、足が見える水深までを目安に立ち込むようにしています。理想は木の葉が流れてこなくなり、腰ほどまで入り川底の石色が分かるくらいが理想です。

引き水アユの行動はヘチから徐々に流心へ入っていく感じではないかなと思っています。濁流になるとエサを食べる状況ではないので当然アユは痩《や》せ細っており、流れの穏やかな場所で残りアカを食み、体力がつき始めると追い行動を見せるようになるはずです。

引き水も初期段階はヘチや石裏の
緩い流れのほうがねらいめです

最高なのが高水からの引き水。
前に出るほどサラ場になり
入れ掛かりになります

増水後の河川は基本的に白川なので、少しでも色のついた黒石を探すことを心がけています。

残りアカポイント

残りアカが多いのは、真っすぐに流れている場所よりも、川相が変化に富んで蛇行している場所や、しっかりとした大きな石がある場所。また河原が広ければ増水時には流れが河原まで大きく広がることで水圧が1ヵ所に集中せず、アカが流されにくいはずです。

大きくカーブする場所では水が表に当たると勢いが弱まり裏に流れるので、そのような場所でもよくアカが残ります。淵からの瀬肩へチも流れが速くなる前なのでよくアカが残っています。

増水後の石は、石や砂などにアカを削られ石肌が見えていることがほとんど。アカは全くなく、友釣りが成立しないとあきらめる方もいます。確かに、上流側から見ると当然石肌が見えます。これは先ほども述べたように上流から石や砂などが流れてくるから。しかし下流側から見ると、少し石色が黒く見える石があるはずです。この場合、石裏には多少なりともアカが残っているので石の地肌よりも少し黒く見えるのです。私はこの石裏をじっくりねらうようにしています。

大石の目立つ河川では、普段はほこりを被っている石もポイントと見てよいかもしれません。流れの緩い場所ではほこりが付いている石が多いのですが、アカが飛ぶとアユはやむなくほこり混じりのアカも食むことがあり、それによって残りアカが現われることがしばしばあります。

残りアカをねらうなら石裏のヨレを中心に探ります。大石が多い場所が有望です

残りアカが多いのは川が大きくカーブする場所です

淵からの瀬肩もアカがよく残るポイントです

ずばり石が大きな川のほうがアカは残ります

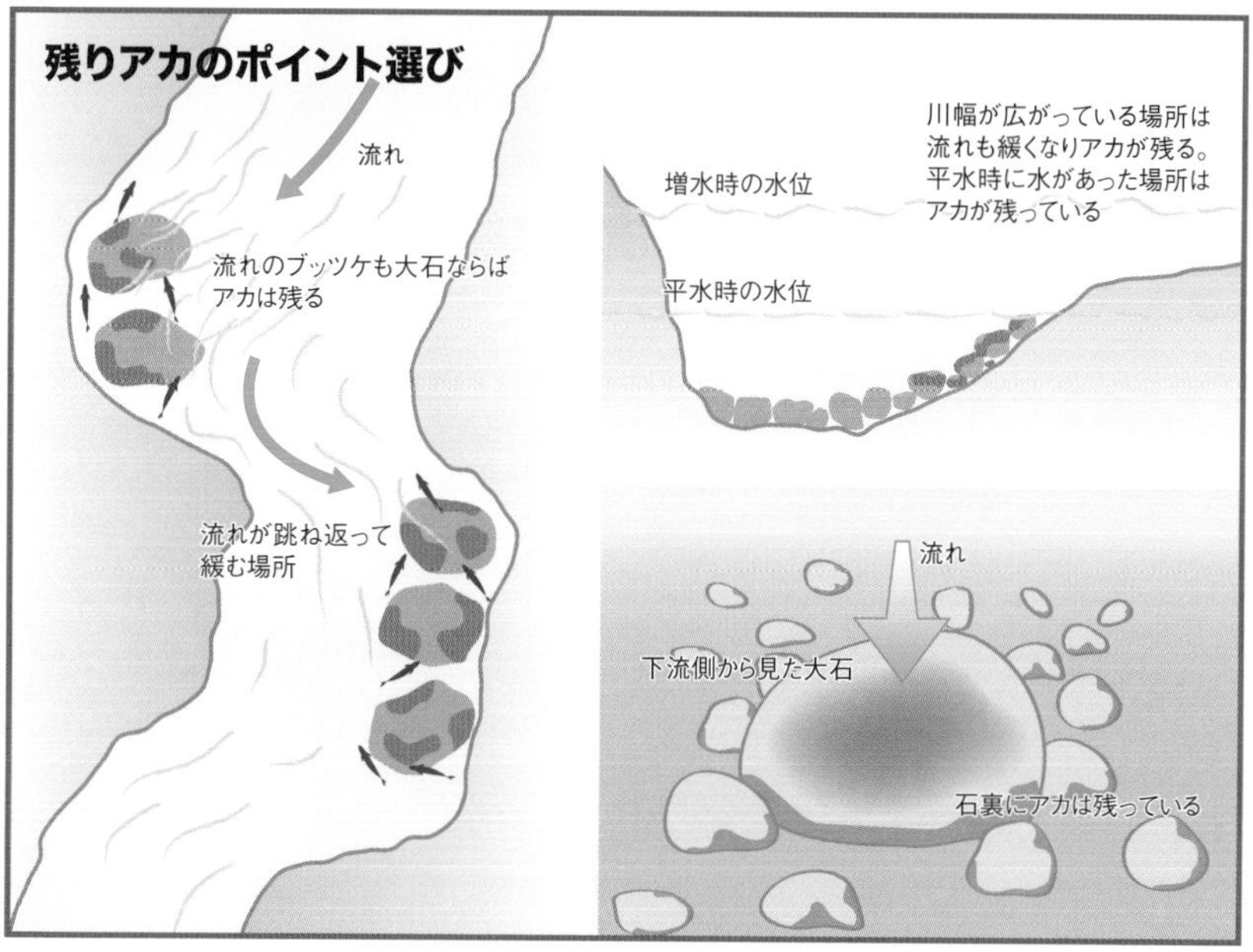

残りアカのポイント選び
流れ
流れのブッツケも大石ならば
アカは残る
流れが跳ね返って
緩む場所
増水時の水位
川幅が広がっている場所は
流れも緩くなりアカが残る。
平水時に水があった場所は
アカが残っている
平水時の水位
流れ
下流側から見た大石
石裏にアカは残っている

流れと石をよく見ることが残りアカを探すコツともいえるはずです。

渇水時のポイント

水温が上がって渇水になると瀬ではアカが腐り始め、石色が黒くなってきます。アカ腐れが進むにつれて、アユは新鮮なアカを求めて付き場が少しずつ荒場から浅場へと変わっていく傾向があります。

アユは変温動物なので水温が上がりすぎると夏バテになるはず。その場合、流れの緩い場所もポイントとなります。ただし、いくら浅場や流れの緩いトロ場でもアカの状態が悪ければポイントにはなりません。また高水温期は水面が一番水温が高く、川底に近いほど多少なりとも水温が低いはず。そこで引き舟は水面に浮かせるのではなく、できれば川底へ沈めて掛かりアユを弱らせない方法をとっています。

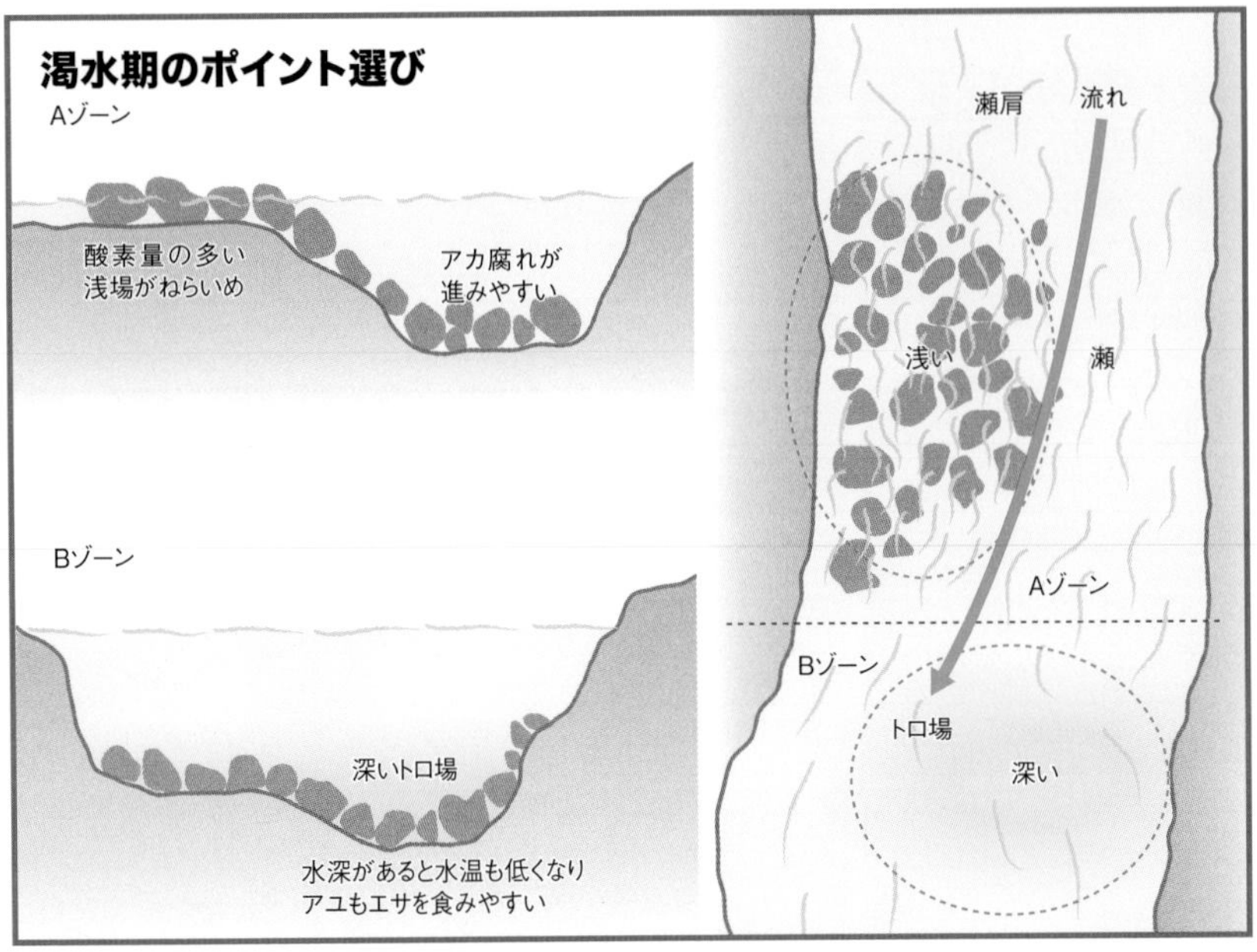
渇水期のポイント選び
Aゾーン
酸素量の多い
浅場がねらいめ
アカ腐れが
進みやすい
Bゾーン
深いトロ場
水深があると水温も低くなり
アユもエサを食みやすい
瀬肩
流れ
浅い
瀬
Aゾーン
Bゾーン
トロ場
深い

アカ腐れのポイント

少しでも水通しのよい場所が大前提だと思っています。アカ腐れは比較的石の大きい瀬の流心付近から始まり、連鎖反応的に川岸に向かってアカ腐れが進むような気がします。

先ほども述べたようにアユはアカ腐れが始まると少しでも新鮮なアカを求めてヘチ、浅場、トロ場へと付き場を移動し、そこにナワバリを持つはずです。

私は川底の底色に気を付け、その河川で最高の石色を探すようにしています。おそらく、石色といっても小石底や砂底がポイントとなるはずなので、少しの川底色変化も見逃さないようにしています。石のサイズよりも白い川底があれば間違いなくポイントとなるはずです。

渇水期になると川全体がポイントになることはなく、限られたポイントとなることが多くなります。その時ポイントを早く見つけるコツは、川底の色を把握することが重要だといえます。川底のどの色が最もアユが好む色なのか？　段差があるヘチ際は伏流水が湧いていることが多く、波立ちも多く酸素も多く含んだ水が流れます。そのような場所はどこなのか？　その河川でアユが好む石色が特定できたら、その石色が最も多い場所がねらいのポイントとなるはずです。

アユが好む石色がどんな色なのかを観察することは、
あらゆる水況で釣果をだすために一番大切なことだと思います

干上がった石に付いたハミ跡。
ダム河川で義務放水をしているような川では
陸バミのある場所が好ポイントになることも

波立ちのある流心付近ほどアカがドロドロに腐っています。
こんな時は砂利底や小石、白い川底がポイントです

浅場攻略がアカ腐れ時の必須項目です

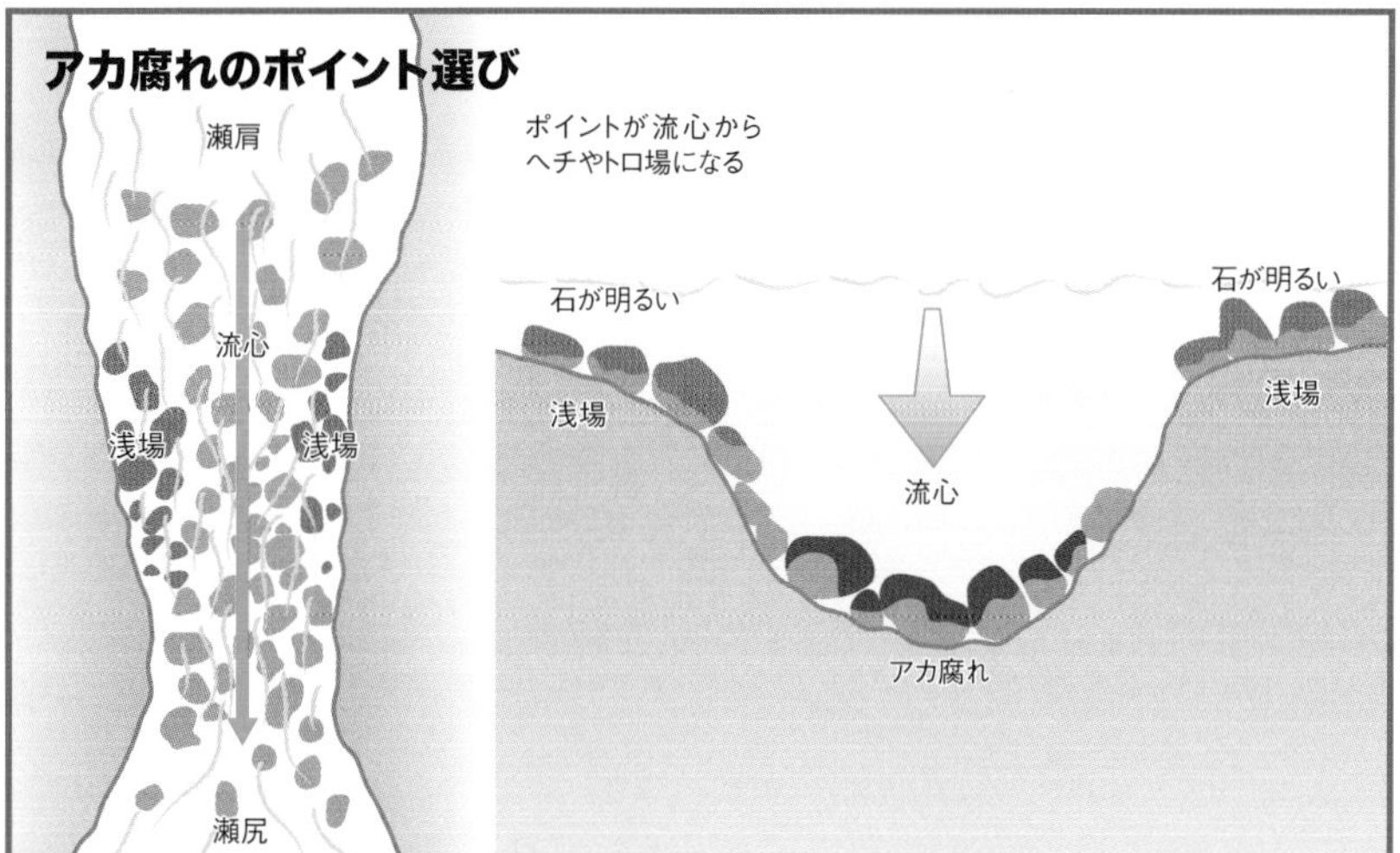
アカ腐れのポイント選び
瀬肩
流心
浅場
浅場
瀬尻
トロ場
ポイントが流心から
ヘチやトロ場になる
石が明るい
石が明るい
浅場
浅場
流心
アカ腐れ

第5章

最初の目標「1日10尾」

長いサオに細いイトでオトリをコントロールして野アユを掛ける。
YouTubeの名手のようには上手くいかなくても、
入る場所、オトリの扱い、引き抜き、トラブル対策、
これさえしっかりできればきっと結果はついてくるはず。

ビギナーはまず瀬落ちから釣り始めるのがおすすめ

友釣り初心者が1日10尾を釣るにはどこをどう釣る？

本章ではまだ友釣りに不慣れな方を想定して話を進めたいと思います。まず、1日を楽しく過ごせる釣果として1日10尾を目標とします。これを実現するための主なポイントを順番に説明していきましょう。また私自身の釣り方も交えて解説するので、経験者の方も参考になる点があるかと思うので復習のつもりでお読みください。

さて友釣りがほかの釣りと決定的に異なるのは、アユでアユを釣ること。ほとんどのエサ釣りでは刺しエサを使う、もしくは活きエサでフィッシュイーターをねらう。この活きエサに関しても、生きているエサにハリを付けて泳がせるという点では同じことのようですが、アユほどその〝活き〟が大事な釣りはないと私自身思っています。アユ（オトリ）の元気度がもろに釣果につながるので、オトリの扱いが非常に大事になるはずです。それゆえオトリ交換にまだ慣れていない方は、ベテランにオトリを付けてもらうこともあるでしょう。

ですが、その前にまず友釣り初心者の方が選ぶ場所、比較的釣りやすい場所はどこなのかを考えてみます。

ベテランなら、瀬肩が一等地なので瀬肩から釣り下るか、釣り上がる方が多いでしょう。しかしこれは一連の動作ができる釣り人であって、その中でタメや抜きが上手にできないと、掛かりアユもろとも瀬の中へ引きずり込まれてしまう可能性があります。上手くタモの中に収まればホッと一安心ですが、イトが切れたり掛かりアユが外れるなどのトラブルが多発するのも瀬肩です。

では流れの緩いトロ場はどうか？　トロ場はオトリが元気であれば釣りやすくなる場所ですが、オトリが弱ると全く釣れないことが多々あります。そこで瀬の追いアユがいる要素もあり、トロ場での取り込みやすさもある瀬尻が一番のお勧めだと思っています。

瀬肩は時折入れ掛かりはあるものの、また掛かるのは比較的早いかもしれませんが、サオ操作に慣れていないビギナーの方は、先に挙げたトラブルが多発して釣りにならない状況に陥ってしまう恐れもあります。そこで、流速は瀬肩よりも優しく、下流にはトロ場や淵などアユの補給源がある瀬尻が初心者には最も釣りやすい場所となるわけです。

釣り方は、流速の速い所はサオを伏せた瀬釣り、流れの緩い所はサオを立てた泳がせで。つまり元気なオトリであれば泳がせ、少し弱ってくれば追いのよいアユがいる瀬をねらい引き釣りで、ということになります。

掛かれば流速の遅い場所へ下りやすいのであわ

てることもなく、サオもノサれにくい。ゆっくり、じっくり、アユの引きを楽しみながら取り込むことができるはずです。そこでまずはトラブルのない場所、オトリ操作が割と簡単な場所＝瀬尻で1日10尾を目差してみましょう。

最初の1尾

この1尾で今日一日が変わるといってもよいほど最初の1尾は大事です。

プライベートでも大会でも同じことがいえますが、私自身は基本的にまずは瀬肩での1尾をねらいます。ただひと口に瀬肩といっても、大河川も小河川も千差万別。三角波から入る波立ちが瀬肩と見るか、三角波から入り際の鏡を瀬肩と見るかでも大きな差があるかもしれません。

最初の1尾を釣ることを考えれば、やはり波立ちの始まる場所へとオトリを入れます。この波立ちですが、波の後ろに入れるイメージでオトリを送り込みます。また、鏡のような波立ちよりもすりガラスのように川底が見えない波立ちのほうが、人にアユが見えにくいぶんアユも人の気配を感じない場所となり、オトリに対して本能のままよく反応して釣れる可能性があります。したがって瀬肩が始まる波の中へとオトリを沈めます。

それから、この時すぐに釣れればよいのですが、釣れない時はどちらに動くかを考えます。そこはオトリの元気度で決めています。前記したように友釣りはオトリがすべて、そして循環の釣りなので、いくら技術がよくてもオトリが弱っているとなかなか掛からないこともあります。そのためオトリの元気度に合わせることも技術の1つ。オトリが弱っていると当然ですが泳がせで上流のポイントをねらうことは出来ません。その場合は下流へと釣り下り波立ちを、つまり水面変化のある瀬で追いアユをねらいます。オトリが元気であれば、その場から上流へ向けて瀬肩の泳がせで追いの強いアユをねらいます。

私自身は、まずは目の前にある一番荒いポイントへ何が何でも沈めます。

言葉が悪くなりますが、昭和の時代、養殖アユから天然アユにオトリを替えるポイントは、流れの緩い所から徐々に流れの強い所へポイントを移動させると教わったように思います。これは養殖アユの遊泳力を考えてのことなのでしょうけれど、養殖アユが一番元気なのはハナカンを通す前。ハナカンを通して逆バリを打ち、オトリを川に泳がせると確実にオトリの元気度は下降しているはずです。ということは、元気なのは最初です。それなのになぜ、流れの弱いポイントを最初にねらうのか？

これは昔から疑問に思っていました。オトリを使えば使うほど元気度は下がります。そこでまず、元気なうちに目の前の一番流れの強い荒い場所にオトリを入れます。これは荒場や流れの強い場所ほど高活性の野アユがいる可能性が高いから。そこで釣れないと養殖アユの体力は最初よりも低下しているので、オトリの体力に合ったポイントを選び流心からヘチ、強い流れから弱い流れへとねらいを変えています。

オトリをトラブルフリーで早く交換する方法

オトリ交換はズバリ慣れだと思います。早く交換できればオトリも弱りにくいので釣果に結びついてくるように思っています。

これも昭和の時代の話です。中指と薬指の間にヒレを入れ、人差し指と親指で目を隠すとアユは暴れず大人しいのでハナカンを通しやすいと技術解説に書かれていた記憶があります。しかし私自身はおそらく一度もそれを真似てハナカンを通したことがありません。

慣れない頃は、オトリが逃げないようにタモ網の中でハナカンを通し、ハナカンを通したらタモ網からオトリを出して逆バリを打つ。最初はこの動作のはずで、オトリの持ち方なんてことは考えない。とにかく暴れる前にハナカンを通せればよいと単純に思っていました。

タモ網の中での交換時、ハナカンは通せても逆バリやイカリバリがタモ網に引っ掛かり手返しが悪くなりイライラすることもあるかと思います。

流れが強ければサオを寝かせます

流れが緩ければサオを立てて泳がせます

まずはなるべく強い流れからねらってみましょう

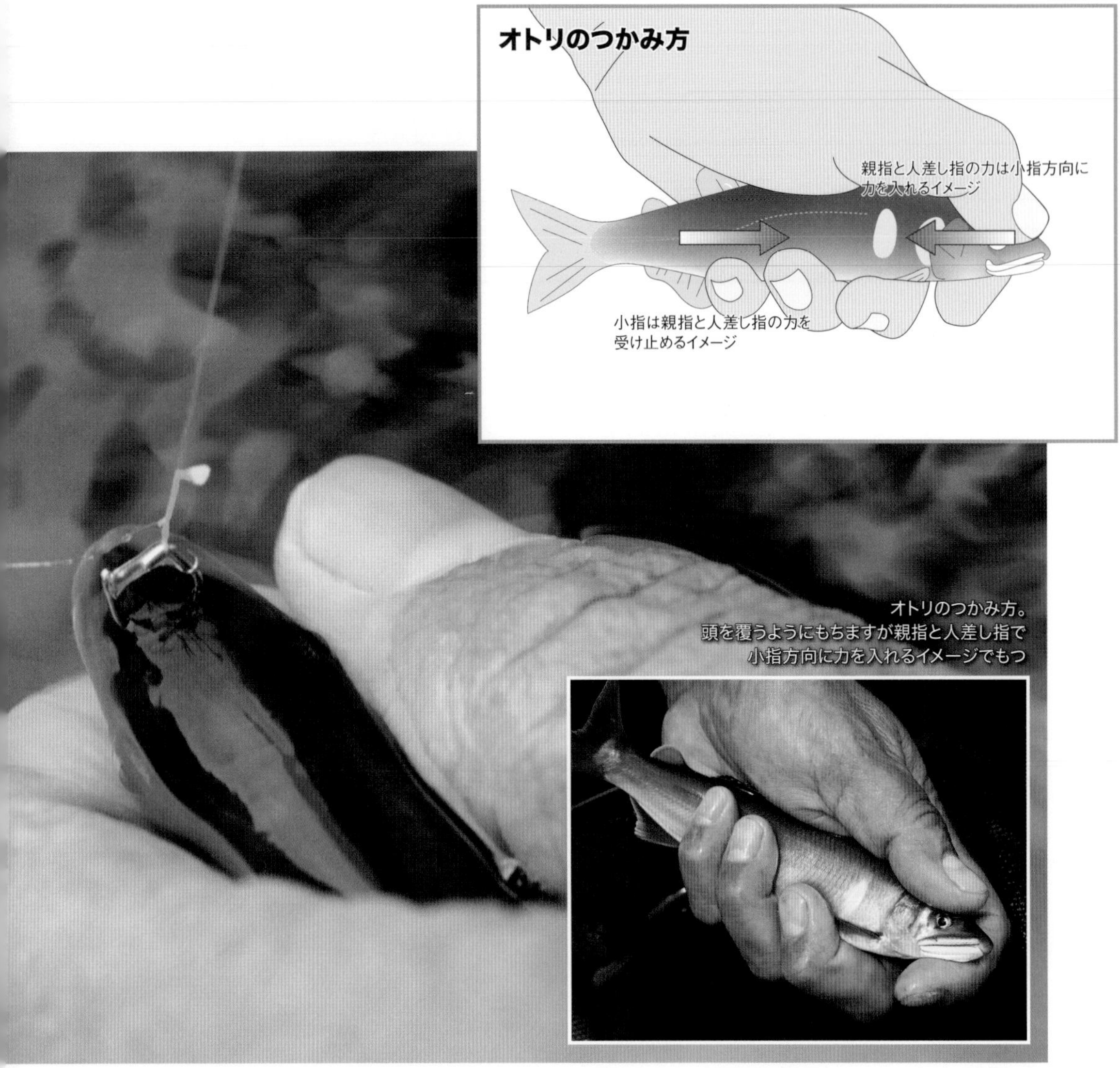

オトリのつかみ方。
頭を覆うようにもちますが親指と人差し指で
小指方向に力を入れるイメージでもつ

これは、ハナカンは利き手の親指と人差し指で持ち、手の腹と残りの指で逆バリとイカリバリを包み込めばタモ網に引っ掛かるトラブルは防げるはずです。またタモの外でオトリ交換をすればすべてのわずらわしさがなくなり当然のことながら手返しはアップするはずです。

そこで、改めてまずはアユのつかみ方です。私の方法は、上図のように親指と人差し指で頭を覆うように持ち、尾ビレ方向に押すイメージ。小指と手の腹部分は頭方向からの力を受け止める感じです。絹ごし豆腐を持つイメージで優しく包み込めばアユはそれほど暴れないはずです。後はハナカンを通し逆バリを打つ。この時も逆バリやイカリバリは、前記のように手の中に包んでハナカンを通すとスムーズに作業できるはずです。

ハナカンを通したら左手のオトリと、右手の中ハリスをほぼ同時に左右に引き合うと、右手の中ハリスは指から逆バリ方向に滑るので逆バリをすぐに手にすることができます。そして逆バリを打つ向きですが、魚のウロコは頭側から尾に向けて生えており、ハリ先が鋭いと刺さりやすく、鈍くなるとウロコだけ拾って手返しの悪さが出てくるかと思います。私はウロコの隙間に逆バリを刺すように、尾側から頭側へとハリ先を抜くようにしています。こうすることでハリ先の鈍りは軽減されるはずです。

手順としては以上です。あとはひたすら場数を踏んでください。冒頭でも述べたとおり、素早いオトリ交換は慣れとリズムだと思っています。

しっかり確実に引き抜く方法

私は引き抜きが一番下手で苦手なのかもしれません。縦横無尽に暴れるアユを39㎝枠のタモに入れる。一見簡単な作業のように聞こえるかもしれません。確かに、平たんな場所で真っ直ぐ飛んでくる物に対しては簡単です。それが川でとなると、あらゆる自然状況の中、臨機応変に対応しなくては上手く引き抜けないと思っています。

早く抜き上げようとして強く引き合うと水中イトの高切れや掛かりアユの身切れ、慎重に時間をかけると長時間の引き合いによりハリ傷が広がり身切れによるバレの恐れがそれぞれあります。オトリと野アユは引き合い暴れているので引き抜くタイミングが難しく、野アユがバレてしまうと引き回されたオトリはヘロヘロになり、オトリとして使えない最悪の場合もあります。

そこで、まず野アユに対してハリ立ちをしっかりさせるためにサオを充分曲げます。掛かった時、サオの角度が川の流れに対して鋭角の状態（穂先が上流側を向いている）で掛かればその立ち位置で

アユが掛かったら
サオをしっかりと曲げ込むのが大切

掛かった後でサオの角度が
直角もしくは鈍角の状態で
掛かれば下るようにします

問題なく引き抜く体勢にもっていきます。直角もしくは鈍角（穂先が下流側を向いている）の状態で掛かれば下るようにしています。下る距離はサオの角度が直角以上になるまで。結構大雑把ないい方ですが、掛かりアユがほぼ目の前（真正面）になるくらいまで下ります。しっかり下ることを嫌がると、オトリとサオの角度がどんどん広がりバレにつながります。

掛かりアユが真正面に来るとまずはタモを抜き、タモを持つ手をサオに添え、サオを掛かりアユの引きに合わせて充分曲げるようにします。するとオトリが水面から上に、掛かりアユが水面を切るか切らないかくらいまで浮きます。この時に引き抜くわけですが、サオを後ろ方向に倒して掛かりアユを抜き上げるのではなく、サオを真上に突き上げるように抜くとフワッとした軌跡を描きキャッチしやすくなるはずです。

この突き上げる動作ですが、最初から両手を伸ばしタメているとそれ以上両手を上げることができないので、優しい引き抜きではなく直線的な引き抜きになってしまいます。

直線的な引き抜きにならないようにするにはタモ網の手をオデコ部分に構え、サオ尻の手とタモの手の距離を40cmほどにすると肘《ひじ》は曲がった状態になるので、割と優しく引き抜けるはずです。

最初は身体の横でキャッチするのは難しいので、タモ網を持っている体側（左でタモを持っていれば身体の左半分）に当てるように飛ばせば、ほぼ間違いなくキャッチできるはずです。そして少しずつ釣果を重ね、タモ網に入る数が多くなればなるほど引き抜きは自然と上手くなると思っています。最初の頃は身体の横でキャッチ

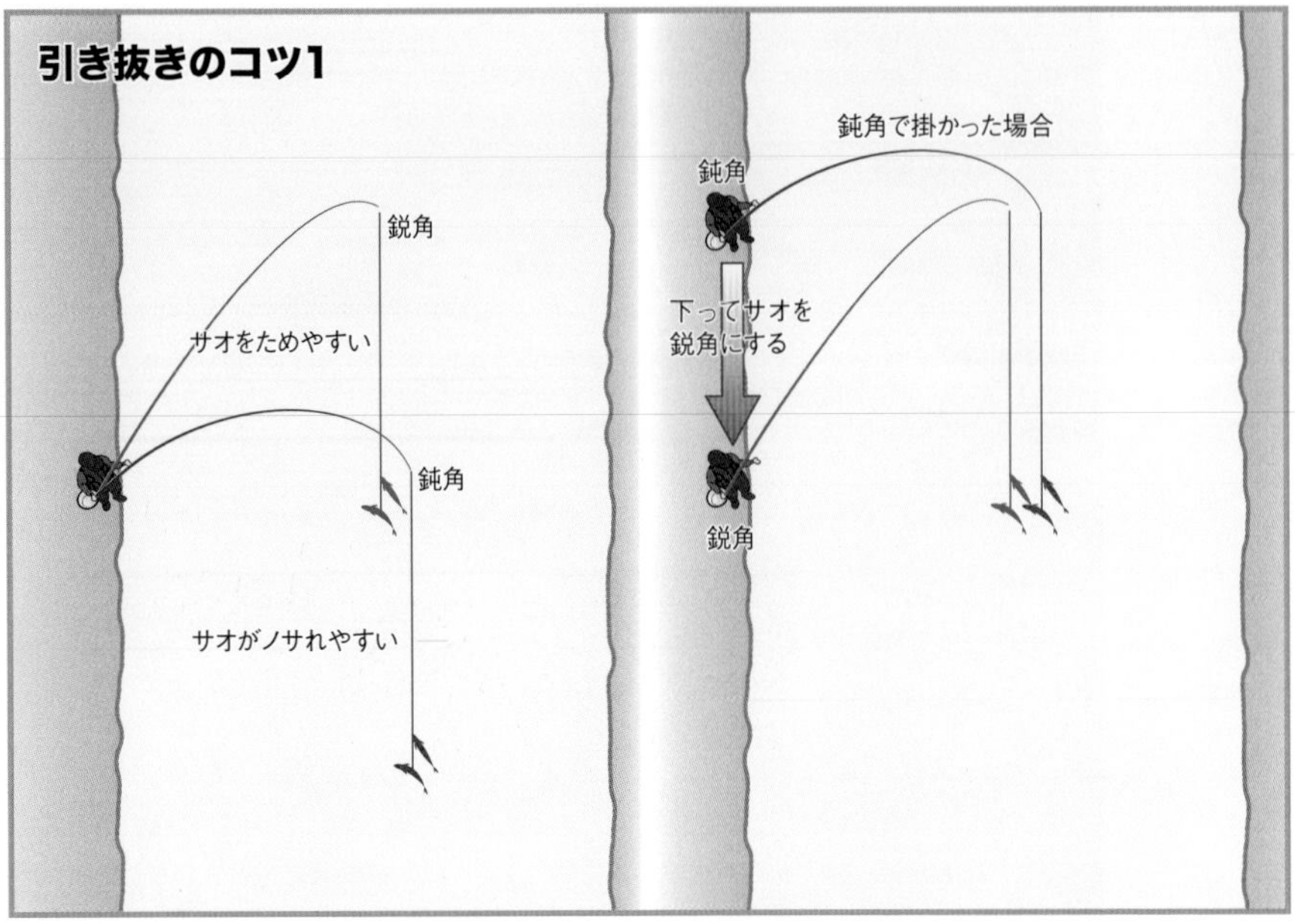

引き抜きのコツ1
鋭角
サオをためやすい
鈍角
サオがノサれやすい
鈍角で掛かった場合
鈍角
下ってサオを
鋭角にする
鋭角

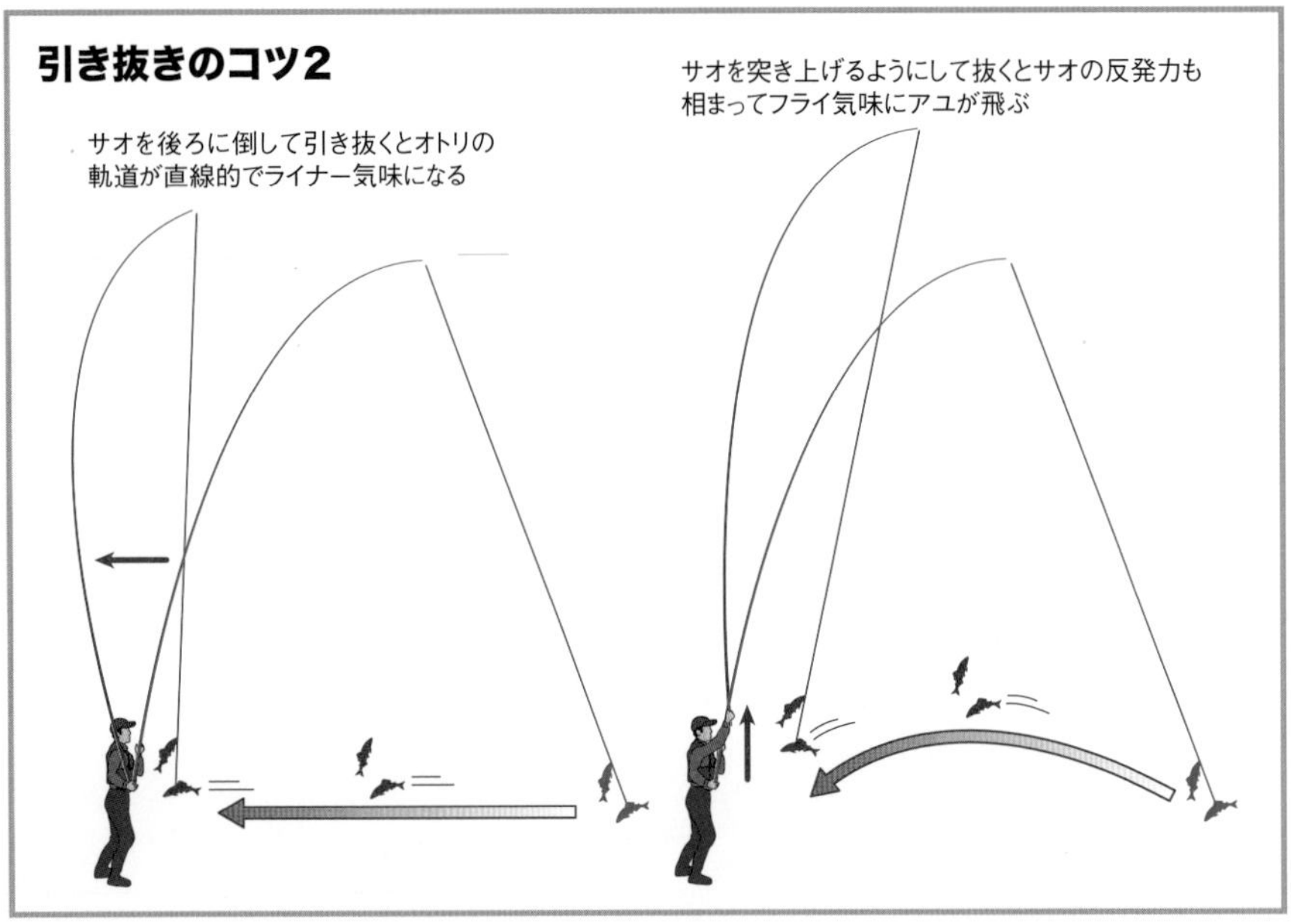

引き抜きのコツ2
サオを後ろに倒して引き抜くとオトリの
軌道が直線的でライナー気味になる
サオを突き上げるようにして抜くとサオの反発力も
相まってフライ気味にアユが飛ぶ

タモの手をオデコ部分に構え
サオ尻の手とタモの手の距離を40cmほどにすると
肘は曲がった状態になり、わりと優しく引き抜けるはず

タモを持っている側の
身体半分に当てるようなイメージで
魚を飛ばす

アユが水面を割り飛んでくる時に
オトリよりも掛かりアユのみ注視して
タモに入れるのがセオリーです

後ろに倒すのではなく上に突き上げるように抜いたほうが
2尾のアユはフライ気味に飛んできやすい

するイメージよりも身体の前でキャッチするイメージで引き抜けば、割と上手にアユは身体の近くに飛んできます。横でキャッチするイメージで引き抜くと、身体から相当離れた場所へ飛びやすく、スルーしてしまいます。

釣れない時のオトリの状態とは

オトリは元気が一番に越したことはないと思っています。ただ、野アユとオトリを比べた場合にどちらの泳ぐスピードが速いでしょうか？　イトが付いていない野アユのほうが速いはず。しかし実際には、野アユはオトリの速度で常時泳いでいないと思っています。アカを食み、他のアユを追い、石裏のヨレで漂う。これを繰り返しています。一方で、ハナカンを通されたオトリはイトの抵抗があるのと、流れに放たれた途端、本能的に人から逃げようとして一気に走ります（走りたいのに飼い主にリードで引っ張られていた犬が、突然リードが外れたところを想像してください）。そうなると、いくら野アユが元気でもオトリはナワバリからすぐに出るので追い切れないこともあるはずです。これがオトリが少し弱ってくると自然にオトリのスピードが遅くなり、野アユがオトリの速度についていけるようになると掛かりやすくなります。

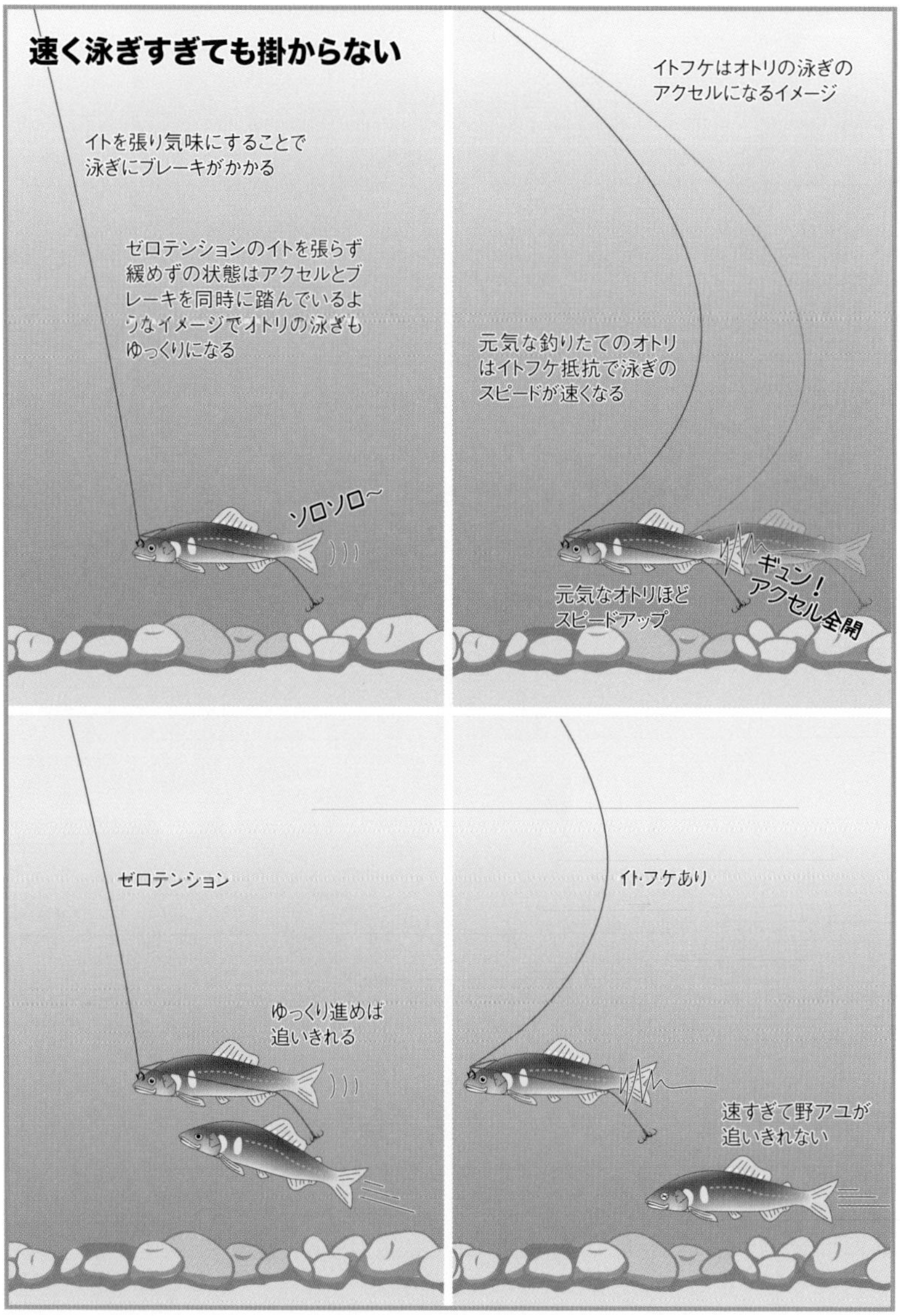
速く泳ぎすぎても掛からない
イトを張り気味にすることで泳ぎにブレーキがかかる
ゼロテンションのイトを張らず緩めずの状態はアクセルとブレーキを同時に踏んでいるようなイメージでオトリの泳ぎもゆっくりになる
ソロソロ〜
イトフケはオトリの泳ぎのアクセルになるイメージ
元気な釣りたてのオトリはイトフケ抵抗で泳ぎのスピードが速くなる
ギュン！アクセル全開
元気なオトリほどスピードアップ
ゼロテンション
ゆっくり進めば追いきれる
イトフケあり
速すぎて野アユが追いきれない

もしくは、元気なオトリの速度をゆっくりさせるためのサオ操作で釣れる状態にすることもできるはずです。

弱りすぎも釣れない原因の1つです。

オトリを長時間使い続けると魚体の色に変化が出てきます。艶のある美しい色が黄土色になり、肌触りもザラツキ感が出てくると、よほど高活性のアユではない限り追ってこないと思っています。

オトリが寝ることがあるのを知らない方はびっくりするかもしれませんが、オトリは弱ってくると何らかの抵抗がなければ川底に張り付き、休む傾向があります。当然弱っているので休むわけですが、釣れない状況となるので穂先を使いオトリを起こすようにムチを入れたりしています。

大アユおよび後期のアユは川底に休みがち。イトを太くして抵抗を強くすると泳ぎやすくなります

また後期によくある状況で、実際に私が見た現象でこんなことがありました。大アユ釣りで釣り人本人は必死に釣っていましたが、私は対岸でオトリが見える位置に丁度いたのでオトリを観察すると、石の隙間に入ったオトリは腹を川底へ着け、全く動こうとしません。これはオトリが腹に子を持った時によく起きる現象で、手元からは逃げるようにスーッと泳いである程度沖に出ると、人から離れたことで安心するのか一旦休んでいるような感じになります。ただこれが長く続くと釣れない状況ですから、出来るだけなくすためには水中イトを太くしてイトの抵抗でオトリを泳がす方法をとっています。つまりイトが細ければ水流抵抗が少なく、オトリは自分の意思で疲れると休めるからです。

逆バリの外れ、中ハリスのトラブルにも注意

掛からない状況で一番多いのが、逆バリが外れている時ではないでしょうか。逆バリが外れているのが簡単に分かればよいのですが、実際は「釣れないなあ」と思いオトリを

弱いオトリや後期のアユは
イトの抵抗がなくなると川底に寝る

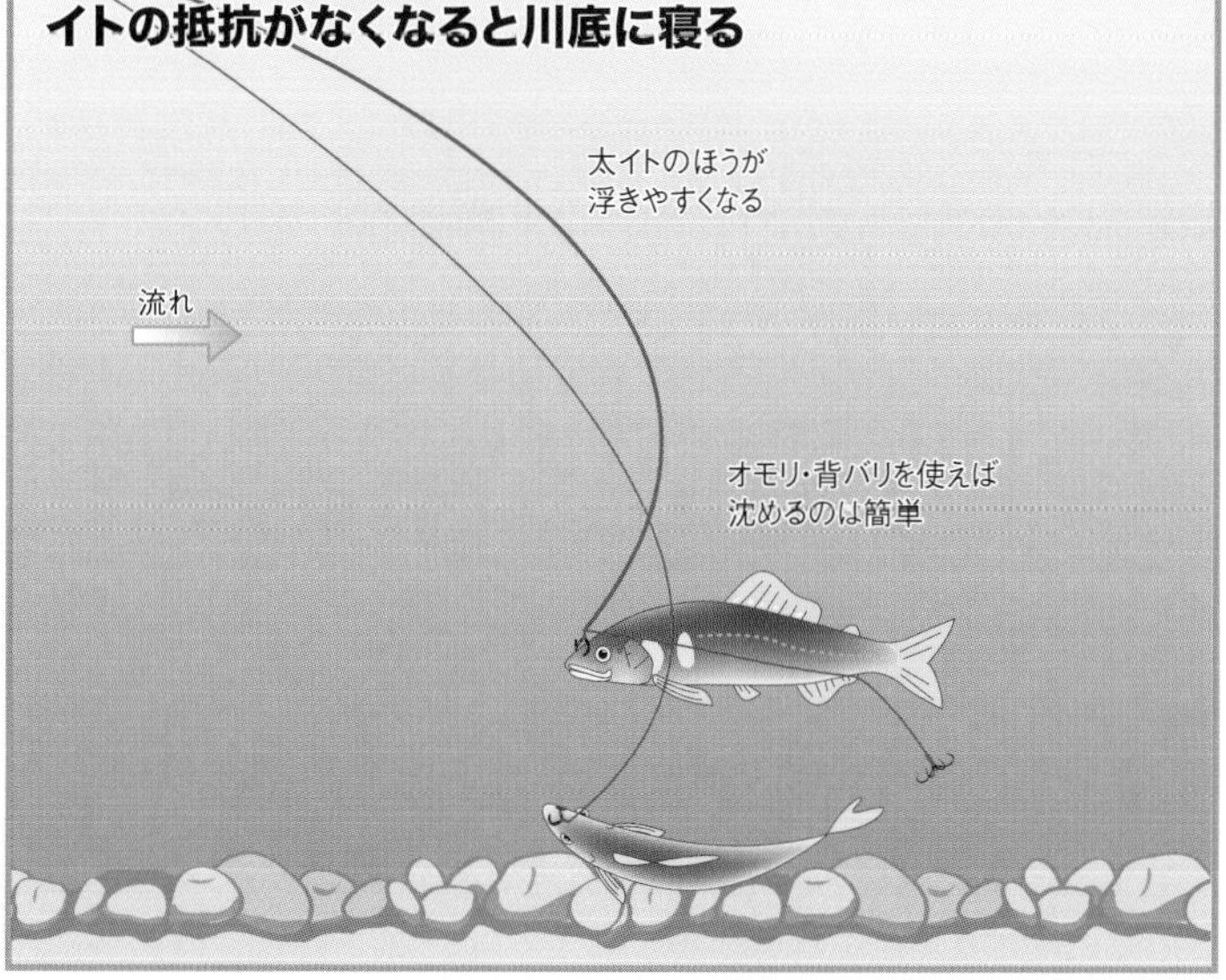
太イトのほうが
浮きやすくなる
流れ
オモリ・背バリを使えば
沈めるのは簡単

逆バリが外れるとなぜ掛からないのか？

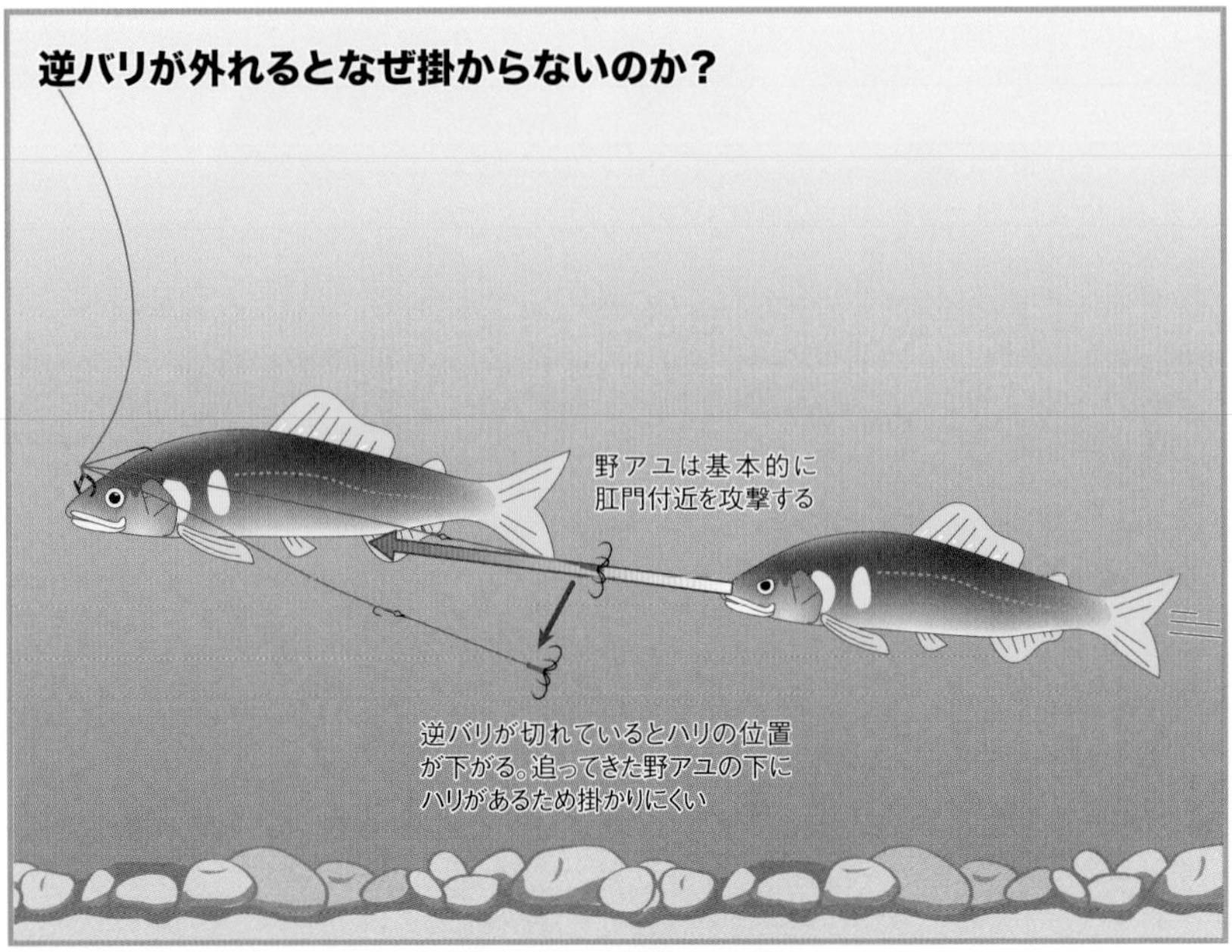
野アユは基本的に
肛門付近を攻撃する
逆バリが切れているとハリの位置
が下がる。追ってきた野アユの下に
ハリがあるため掛かりにくい

アブラビレのハリス絡み問題

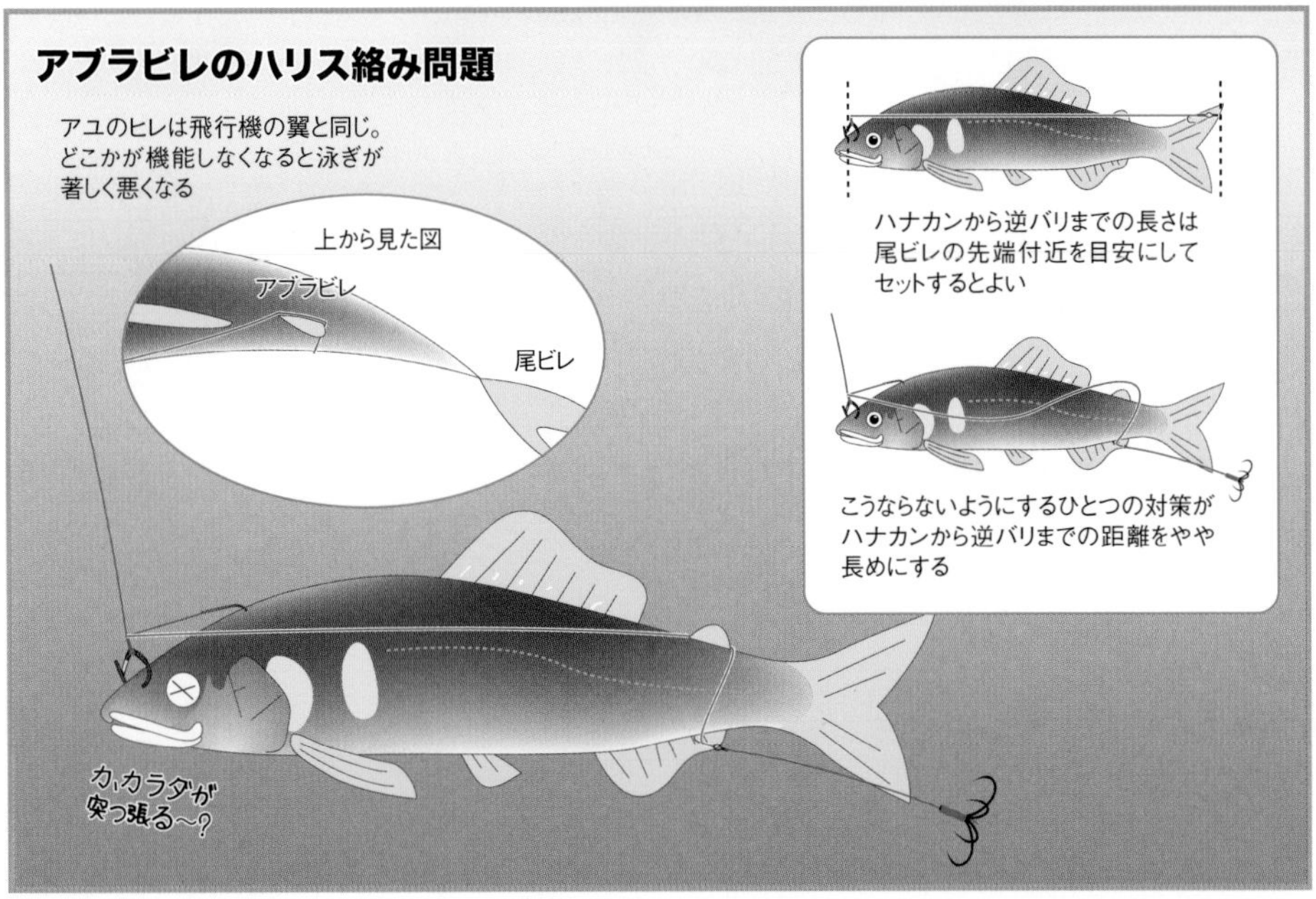
アユのヒレは飛行機の翼と同じ。
どこかが機能しなくなると泳ぎが
著しく悪くなる
上から見た図
アブラビレ
尾ビレ
カ、カラダが
突っ張る〜？
ハナカンから逆バリまでの長さは
尾ビレの先端付近を目安にして
セットするとよい
こうならないようにするひとつの対策が
ハナカンから逆バリまでの距離をやや
長めにする

回収すると逆バリが外れている場合が一番多いでしょう。普通に考えればまず外れないはずが、ケラレに気づかないでいると「釣れない」に結びついてきます。

ケラレによる逆バリ外れは、手に感じる信号（音）に注意すれば「コン」「コツコツ」と軽い音が手に伝わり分かります。また泳がせている時に目印の動きが「シュッ」と早くなって掛からない場合は即オトリを回収して確認しています。

アブラビレに中ハリスが絡んでいることも割と多くあります。アブラビレに絡んだから掛からないとはいい切れませんが、掛かりにくくなると思います。それはオトリの動きが重くなるというか、機敏さが急になくなるので追われにくくなるような気がしています。

このアブラビレ絡みの対処方法は、中ハリスにヨリを入れるか、ハナカンを移動させ自分が逆バリを打つ位置より少し長めにセットすればアブラビレに絡みにくくなるはずです。

第6章

ステップアップ

「1日10尾」の目標を超えられたら次なるステージへ。
そして、正直ここが中級者に上がれるかどうかの分岐点。
自分の引き出しを増やすことで、掛けられるアユの数も確実に増す。
私自身の経験と研究結果をもとに解説していこう。

私のステップアップ サオの曲がりの違い

1日10尾の釣果を平均して出せるようになったら、次なるステップアップに進みましょう。友釣りの楽しさは無限です。やればやるほどその世界が見えてきます。また、ふとした出会いや気づきで今までの釣りがガラリと変わることもあります。本章では、読者の皆さまが友釣りを存分に楽しめるようになるためのヒントや実践方法について述べていきます。

仁淀川の沈下橋の景色

最初に私自身の経験からお話ししましょう。友釣りを始めた10歳の頃から高校卒業までは、友釣りの面白味といえる瀬ではほとんどサオをだしたことがなく、主にチャラ瀬やトロ場で釣りをしていました。幼い頃は体力もないので当然かもしれません。中学生になると体力もついてくるのでサオは長くなりましたが、相変わらず釣り場は浅場一辺倒といった感じでした。釣り方は基本的に泳がせ釣りがほとんど。オトリを自由気ままに泳がせる「泳がれ釣り」でもよく釣れていた記憶があります。

高知県は、今でこそ湖産アユは放流禁止になっていますが昔は放流しており、一方で天然も現在の何倍もの遡上量があったので川は一面アユだらけ。小型アユが主体で、安田川名物〝魔物〟(ボウズハゼ)もたくさんいましたが、とにかくオトリが泳いで野アユの近くに行けば釣れたのです。

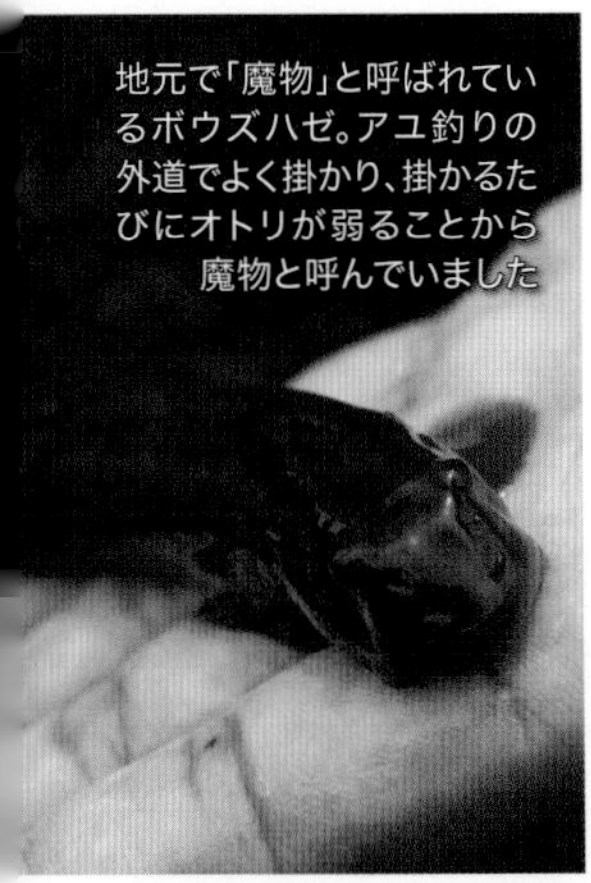
地元で「魔物」と呼ばれているボウズハゼ。アユ釣りの外道でよく掛かり、掛かるたびにオトリが弱ることから魔物と呼んでいました

私の地元の安田川は天然アユが豊かで幼い頃は川一面アユだらけといっても過言ではないくらいに豊かな川でした

幼少期は短いサオでも重量に身体が負け、置きザオがほとんど。アユ釣りを楽しむというよりは川で遊ぶといった感じでしたが、置きザオを上げれば野アユが掛かっていたほど追いのよいアユは無数にいた記憶があります。サオの長さが釣果に比例する時代でしたから、ほとんどの大人の釣り人は10mもしくは11mの長ザオで泳がせ釣りをしてどんどん釣果をだしていました。井の中の蛙《かわず》ではありませんが、そんなわけで友釣りは幼い頃から高校まで安田川で楽しんでいたので、泳がせ釣りが一番数が出る釣りと思い込んでいました。

高校卒業後は高知市内で就職し、車を持ったのがその後の釣り方に大きく影響したのかもしれません。それまでの高知県東部の小さな河川から、高知県中部の大河川・仁淀川や西部の四万十川へときどき行くようになり、そしてそのころ高知県友釣連盟が誕生します。当時私は22歳だったと記憶していますが、この友釣連盟ができたことが私の行動範囲と視野を大きく広げてくれます。それは、河川によってアユ釣りはこれほど違いがあるのかという驚きでもありました。

高知県友釣連盟の内山顕一会長とも長い付き合い

仁淀川には川舟の漁師さんがいて、釣り人が入れない水深の所で舟からサオをだしていました。ポイントに当たれば引き釣りで入れ掛かりです。こっちは指をくわえて見るしかありません。ただこの時、極細金属ラインが流行り始め、その極細金属ラインで瀬をねらうとオトリは上流へと泳ぎ、あらゆるポイントで好釣果を上げることができました。しかし仁淀川の強烈な三段引きのアユにはイトの強度が足りず、切れることもしばしば。

そんな時、川で知り合った仁淀川の名手も同じ極細金属ラインでしたが、切れないように釣りを展開していたので、その場でサオや仕掛けを教えていただきました。すると天井イトから水中イト、中ハリス、ハリハリス、ハナカンやハリは少し違いがありましたがイトに関しては変わらなかったのです。

ただサオの強さが違うことに気づきました！

私はその時、高価なアユザオなのでオールマイティーにねらえる早瀬クラスを使っていました。そして釣るまではその名手とほぼ同じなのですが、野アユが掛かるとものすごく慎重にタメないと高切れします。ゆっくり、じっくりとタメて野アユが強く引くと数歩下って取り込む。

仁淀川の名手は同じようにサオを立てて上流方向へと泳がせ掛ける。ここから私と全く違うのはサオの曲がり。私の釣りのイメージと重ねると想像以上にサオが曲がっている。するとサオがし

三段引きでなかなか水面を割らない
パワフルなアユが掛かるのも仁淀川の魅力

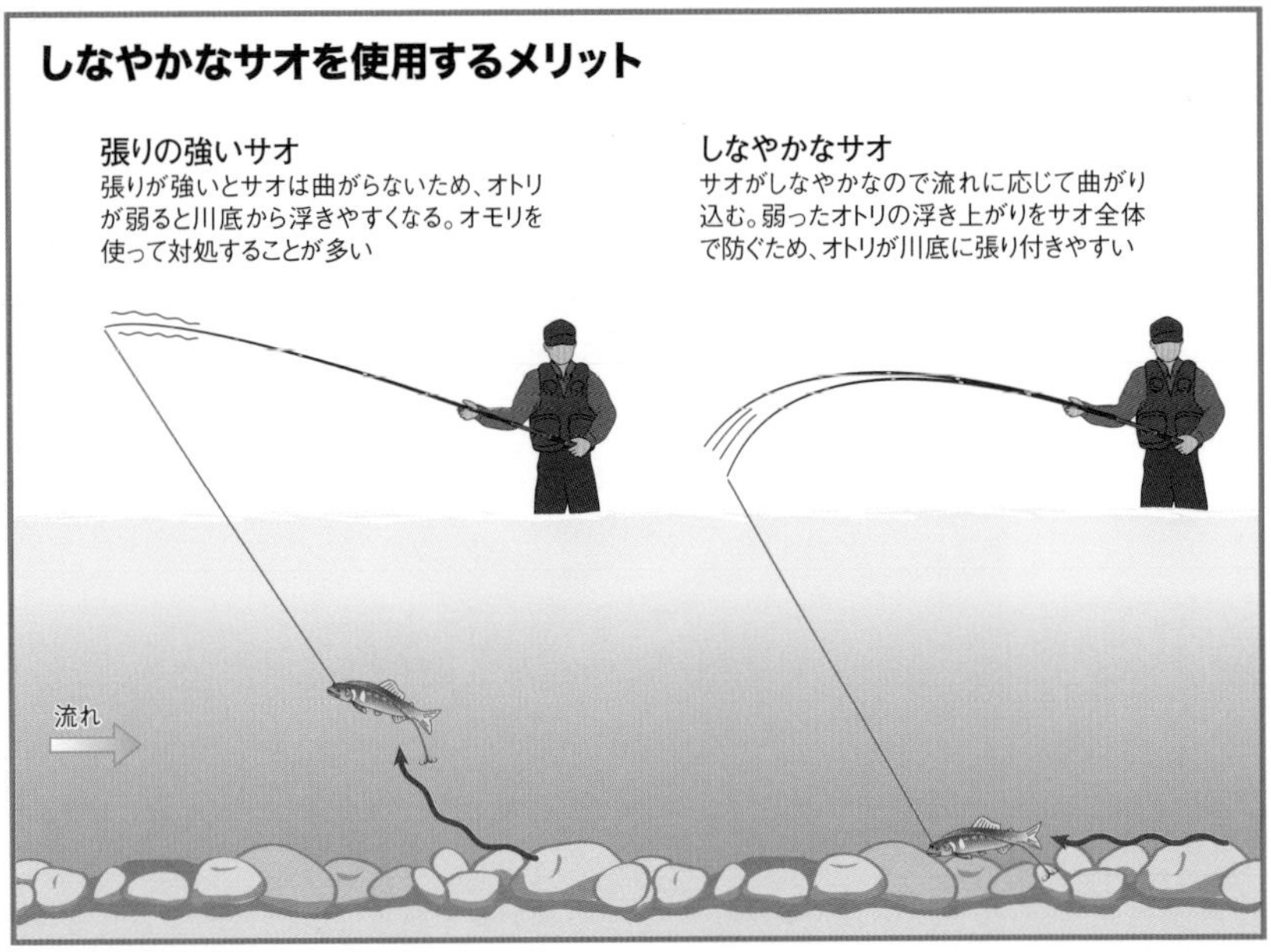

しなやかなサオを使用するメリット
張りの強いサオ
張りが強いとサオは曲がらないため、オトリが弱ると川底から浮きやすくなる。オモリを使って対処することが多い
しなやかなサオ
サオがしなやかなので流れに応じて曲がり込む。弱ったオトリの浮き上がりをサオ全体で防ぐため、オトリが川底に張り付きやすい
流れ

なやかなので、野アユが暴れないことに気が付きます。とにかく野アユの動きが静か。川底へと突っ込まず水面近くを心地よく泳いでいる雰囲気さえありました。そしてタモへとフワッと入る光景を数回見た結果、サオはしなやかなほうが釣れると自分なりに思い、購入します。

早瀬クラスから中硬クラスへパワーランクを2段階落とすと人間はどうなるのか。サオの操作は想像以上に的確になり、手に伝わる音もはるかにアップしました。これはサオのメーカーを変えたということもあるかと思います(笑)。

(※注　初めての友釣りザオはダイワだったが後に他メーカーのサオを購入して釣りをしていた。ここでダイワにふたたび戻った)

強いサオで泳がせ、強いサオを使い強い流れで引くと、極細ラインを使うもオトリは思いのほか浮きやすいのでオモリを付けて釣ることもしばしば。オモリは小河川の安田川ではほとんど使ったことがなく、やはり高切れなどトラブルが多かったような気がしています。ただこの時は若さで「イトが切れても2尾余分に釣ればチャラ」という考えでした。それだけ魚影が多かった仁淀川。

これが、しなやかなサオにすると軽くなった分、泳がせも当然楽になりサオ全体の曲がりも優しいのでオトリに対して負担も軽減。瀬ではオモリを多用してトラブルも多かったのが、サオが流れに対してよく曲がるので川底への馴染みやすさがアップ。つまりライントラブルも格段に少なくなりました。

仁淀川での釣り場は黒瀬が銀座。いろ

いろな大会会場でもあり、仁淀川に行けば黒瀬でしたが柳瀬(ヤナノセ)に初めて行った時のこと。黒瀬のようにポイント変化が全くなく、川相はいわゆるベタ川。泳がせる場所などは全くなく流速の速い瀬を釣るのみの場所。

当然のように早瀬をいつものように釣るわけですが、いくら極細ラインでもオモリを使わないと川底へと入りませんでした。オモリを使うとトラブルを恐れて取り込みが慎重になり、下りながら川岸に野アユを寄せてゆっくり取り込みます。取り込むと数メートル下っているので当然同じ位置へと戻ります。これを数回やってしまうと、いくら若くてもさすがに疲れる。

そこで極細ラインを一旦止め、極細ラインの流行以前に早瀬クラスのサオに合わせて使っていた太めのラインに替えて挑戦すると衝撃が走りました。しなやかなサオに久しぶりのライン。極細ラインほどの馴染みは感じませんでしたが、サオが変わると明らかに馴染みが変わる。オモリも今まで使っていたものより小さくでき、ラインは太めなのでトラブルが少ない。自ずとオトリの回転がよくなり釣果アップしていました。それでも仁淀川ではまだ引く釣りよりも沈めるだけの釣りで、釣り上がる釣りよりも釣り下る釣りでした。

扇引きへの目ざめ

安田川ではトロ場やチャラ瀬で泳がせ釣り。仁淀川では瀬の泳がせや落とし込みの釣り。しばらく仁淀川に通うと、瀬の中に胸くらいまで

仁淀川には川舟を使った川漁師さんが今でもいます

仁淀川の名釣り場である「黒瀬」

しなやかなサオのよさに目覚めてから私の釣りは変化したのです

立ち込んで良型アユをどんどん釣っている方をよく見るようになりました。当時の私は立ち込みが得意ではありませんでした（今でも苦手ですが）。その方はサオをほぼ真下に構え、オトリもサオの延長のように真下へ送り、そこから一気にサオを対岸に向けて鈍角に伏せることによってオトリを扇状に送る釣り方をしていました。

それを見て「なるほど！」と思い早速真似して試してみると、オトリを送り出す手前側からオトリが底に入りポイントとなるので実に効率がよい釣りだと分かりました。そして、ただ引くのではなく、グ。グ。グ。オトリを引きまくるサオ操作ではなく、数センチ引くと一呼吸。そしてまた数センチ引くと一呼吸。リズムよく引く。自分の真下に送り出したオトリは当然のように扇状に送り出され、ナワバリアユがいれば何らかの反応をしてハリ掛かりする。この掛かった場所を点で覚え、川の上下に移動しふたたび同じことをすると掛かる場所が出てくる。またその場所を点に置き換えると点と点ができ、それらを結ぶと流れに釣れる筋ができ、ポイントを上流から下流へと線で釣れることが分かってきました。

水面変化の少ない河川はポイントが見えにくいはずなので、釣れるポイントをいち早く見抜くにはこの釣りが適していると認識し、今でも仁淀川や

真下を向いて扇状にオトリを引く。そんな釣り方に感銘を受けたのも仁淀川に通うようになってからです

広い川でアユがいる流れの見つけ方

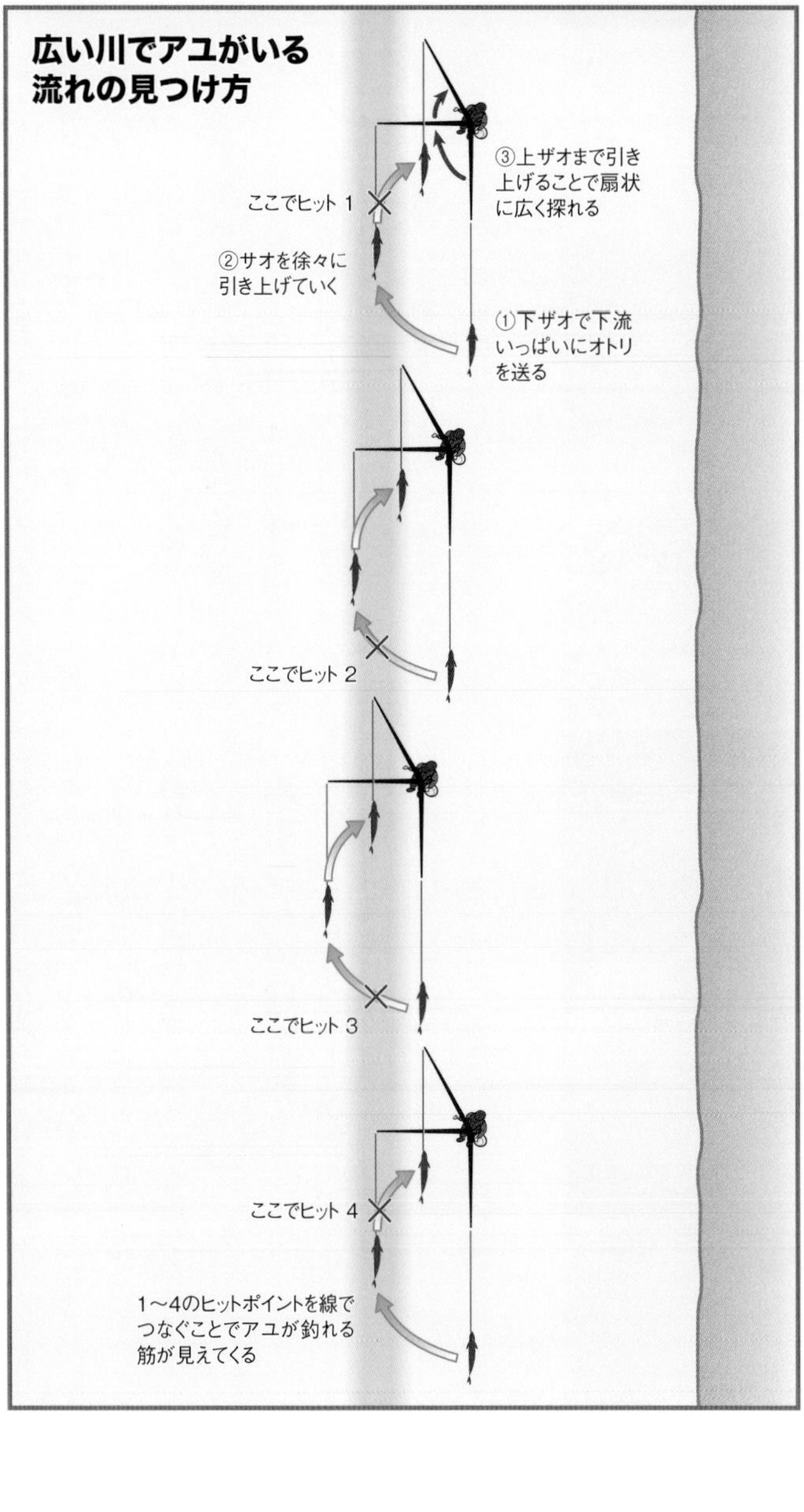
③上ザオまで引き上げることで扇状に広く探れる
ここでヒット 1
②サオを徐々に引き上げていく
①下ザオで下流いっぱいにオトリを送る
ここでヒット 2
ここでヒット 3
ここでヒット 4
1～4のヒットポイントを線でつなぐことでアユが釣れる筋が見えてくる

小石底の和歌山県内河川、九頭竜川、神通川のようなベタ川では扇引きを柱に釣りをしています。

小河川の泳がせからベタ川の引き釣りへと釣り方が変わった私は、地元の安田川でもベタザオの引き釣りができる場所で釣りをしてみました。するとチャラ瀬でサオを伏せることによってオトリの自由度が奪われ、それまでの泳がせでは追われるとすぐ逃げていたオトリの逃げ足が遅くなりハリ掛かりするように。浅場の小石底ではいくら流れや水量が少なくてもサオを伏せ、オトリを管理することが釣果につながると実感したことがありました。

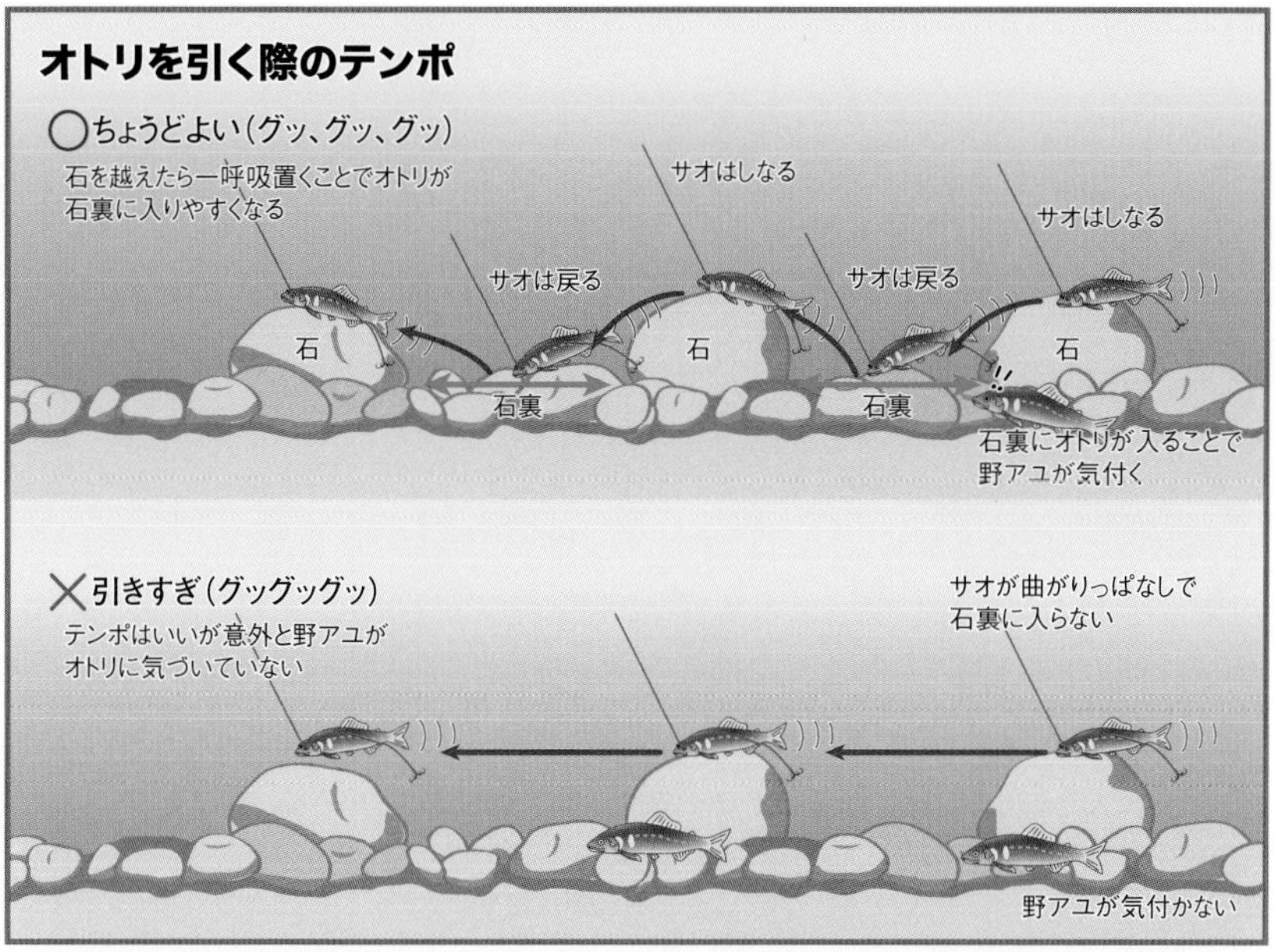

オトリを引く際のテンポ
◯ちょうどよい（グッ、グッ、グッ）
石を越えたら一呼吸置くことでオトリが石裏に入りやすくなる
サオはしなる
サオは戻る
サオは戻る
サオはしなる
石
石
石
石裏
石裏
石裏にオトリが入ることで野アユが気付く
✕引きすぎ（グッグッグッ）
テンポはいいが意外と野アユがオトリに気づいていない
サオが曲がりっぱなしで石裏に入らない
野アユが気付かない

長良川郡上に来て本当に打ちのめされました。「全部がポイントに見える」そんな変化に富んだ流れだったのにもかかわらず、全く反応が得られない時間が続いたのです

ひょうたんから駒ならぬ アユが出た!?

もう何年前でしょうか。屈辱というか情けないというか……。

私がダイワと契約して、初めての長良川釣行での出来事でした。それは今までに見たこともない川。大和地区だったので川幅はさほど大きくありませんが大石がゴロゴロしており、川の流れは無数にあって、どこでもポイントに見えて迷いが生じました。周りのテスター陣は釣れているのに私だけ無。この「無」という表現は、まさに「これが無か」と思うほどオトリの動きを感じるだけで野アユの反応が一切ない状況が半日続きました。逆バリが1回も切れなかったのです。

今までの釣りを振り返ってみると、地元で慣れ親しんだ小河川での釣りは泳がせ釣りが主で、ただ泳がせているだけで掛かる高活性の釣り。その後、押しの強い河川で穂先を利かせた引きの釣り。しかし長良川は見たことのない河川形状で、今までの釣りが全く通用しないことに茫然《ぼうぜん》としました。

お盆は長良川に泊まり込みで技術を磨いている浅川進テスターに教えを説いてもらうと、「この川は関西の川と違って引くと釣れん。反応があってオトリ操作するとき穂先が利くと反応が遠のく」。私にとってこれはまさに未知なる川。経験したことのない状況だと分かりますが、何をどうすれば

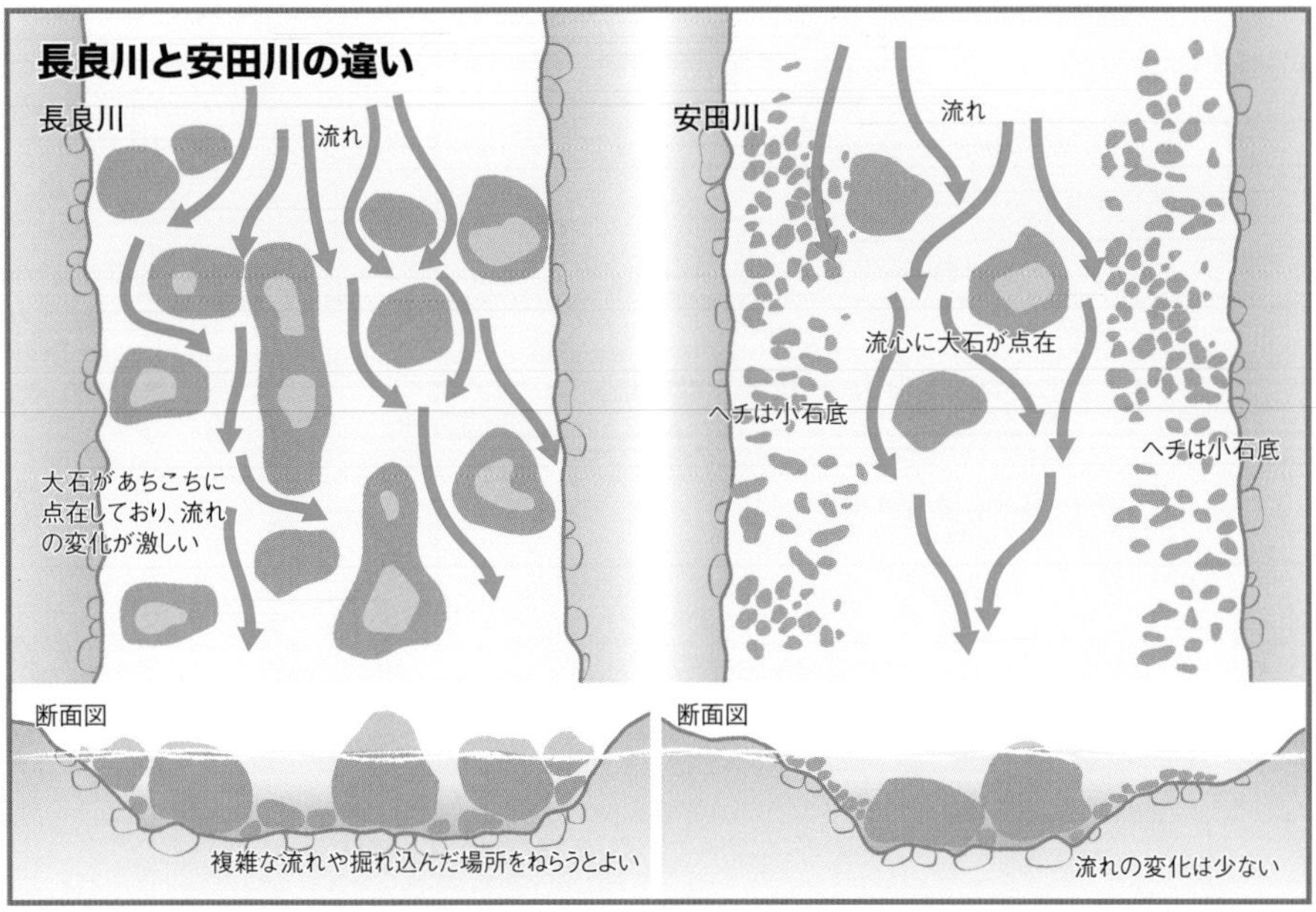
長良川と安田川の違い
長良川
流れ
大石があちこちに点在しており、流れの変化が激しい
断面図
複雑な流れや掘れ込んだ場所をねらうとよい
安田川
流れ
流心に大石が点在
ヘチは小石底
ヘチは小石底
断面図
流れの変化は少ない

よいのかが全く分からない。浅川進テスターの仕掛けを見ると、関西では使っていなかった背バリを付けていることに気が付き、その背バリを1つもらいます。

「この川は流れの筋をじっくりねらうこと。ノーマルだとオトリの重さを感じるのに、どうしても鼻を引いてしまう。これで釣果が出ないことにつながる。ええか、流れに入れたらとにかくサオ先を曲げるな。曲げずに我慢していたら反応が出る。そしたら掛かるまで何もするな！」

昼食時にそう教えてもらい、午後から実践するとテスター陣の半分もいかないペースでしたが今度は釣果を何とか出し、撮影も無事終了。ただなぜ釣れたのか？　全く分からず、いわれたとおりにすればポロっと掛かることの繰り返し。不安要素の多い長良川。引くでもなく泳がせるでもなく止めるでもなく……。

とにかく難しいイメージだけが残ったまま帰宅。今度は地元河川の大石が点在する場所で長良川での背バリを使った釣りを試すと、今までポイントと見ていなかった場所がポイントとなることに気が付きます。それは石裏付近のヨレです。

今までは単純に石の頭が一番釣りやすく、そこが釣れなければ引き上げる。それが背バリを使うことにより、オトリ操作がとにかくゆっくりになり、短い距離を効率よく釣ることができました。オトリの動きが速いテンポのよい釣りは場所の広さがキモ。しかし背バリを使ったスローな釣りは、釣り場が狭くてもオトリの動きが遅いので、自ずと野アユを引き出す力があると思いました。そこから、河川に合った釣りがあると再認識させられました。

奈良の浅川進さんも最初は戸惑ったようですが「長良川では背バリが効く」ことを覚え、私に教えてくれたのです

川底の起伏、特に掘れ込んだようなスポットをイメージして釣ることがどんな川でも重要です

オトリの打ち込みは高飛び込みの選手のように頭から静かにダイブさせる

単純に何も考えずオトリを打ち込むとねらいのポイントまでオトリは届かず、手前に落ちてエビになるケースが多いかと思います。

なぜポイントの手前で落ちるのか？　それはサオでポイントに持っていこうとして、オトリがサオ先を越える前にサオを傾けているような気がします。当然のように、サオを寝かせていくとサオ先は水面に近づくのでイトも緩みオトリは水に浸かります。

ではどのようにすれば的確にねらいのポイントへ打ち込むことができるのかというと、まず手尻が長い場合、太もも付近まで立ち込んでいるとオトリは水面付近から打ち込むような形になるので、少しサオが寝た状態だと途中で水面を叩くようになります。個々でも差があるとは思いますが、私は20㎝手尻を出しています。慣れない方は手尻０㎝が最も操作しやすいかと思います。

オトリの握り方にも少しコツがあります。手で包むように持つと、オトリは思いのほかスピードが出にくくなり、思っているポイントよりも手前に落ちるので手のひらで押し込む

オトリの打ち込み方（サイドキャスト）

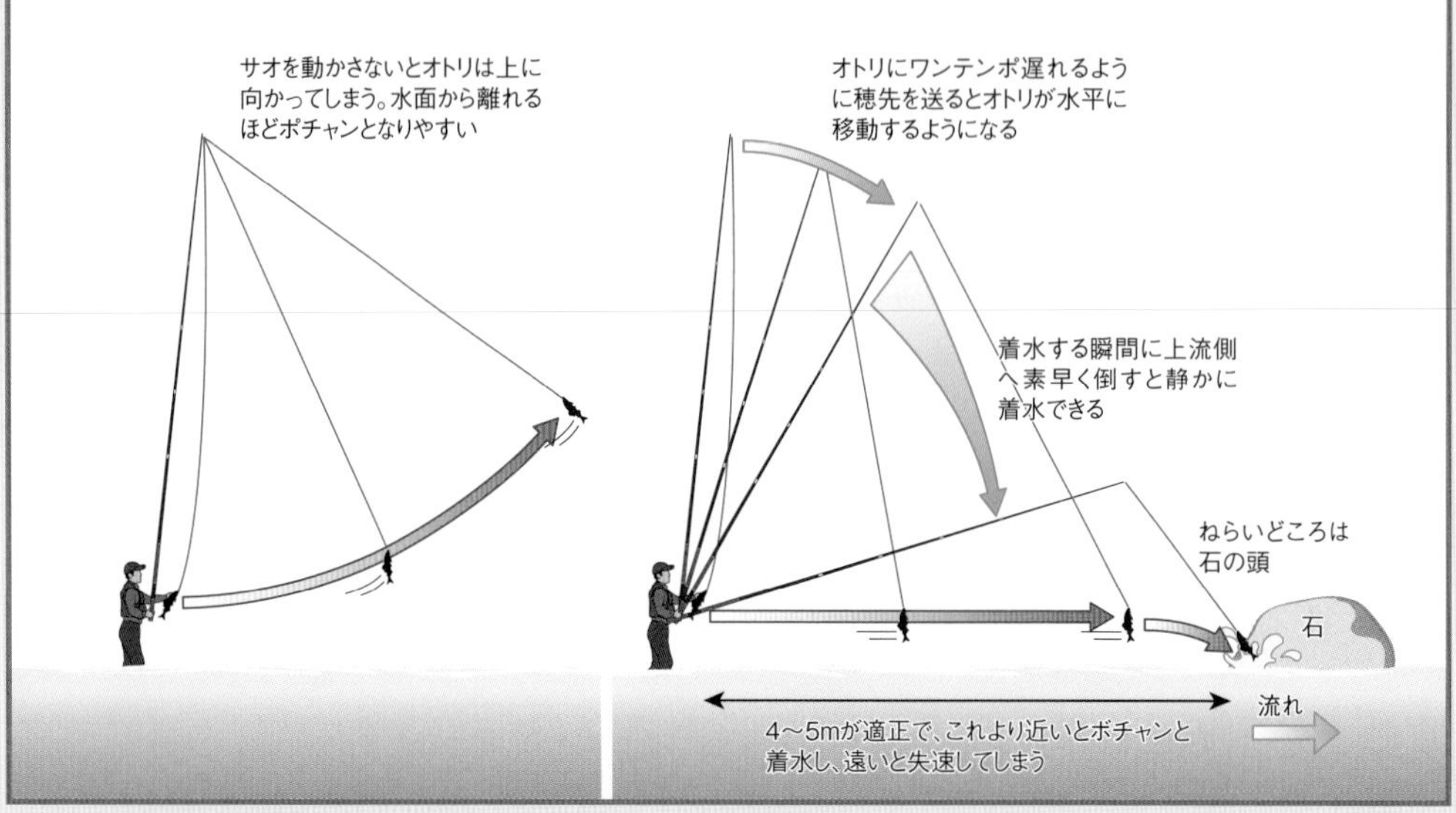
サオを動かさないとオトリは上に向かってしまう。水面から離れるほどポチャンとなりやすい
オトリにワンテンポ遅れるように穂先を送るとオトリが水平に移動するようになる
着水する瞬間に上流側へ素早く倒すと静かに着水できる
ねらいどころは石の頭
石
流れ
4〜5mが適正で、これより近いとボチャンと着水し、遠いと失速してしまう

オトリの打ち込み（サイドスロー）

手のひらで押し込むようにしてオトリを投げます

オトリの打ち込み(サイドスロー)
オトリが飛んでいく速度よりもワンテンポ遅らせるような
イメージでサオを前に倒してフォローします

オトリの打ち込み(サイドスロー)
着水直前に頭からダイブさせるような
イメージでサオを伏せてて引き込みます

ねらい定めて打ち込めるようになると釣りのテンポは一気に上がります。特に大石河川は足もとからオトリを送り出しても入らないようなポイントも多いので、そのぶん打ち込みが活きるポイントが増えます

ようにサイドスローで打ち込みます。この時サオの角度や向きが大事で、サオの角度が伏せ気味だと自分の近くで水面にオトリが叩きつけられるので、真上に向けた状態で、穂先の位置がオトリより先に出ないように、オトリが先行するように少しずつ倒していきます。この倒し具合ですが、オトリと穂先の距離をねらいのポイントまで均等に運んでいくことがコツです。また身体の向きは、ねらいのポイントを向いて打ち込まないと全く違う方向へとオトリを打ち込むようになるので、必ずそうしてください。

　オトリですが、釣りたてのオトリはやはり元気で手から離れると魚体をくねらせるので、イカリバリが付けイトに引っ掛かりやすくなります。まずは釣りたてを打ち込まずに少し弱ったオトリで打ち込みをしながら精度を上げることが大事かと思います。

　ただねらいのポイントへオトリを打ち込むだけだと、水中にオトリが入った瞬間よくエビになる傾向があるのは、水面にオトリが入るか入らないかの時、サオを上流側に倒しながらオトリの頭からダイブさせると、高飛び込みが上手な選手のように水しぶきが上がらずスッと水面から水中へと入り込みます。イメージとしては50㎝ほど上流へ引き上げるイメージで川底へ潜らせるといった具合です。

どこに入れ込めれば釣れるのか？

　ベタ川の場合、前記したとおりやはり広く探ることが重要だと思っています。小河川の場合はどうなのか？　これも河川の規模が小さくなっただけでやはり広く探ることが釣果につながると思っています。

　それでは一番苦手とする大石が点在する河川では？　水面に出ている石があるので当然広く探ることができず、ねらい撃ちの釣りになります。

　しかしこれらの3種の河川で釣れる場所は、実は同じかもしれないと思っています。

　河川の大小で何が違うのか？　それは川の規模が違うだけで、細かく見るとやはり起伏変化を探すことが重要となります。この変化は必ず水面の変化とつながり、その凹こそが入れ込みたいと思うポイントかもしれません。これは大石が点在している河川でも同じことがいえるはずだと思っています。とにかく流れがありすぎてどこがポイントなのか全く分からないこともありましたが、細いトイ状の流れの中にも水面変化は必ずあるので、先ほどと同じように凹を見つけることが大事だと思っています。

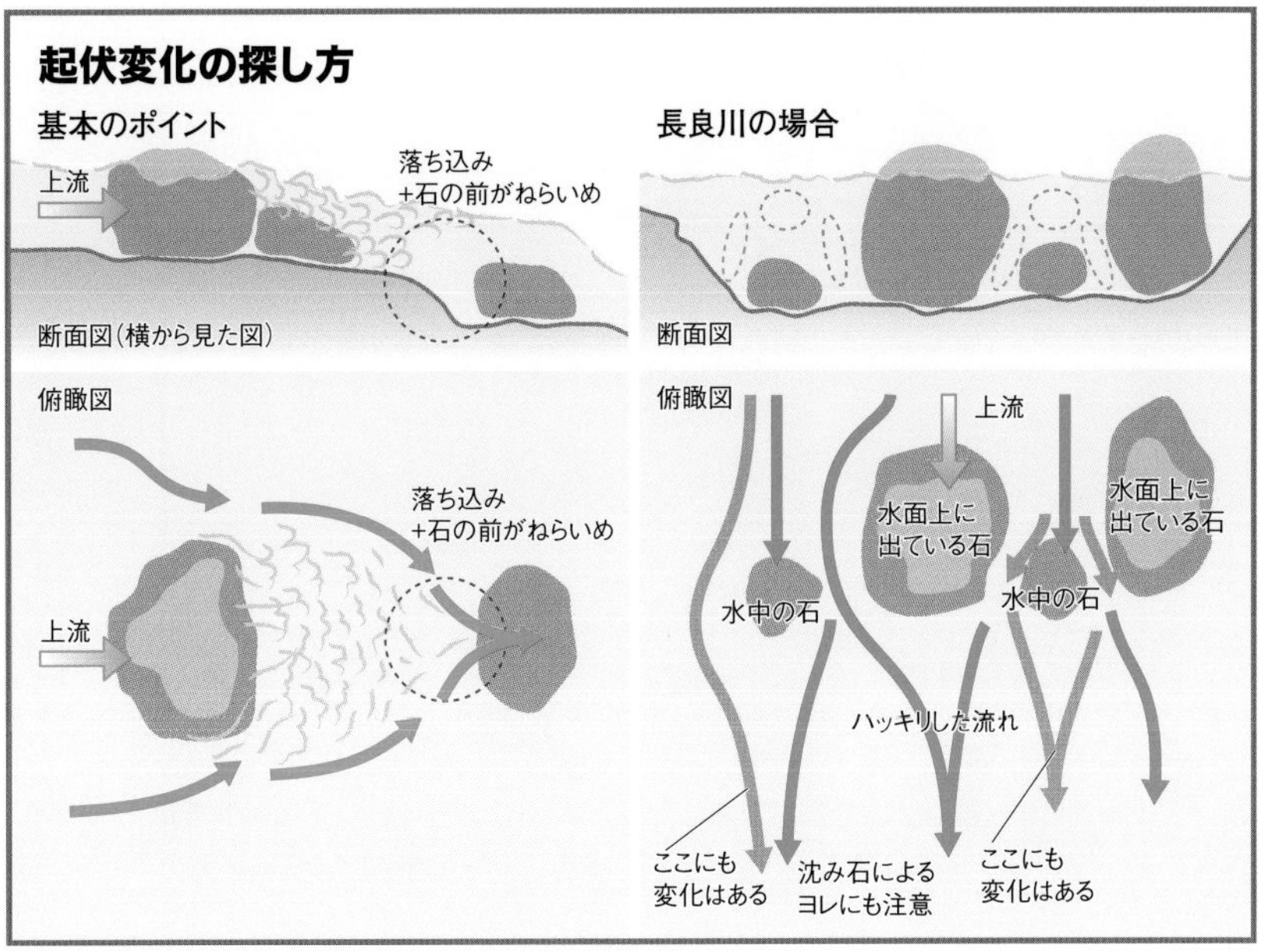
起伏変化の探し方
基本のポイント
上流
落ち込み
+石の前がねらいめ
断面図（横から見た図）
俯瞰図
落ち込み
+石の前がねらいめ
上流
長良川の場合
断面図
俯瞰図
上流
水面上に
出ている石
水面上に
出ている石
水中の石
水中の石
ハッキリした流れ
ここにも
変化はある
沈み石による
ヨレにも注意
ここにも
変化はある

オトリの泳ぎコントロール

オトリは生きていなければ釣りにならないのが友釣りです。元気なオトリに勝てるものはない！　しかし元気すぎると思ったように操作できず、イライラしてきてサオで無理やりコントロールするはずです。これを繰り返してしまうと当然のようにオトリは弱り、釣果は伸びません。

コントロールとは何なのか？

丁度いい具合に管理すること。

これはオトリを釣り人が支配する言葉で、オトリが釣り人を支配する言葉ではないはず。つまりコントロールとは、オトリを弱らせることではない。釣果を上げる技術の1つとして意識するオトリの操縦もやり方を間違えればオトリは弱り、釣れないはずです。

何度でも繰り返しいいますが、私はオトリこそがすべてだと思っています。

確か京都RFCのVTRだったと思いますが、「オトリは調教だ」と言っていました。この調教は上手な方がすれば上手くいくはずです。しかし慣れていない方だと調教までいかずにオトリは弱る一方で、最後には泳がなくなりオトリ交換。

やはりオトリで野アユを掛ける以上、オトリの元気度がすべてなのでまずはねらいのポイントに向けてオトリを放す作業、これがすべてだと意識して放しています。実は、ほんの3～4年くらい前まではハナカンを通し逆バリを打つとポンと川へ投げ入れ、無理やりねらいのポイントへサオ先で送り込み後は放置。もしくは下流へ放り投げサオを伏せ放置という釣り方をしていました。これではコントロールとはほど遠いオトリ操作です。

私自身は現在はオトリ8割、自分2割程度の感じでコントロールしています。それではコントロールができていないと思われるかもしれませんが、オトリは操作とは真逆の方向へ動くので、少し手を入れるだけで簡単に動くような気がしています。ただオトリにも個性があるので一概にはいえませんが、自分2割のコントロール＝オトリが手を離れる瞬間から数メートルまでをコントロールする感じでいつも釣っています。自分から距離が遠くなればなるほどコントロールが非常に難しくなるので、3～4mまでを意識し釣りを展開しています。この位置までハナカンから水面までイトを張り気味に、オトリの鼻先を釣り人が行かせたい方向に向け、穂先を曲げるか曲げないかくらい、手にオトリの重さが伝わるか伝わらないかの感覚でオトリを操作しています。

ベタ川ではオトリの自由度は大石交じりの河川よりも動きが出やすく感じます。これは川全体の

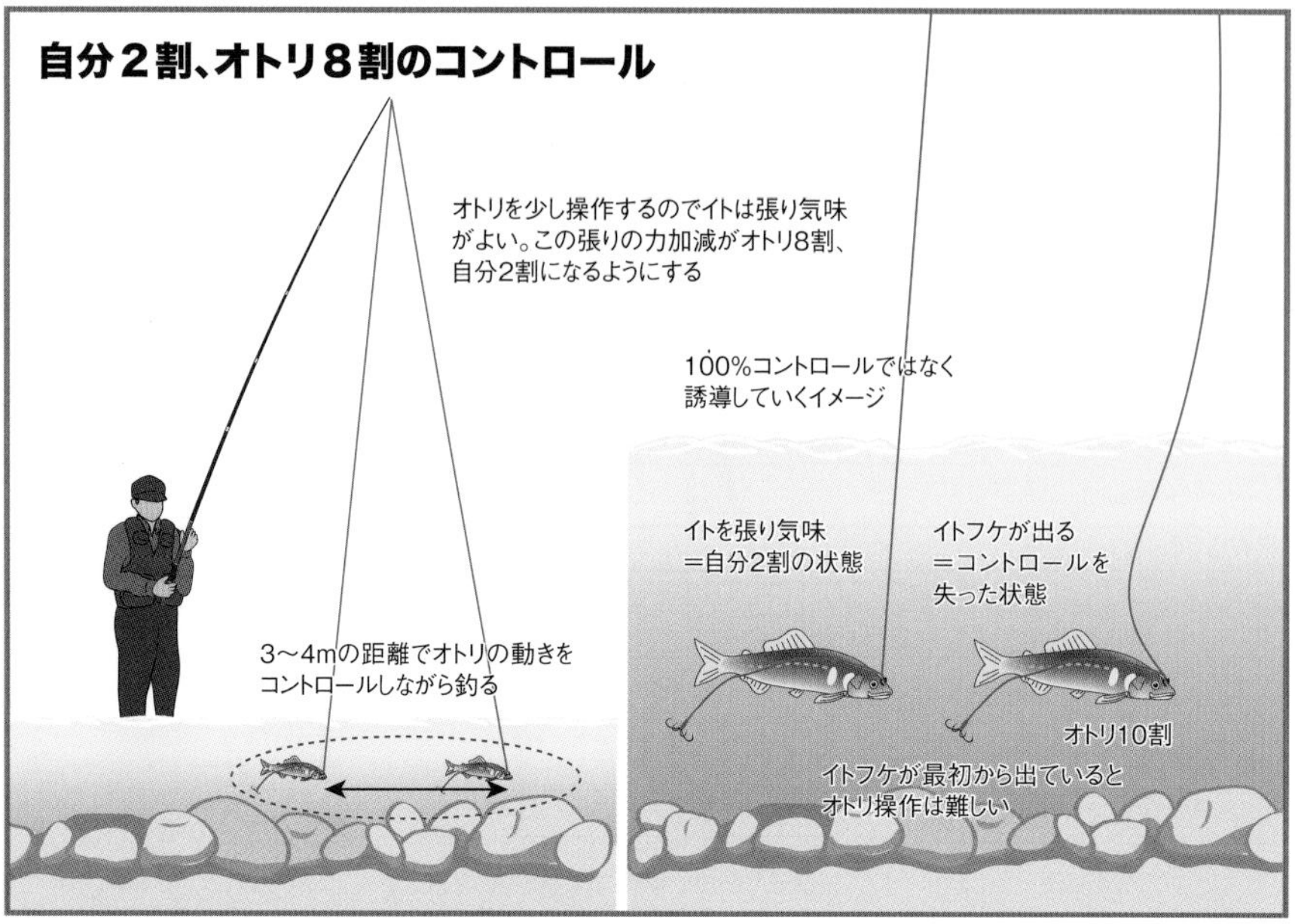
自分２割、オトリ８割のコントロール
オトリを少し操作するのでイトは張り気味がよい。この張りの力加減がオトリ8割、自分2割になるようにする
100%コントロールではなく誘導していくイメージ
イトを張り気味＝自分2割の状態
イトフケが出る＝コントロールを失った状態
3〜4mの距離でオトリの動きをコントロールしながら釣る
オトリ10割
イトフケが最初から出ているとオトリ操作は難しい

流速変化がさほどないので、手元から離すとオトリは割と自由に泳ぎ出します。しかしそれでは根掛かりが多いような気がします。つまり仕掛けやオトリは大石交じりの河川と違い水流抵抗をもろに受けるので、オトリが上ずり川底に掛けバリが触れることによって根掛かりが多発するのでイトは張り気味で送り込むようにしています。この場合はオトリ5割、自分5割といった具合でしょうか。最初のオトリは当然元気なので、押しの強いベタ川といえども体力があるうちは少しだけイトフケを使って泳がせるように心がけています。何故泳がすのかと言うと、「元気なオトリでないと流れの強い場所は泳がせができないから」。

一流しが終わりオトリを回収して二流しめは、当然一流しめよりもオトリは弱っているので下流からの引きの釣りになります。ここからの泳ぎコントロールですが、オトリ5割、自分5割といったように常にオトリが動く量をイメージしながら引き釣りを展開しています。最近はボル引きといったグリグリ引きが流行っていますが、私の場合はそこまでの引きはせず、あくまでもオトリと呼吸を合わせるように心がけています。

サオは曲がれば必ず戻る。この戻る量こそがオトリが動いた距離なので、引く量を考えながら

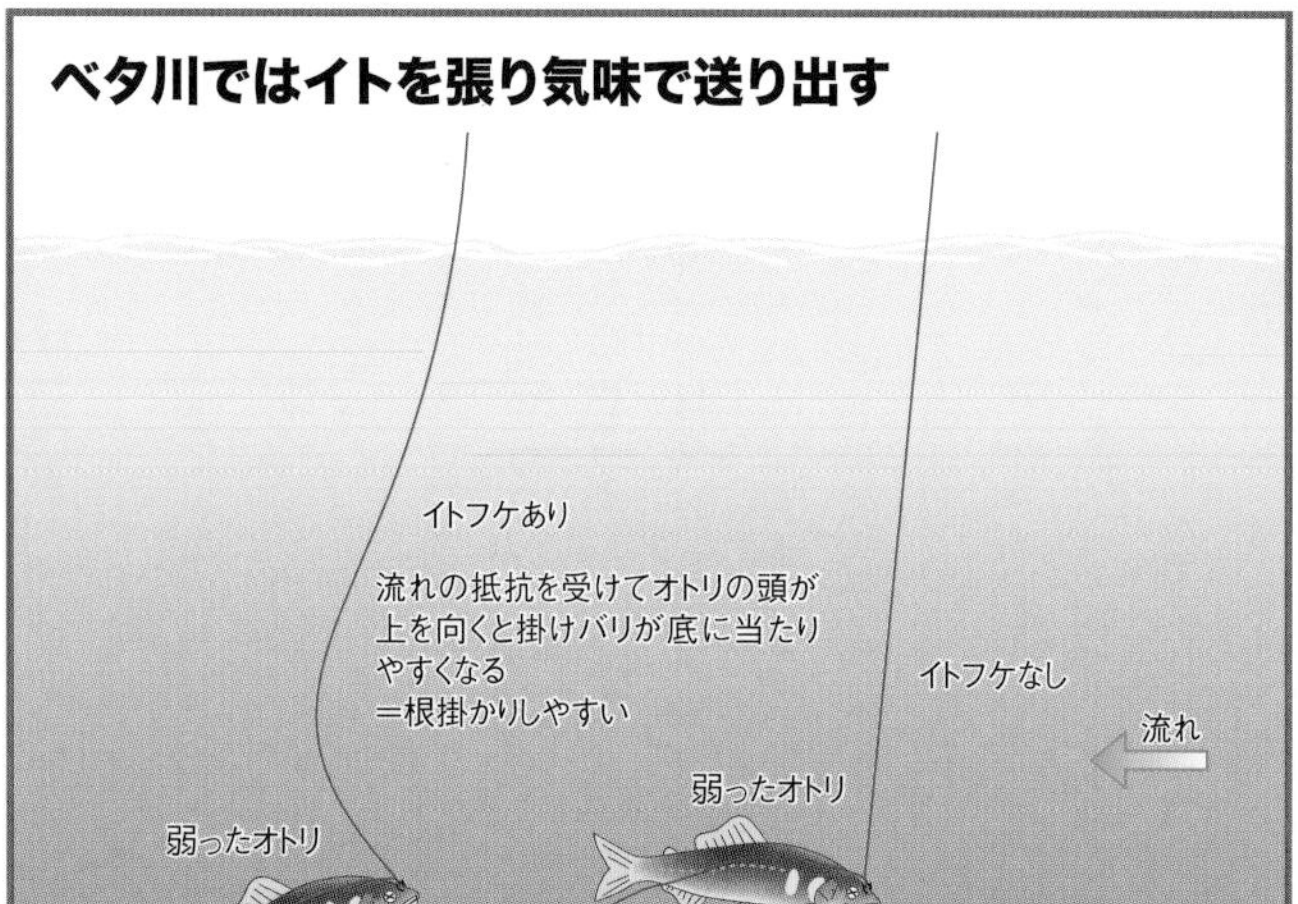
ベタ川ではイトを張り気味で送り出す
イトフケあり
流れの抵抗を受けてオトリの頭が上を向くと掛けバリが底に当たりやすくなる＝根掛かりしやすい
イトフケなし
流れ
弱ったオトリ
弱ったオトリ
イトが張り気味だと吊るされた状態でもあるのでオトリは潜ろうとして平行もしくは前傾姿勢になる＝掛けバリが底から離れやすいので根掛かりしにくい

ベタ川ではオトリ５割、
自分５割の操作感で探ります

サオは曲がれば必ず戻る。
その戻る量こそがオトリが動いた距離です

テンポよくオトリを動かしていく釣り方

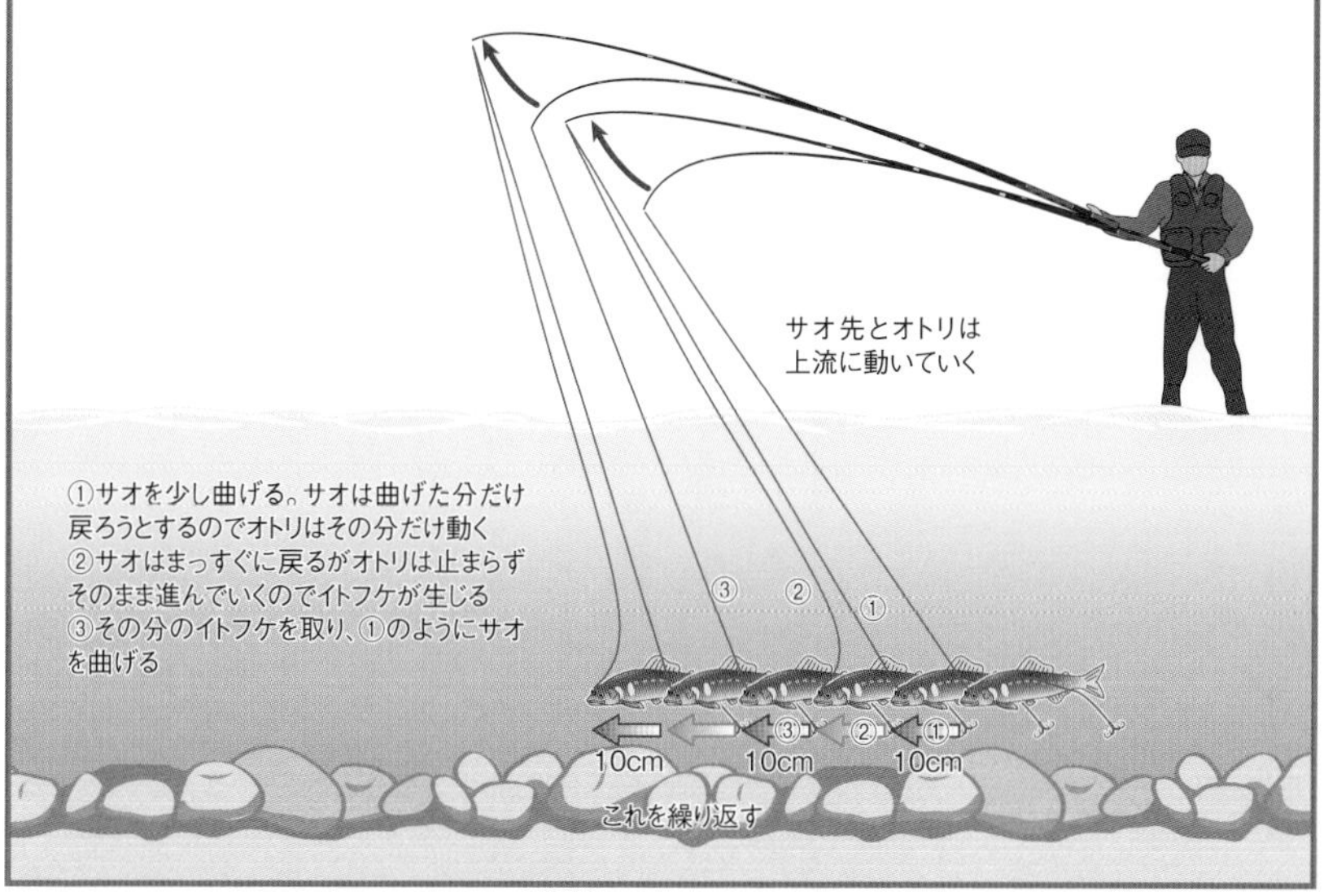
サオ先とオトリは
上流に動いていく
①サオを少し曲げる。サオは曲げた分だけ
戻ろうとするのでオトリはその分だけ動く
②サオはまっすぐに戻るがオトリは止まらず
そのまま進んでいくのでイトフケが生じる
③その分のイトフケを取り、①のようにサオ
を曲げる
③
②
①
10cm
10cm
10cm
これを繰り返す

押しの強い流れは少し強く引く

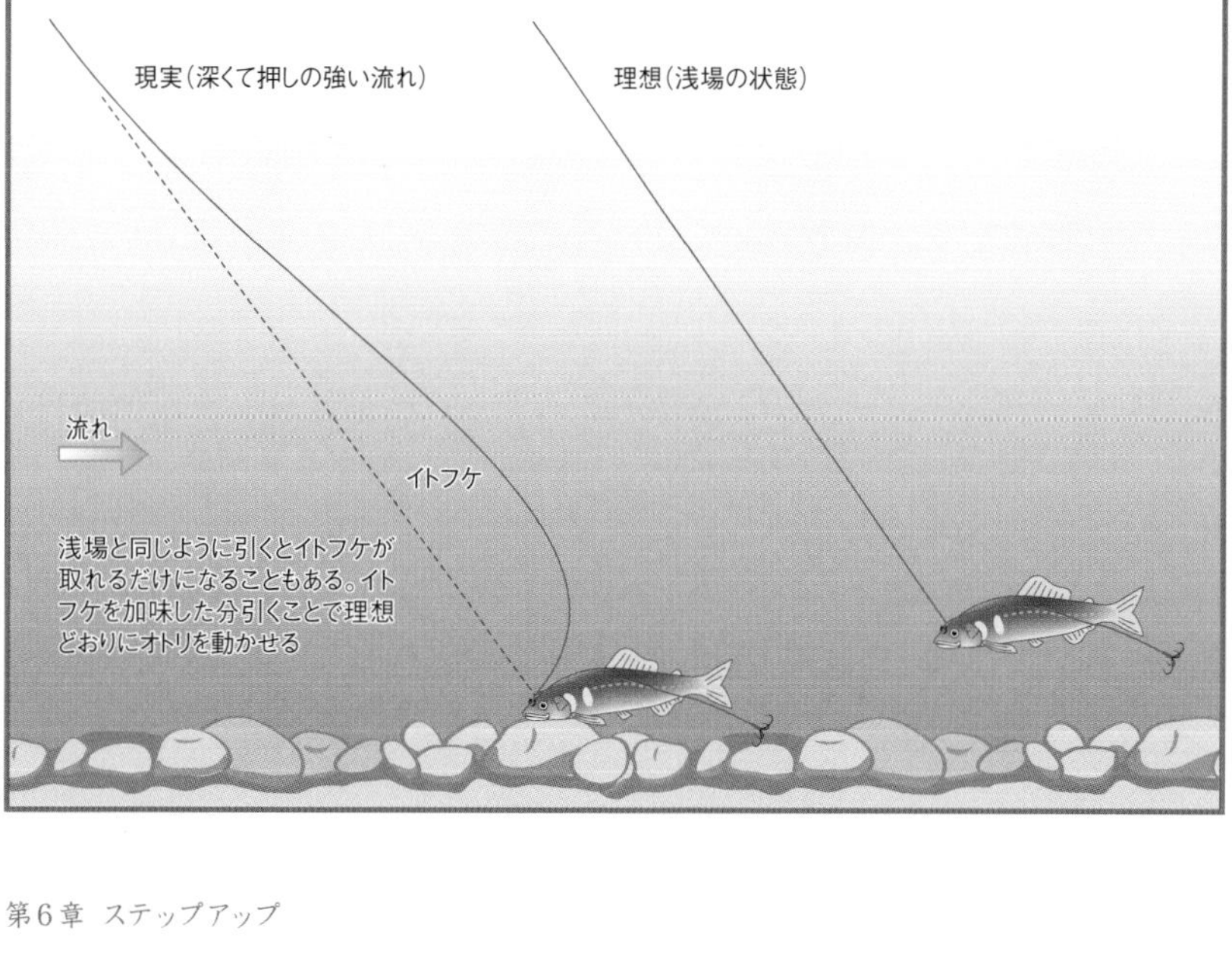
現実（深くて押しの強い流れ）
理想（浅場の状態）
流れ
イトフケ
浅場と同じように引くとイトフケが
取れるだけになることもある。イト
フケを加味した分引くことで理想
どおりにオトリを動かせる

オトリの泳ぎと体力に合わせてコントロールしています。オトリを小刻みに動かしたい場合（テンポの速い釣り）、ギュギュといったように10㎝ほどサオ先を曲げオトリが10㎝動くと必ずイトフケが出るので、そのイトフケをサオで10㎝動かしふたたびオトリが10㎝上がる。これを割と早いリズムでテンポよく釣る釣り方です。押しが強く比較的水深がある場所では、少し強めにギューッといった具合に引き上げています。これは押しが強く水深があると思いのほか水中イトがフケているので、少しサオを大きく曲げてオトリを動かすようにしています。

「息を吐く」釣り

以前はオトリを生き物として考えてなく、ルアーのように扱えばアユは釣れると思っていた時期もありました。A調子（胴調子）のサオでグリグリ引きまくり、高活性のアユを一早く釣り、足を

全国各地で経験を積んだおかげで
長良川のアユも攻略できるようになりました

使って川全体を探る釣りが効率もよく釣果も上がると思っていました。ただ、ポイントを動きながら早く探るので釣り場を広く取らないとすぐに釣りきってしまうことがよくあります。大河川ではこのようなことは少ないかもしれませんが、小河川では2時間も釣ると車で移動しなければいけないこともよくありました。

引き釣りの後は本当に釣れないのか？と思い、実際に泳がせで釣ってみると少ない釣果でしたが釣れます。これで引く速い釣りに泳がせをプラスすれば、狭い場所でも効率よく探れることに気が付きました。

しかし、ただ泳がすといってもオトリの動きを出来るだけしっかり感知したいので当然イトは張り気味になり、釣れないとオトリは弱りやすくなります。かといってイトを緩めすぎるとオトリの鼓動が聞こえないので効率の悪い釣りになります。

オトリ操作でよく言われる「張らず緩めず」が一番難しいはず。極端に張ること、緩めることは出来ますが、微妙な力加減で行なう操作は簡単にできるものではありません。そこで張るのと緩めるのと、どちらの操作がオトリコントロールをしやすいかを考えると前者のはず。しかし張りすぎるとオトリが弱る。そこで穂先が曲がる。これを防ぐため、手元にオトリの重さや振動が伝わると「息を吐く」。人は集中(緊張)すると身体が硬くなりがちになるので、息を吐くことで弛緩《しかん》させ、そうすることで張ったイトにも若干の緩みが出来、オトリの動きに柔らかさが出ると思っています。サオを倒せばよいのでは？と思われがちですが、サオを倒すと穂先から出るイトが空中から大きく

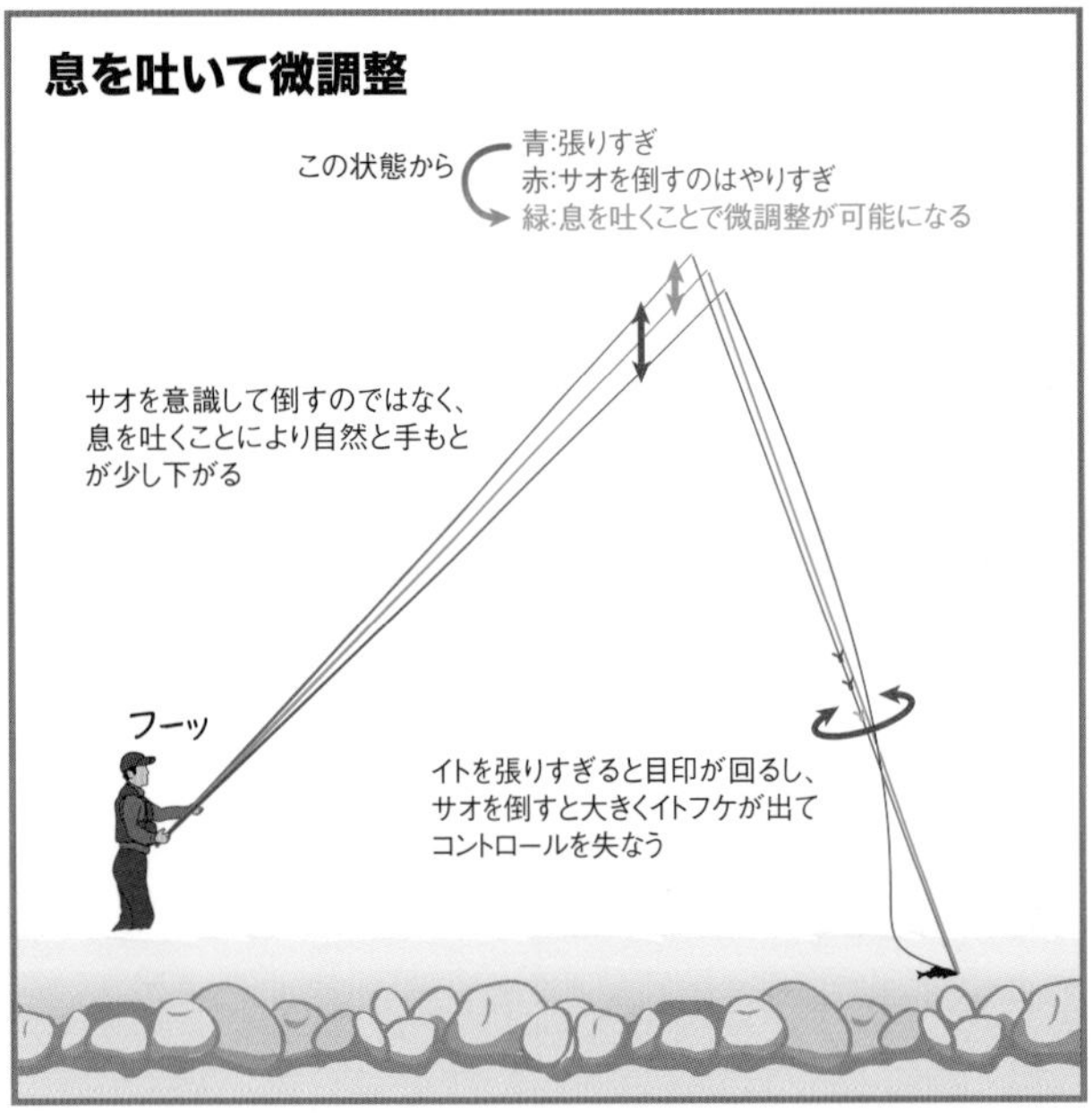
息を吐いて微調整
この状態から
青:張りすぎ
赤:サオを倒すのはやりすぎ
緑:息を吐くことで微調整が可能になる
サオを意識して倒すのではなく、息を吐くことにより自然と手もとが少し下がる
フーッ
イトを張りすぎると目印が回るし、サオを倒すと大きくイトフケが出てコントロールを失なう

サオ尻を余して持つと手尻を長くするのと同じ原理で
川底を這わせて泳がせやすくなります。
こうして「息を吐く」テンションコントロールができるようなり、
私の釣果はまた一歩進化したと思います

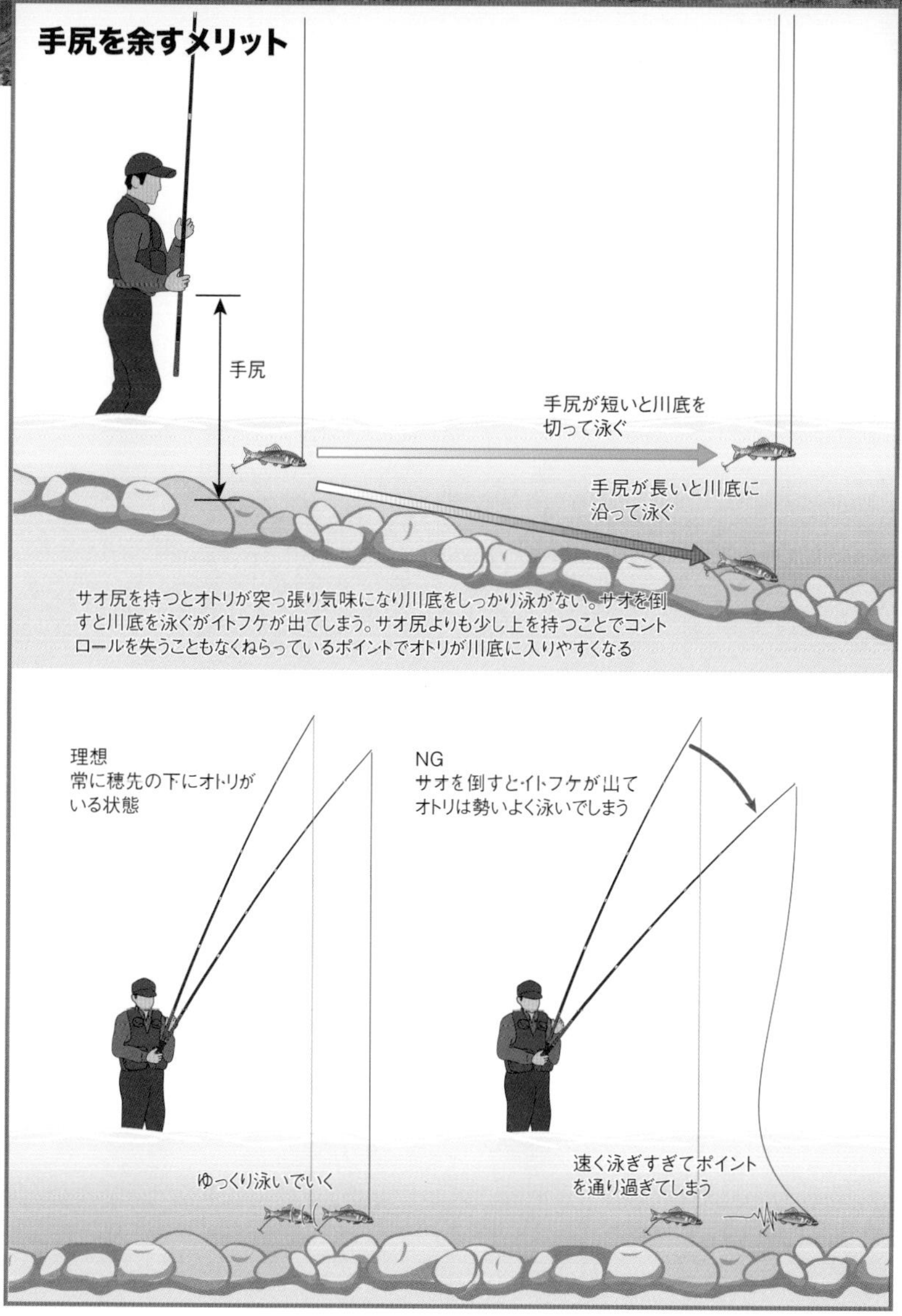
手尻を余すメリット
手尻
手尻が短いと川底を
切って泳ぐ
手尻が長いと川底に
沿って泳ぐ
サオ尻を持つとオトリが突っ張り気味になり川底をしっかり泳がない。サオを倒すと川底を泳ぐがイトフケが出てしまう。サオ尻よりも少し上を持つことでコントロールを失うこともなくねらっているポイントでオトリが川底に入りやすくなる
理想
常に穂先の下にオトリが
いる状態
NG
サオを倒すとイトフケが出て
オトリは勢いよく泳いでしまう
ゆっくり泳いでいく
速く泳ぎすぎてポイント
を通り過ぎてしまう

弧を描くのでオトリコントロールが雑になると感じています。

サオ尻の余し方

サオ尻を持ってオトリを送り出すと、当然オトリはねらいのポイントへ滑り込むように入ります。それに加え仕掛けは手尻ゼロであればなおさら的確に素早くオトリをポイントへ運ぶことができるはずですが、オトリの動きが硬くなることを経験された方も多いかと思います。

動きが硬くなる、つまりサオの強さがオトリを支配している状態です。これは自分が思っているよりもはるかにオトリが川の流れに馴染んでいない

近年、私の釣りは打ち込むよりも足もとから送り出して
近距離で掛ける釣り方が主軸になりました

のではないかと思いました。とにかく目印の動きに角が出ます。ぎこちないというか、落ち着きがないというか……。

これは立ち位置が大きく影響するので、自分の立ち位置がオトリのいる場所よりも深ければ問題ないはずです。サオが緩むので。ただこれはなかなかのレアケースですよね？

通常は立ち位置がオトリのいる場所よりも浅いか同じだと思います。

それだけを考えると何も思わないはずですが、オトリを交換し、座って放すとそれほどの影響はないはず。それから立つと当然スタート時、オトリは張り気味の状態で川底ではなく中層近くを泳ぐはずです。この中層を泳ぐオトリに対して野アユが近くにいたとしても反応が出ないと思いました。

座ればオトリは最初から川底へ馴染む。でも座れない場所も多々あるはずです。段々瀬や流れの強い場所など、急なカケアガリでイトを張り気味にし、オトリを送り込むと手前では川底に入っているオトリは釣り人から離れるにしたがって川底を切って泳ぐようになります。通常サオを倒し、オトリを川底へ馴染ませると思いますが、サオを倒すことによってオトリよりもサオ先は遠くにあるのでイトフケは大きく出てしまいます。イトフケが大きく出ることによりオトリコントロールが難しくなり、手前の場所はスピードが速くなり、穂先へ近づくにしたがってイトは張り気味になるので、そこからコントロールできるはずです。つまりコントロールのできていない場所は、追いの強い追いアユがいるとオトリ自体が元気なのですぐに逃げ、ハリ掛かりしないような気がしています。

そのオトリが逃げやすい場所を釣れる場所にするために、手尻を余す（サオ尻の少し上を持つ）ことによって手尻が長くなるので、サオ尻を持ってオトリを送り出す時よりもサオ先は立ち、イトは張り気味でオトリを送り出すことにより足元からきっちり川底へ馴染み、今まで素通りしていた近距離で1尾を手にすることが出来るかと思います。

サオ角度の重要性

流れの強い場所ほどサオは伏せ気味になり、流れの緩い場所ほどサオは立て気味になるのは分かるかと思います。ただこれは今まで当たり前のことだと思ってしていた作業なのですが、当たり前なのかどうなのか？

これを逆の考えでサオ操作が出来れば、今まで釣れない魚も釣れる可能性があるかと思います。イトの進化はものすごく、ナイロンがメインの時代は当然、流れが強いとサオを伏せて釣りをしていたはずです。現在は金属ラインがメインなので果たしてサオを伏せることが正解なのか?

正解でもあり不正解でもあると思います。

正は誤なのかもしれません。

今までベタ川で瀬の立てザオ泳がせはあまり見たことがなかった光景ですが、今では、この泳がせはイトの進化により普通になりつつあります。ここで思うことは、必要以上にサオを伏せたり、立てたりするのが釣果に結びついているのか?

やはりオトリに合ったサオ角度、川の流れに合ったサオ角度が大事だと思います。流れが強いからといってサオを伏せすぎると川底に突っ込みすぎるし、オトリが元気だからといって泳がすと根掛かりの可能性もあるかと思います。まずは流れの強弱やオトリの元気度でサオ角度を決めることが大事だと思っています。

オトリが元気な場合、つまり掛かりアユの一流しめはある程度サオを立てて送り出しています。川底に馴染むとオトリがイトの抵抗を受け、オトリの動きはどうなるのかを一旦判断し、オトリが動かなくなったり下流に下るのであればサオを伏せ、オトリに掛かるイトの水流抵抗を最小限にすることによってオトリはサオ先に導かれるように動くはずです。数回送り出しているうちにオトリの動きが悪くなった時や、動かなくなった時、初めてサオ先でオトリを操作し川底で休むオトリにムチを入れるように、少しだけオトリをサポートするようにサオ先を使えば、意外なほどねらいのポイントへとオトリを運べるはずです。ここでのサオ角度は運ぶことを意識しているので、川の流れが穏やかであればサオを立て気味で操作し、流れが強くオトリが浮くようであればサオを伏せた状態でオトリをサオ先下流へと運ぶイメージで操作しています。

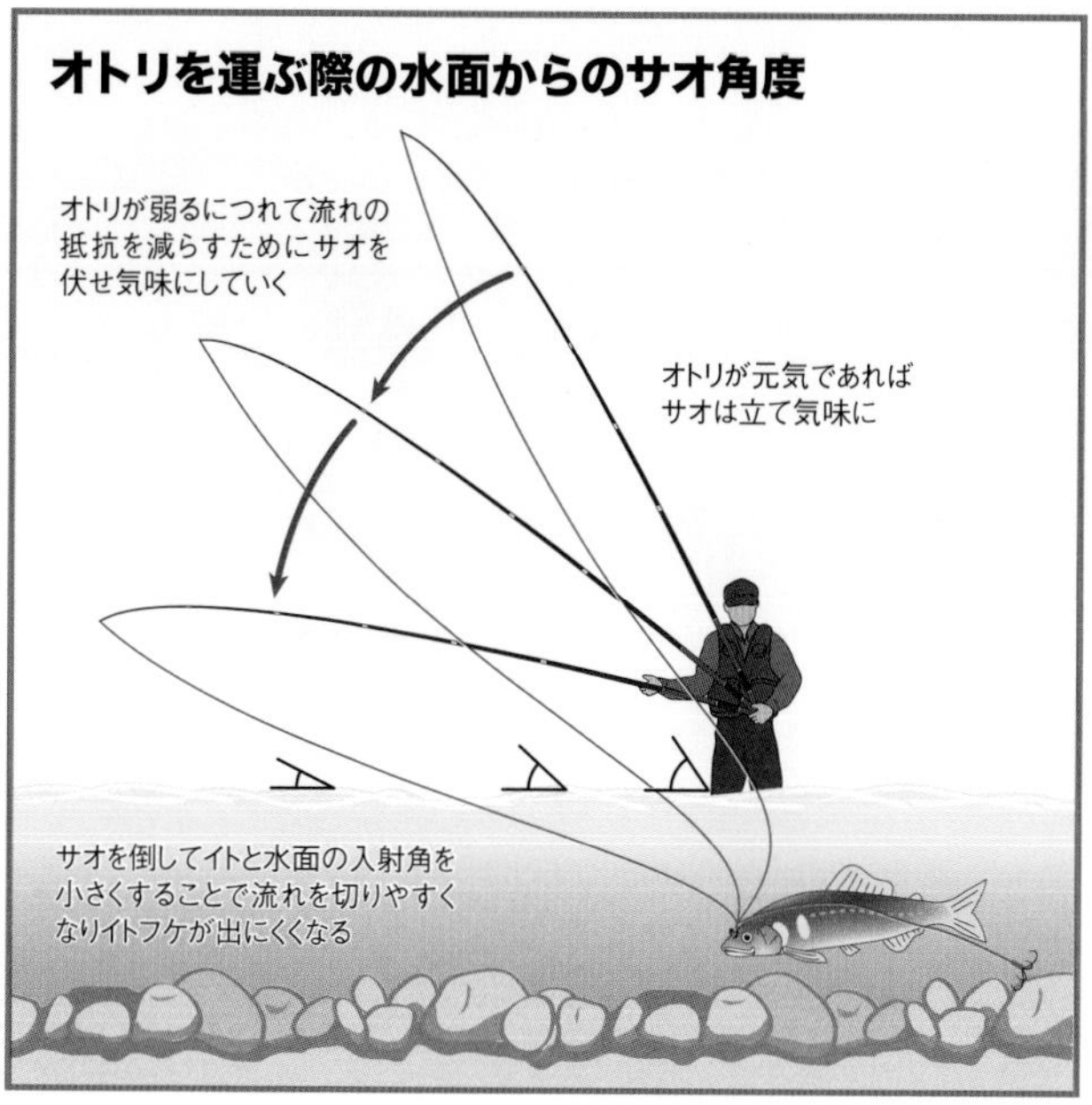

オトリを運ぶ際の水面からのサオ角度
オトリが弱るにつれて流れの抵抗を減らすためにサオを伏せ気味にしていく
オトリが元気であればサオは立て気味に
サオを倒してイトと水面の入射角を小さくすることで流れを切りやすくなりイトフケが出にくくなる

前文ではサオ角度は真上を意識したサオ角度でしたが、次は川の流れに対するサオ角度でオトリが動く範囲をサオでどのようにコントロールするのかを少し話したいと思います。

■川の流れに対してサオを鈍角に構える

これは川幅が広く比較的水面がフラットで石が顔を出していない河川の場合によくするサオ角度です。このサオ角度はサオが最も曲がりやすく、最も川を広く探れる角度です。まずは自分のめいっぱい下流にオトリを送り込むと同時に対岸に向けてサオを伏せることにより、オトリは穂先に導かれ扇状に川底を動きます。サオの全長+イトの全長なので、サオが9mの場合、イトの長さも足すと単純に18m近い範囲を広く探れ、野アユを一早く見つけだすのに一番適したサオ操作だといえます。

ただ、サオ角度が川に対して90度よりも鈍角で野アユが掛かるとサオの曲がる限界点が早く、ノサれやすくなる角度。それさえ気を付ければフラットな河川は釣りやすくなるはずです。

■川の流れに対してサオを鋭角に構える

先ほどとは真逆でサオ角度は川の流れに対して鋭角。これはオトリを完全支配下に置くイメージの釣りです。サオを鋭角に構えることによってオトリを沖に出さない、自由に動かさない釣りです。フラットな河川とは逆に大石が点在している河川

鈍角の構えは那珂川のような
川底がフラットな川で多用します。
扇引きで探るのです

ねらいの筋に穂先、目印、
オトリをきっちり平行にして探る鋭角の構えは
オトリをきっちりコントロールできます

オトリに合った、川の流れに合ったサオ角度があります。
その理想の角度をまずは見つけてください

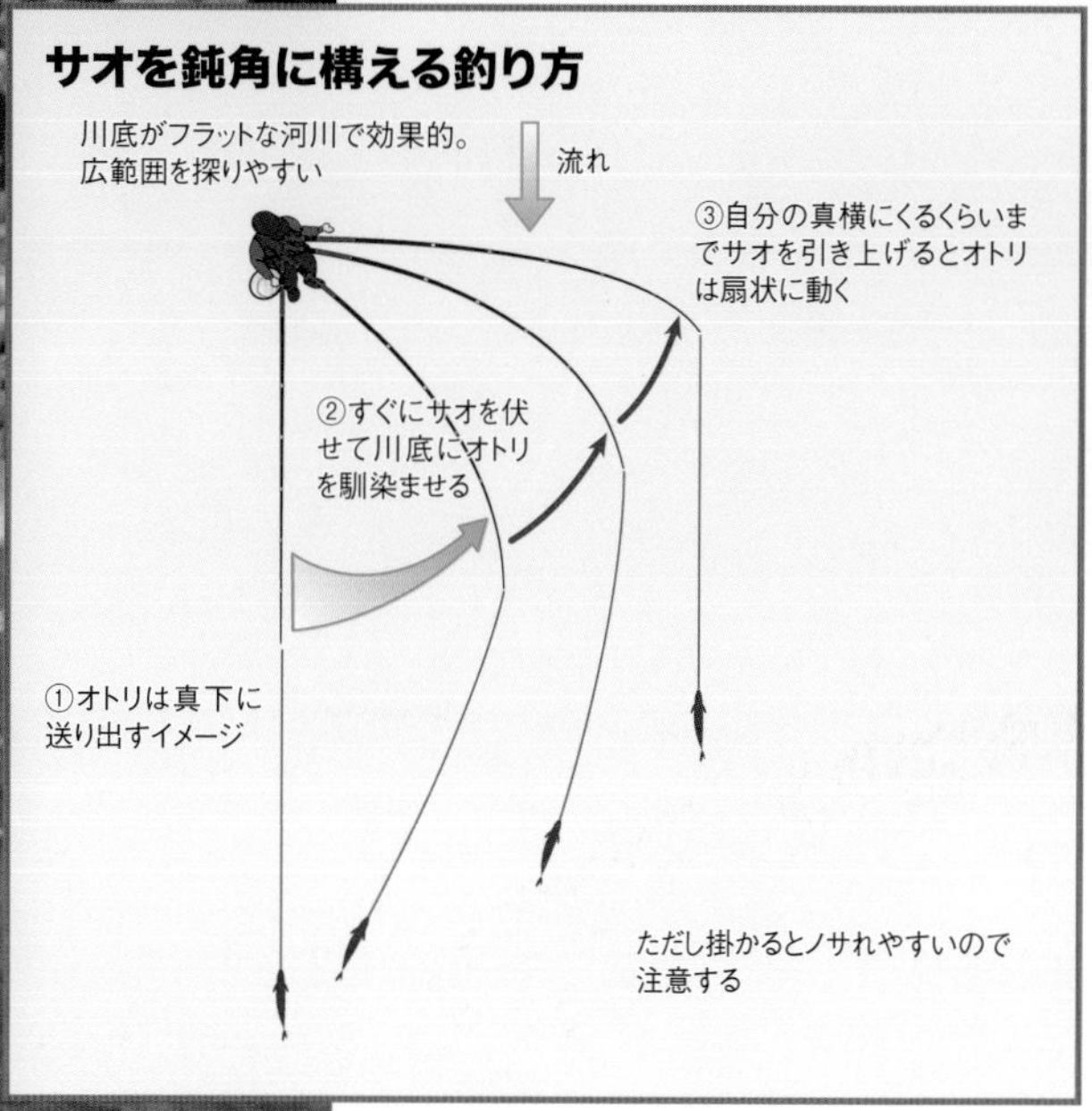
サオを鈍角に構える釣り方
川底がフラットな河川で効果的。
広範囲を探りやすい
流れ
③自分の真横にくるくらいまでサオを引き上げるとオトリは扇状に動く
②すぐにサオを伏せて川底にオトリを馴染ませる
①オトリは真下に送り出すイメージ
ただし掛かるとノサれやすいので注意する

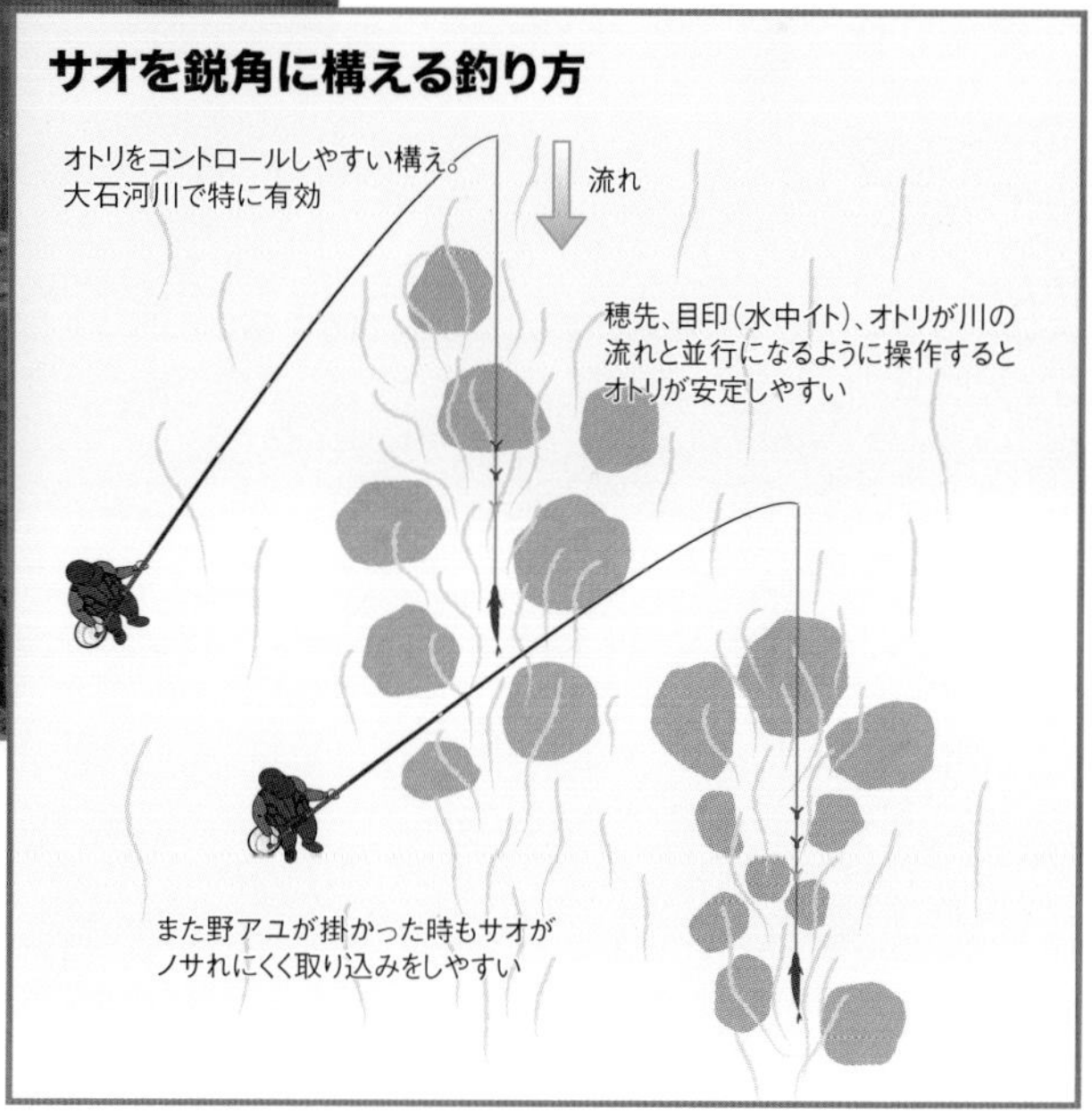
サオを鋭角に構える釣り方
オトリをコントロールしやすい構え。
大石河川で特に有効
流れ
穂先、目印（水中イト）、オトリが川の流れと並行になるように操作するとオトリが安定しやすい
また野アユが掛かった時もサオがノサれにくく取り込みをしやすい

によく使うサオ角度だと思います。このサオ角度でオトリを動かさないようにするコツは、いくら鋭角とはいえサオ先よりもオトリを沖に出さないことが一番大事なことではないかと思っています。

川の流れはフラットな河川のように大きい流れで1つではなく、大石が点在するので、無数の流れがある場所で多用するサオ角度です。このサオ角度を上手く使いこなすには、トイ状の流れの筋にオトリ、目印、サオ先を平行にもっていくとオトリは上手く流れに馴染み落ち着きやすいはずです。野アユが掛かればサオは鋭角なのと比較的近距離を釣っているのでノサれにくく、取り込みも楽に出来ます。

サオ角度は非常に大事です。リールが付いていればサオはノサれることなく比較的楽にアユを取り込めますが、もちろんリールは付いてないのでイトは出ません。出ないということは、サオ角度こそがリールのドラグの役目を果たしているといってもよいほどで、私は重要視しています。

第7章

続・ステップアップ

ここまでの内容を理解し実践できた方に向けて、さらに実戦的で、上級レベルといっていい内容について解説する。特に、目印を軸にしたゼロテントレースの方法は、私自身一大発見であり、本書のハイライトといえる部分だ。

イトの張り加減も大切ですが、サオの角度はもっと大切。
オトリの川底への馴染み方、泳ぎ方が変わってきます

強い流れはサオを伏せるのが基本です。
サオを立てれば泳ぎますが、浮き上がりやすく安定しにくい。
川底がフラットな流れではしっかりサオを伏せてオトリの浮き上がりをサポートする

前章に続いて、ステップアップしていくための着目すべき点について考えていきます。一つずつ理解して、それらがつながり滑らかに実践できるようになれば、友釣りはどんどん新しい世界をあなたに見せていってくれるはずです。

オトリの振れ幅＝元気のバロメーター

魚は川の流れがあるので常に体を動かしています。この振れ幅は人の目では非常に見にくく、どれくらいと数字化してもさすがに9m先の振れ幅を的確に見ることは不可能に近いと思っています。ただオトリの状態を把握してコントロールするためには、できるだけ把握しておくことが大事です。

まずは上下の振れ幅について少し説明します。オトリは川底の地形変化とオトリ自身の弱り具合によって、小さく振れたり大きく振れたりします。地形変化が小さいほど振れ幅は小さく、真綿が水面を走るように目印は水面とほぼ平行に上流へと動き、地形変化が大きい場合にはその起伏に対して目印が上下するはずです。この時、オトリが元気であれば川底で安定しているのでオトリの振れ幅は小さく、川の流れに漂うように安定している状態だといえます。オトリの振れ幅が大きい場合は、オトリが弱っていて複雑な川の流れに対応できず、水中イトに掛かった水流抵抗で流れに

負けている状態になっています。

これを防ぐにはサオ角度が非常に大事で、オトリが元気な時は多少水中イトの抵抗が掛かるとよく泳ぐのでサオは縦気味に、弱ってくると水中イトの抵抗によりオトリは川底から離れようとするのでサオを伏せ気味に、サオでオトリの浮き上がりをサポートするようにしています。

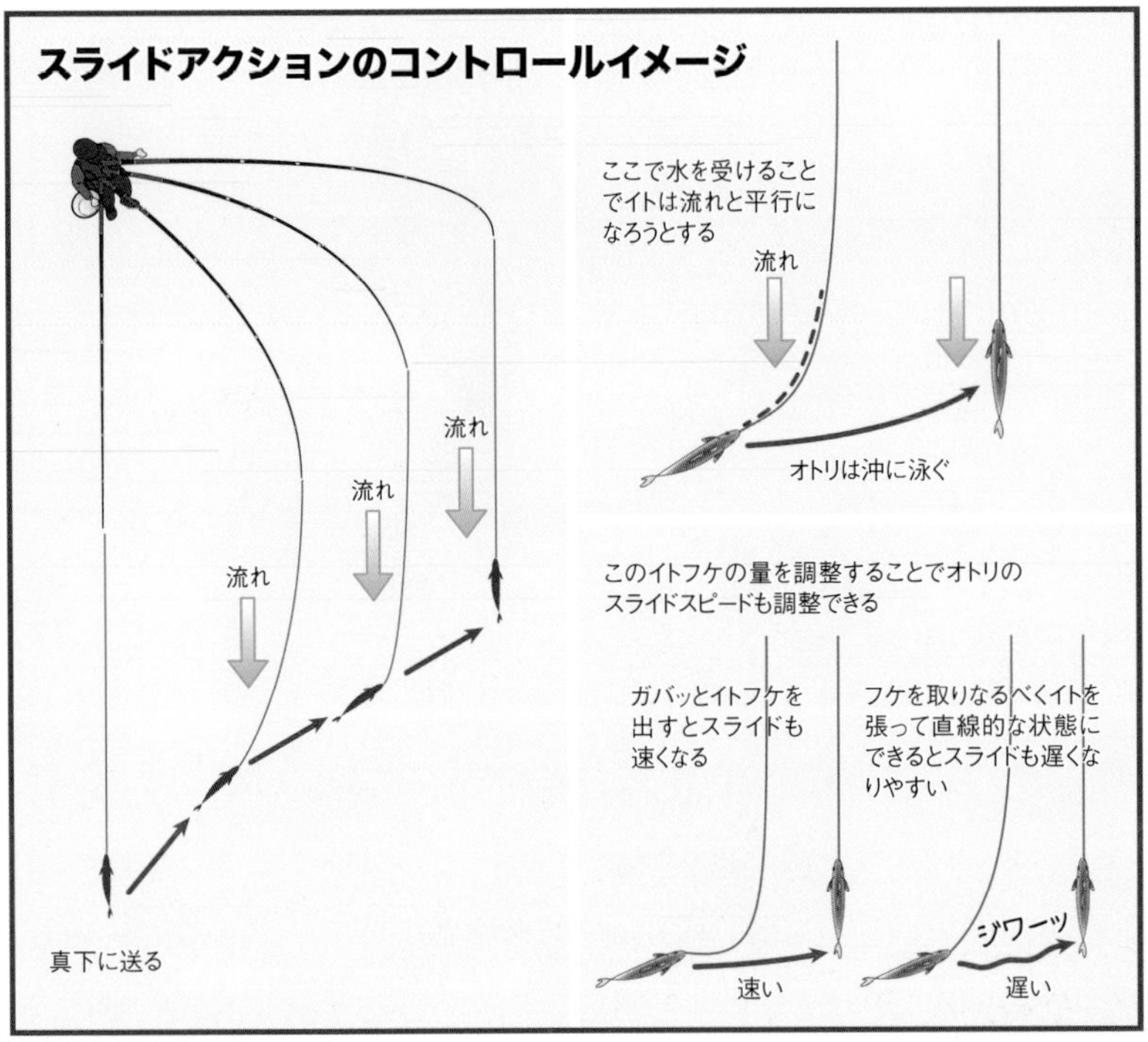
スライドアクションのコントロールイメージ
ここで水を受けることでイトは流れと平行になろうとする
流れ
オトリは沖に泳ぐ
流れ
流れ
流れ
このイトフケの量を調整することでオトリのスライドスピードも調整できる
ガバッとイトフケを出すとスライドも速くなる
フケを取りなるべくイトを張って直線的な状態にできるとスライドも遅くなりやすい
真下に送る
速い
ジワーッ
遅い

スライドのコントロール

いわゆるカニ横釣法、オトリを斜め横に出していって野アユにアピールすることを目的とした釣り方です。この横出しが思った以上に難しいかと思います。川は真っ平らではなく、石があるのでオトリは石の隙間を這うように泳いでいくはずですが、川の流れに逆らうような角度になるため、イトの扱い方一つでオトリの向きや動きは大きく変わると思っています。

イトフケの大きさに気を付けて横スライドさせますが、イトフケが出ると、そのイトフケは川の流れに対して平行になろうとする。オトリを斜めにスライドさせようと送り出してもオトリはすぐに流れと平行に泳ぎ始めてしまう。これはイトのフケが水流抵抗を受け、オトリよりも先に水中イトが流れに沿い、その後オトリは水流抵抗の掛かる水中イトのイトフケに引かれ「川の流れ」「イトフケ」「オトリ」と3つが真っすぐになるからです。

こうなるとスライドの動きは全く出ず、川の流れと平行に

オトリの横出し、スライドを意識する時、私はなるべくオトリが速く動きすぎないように注意しています

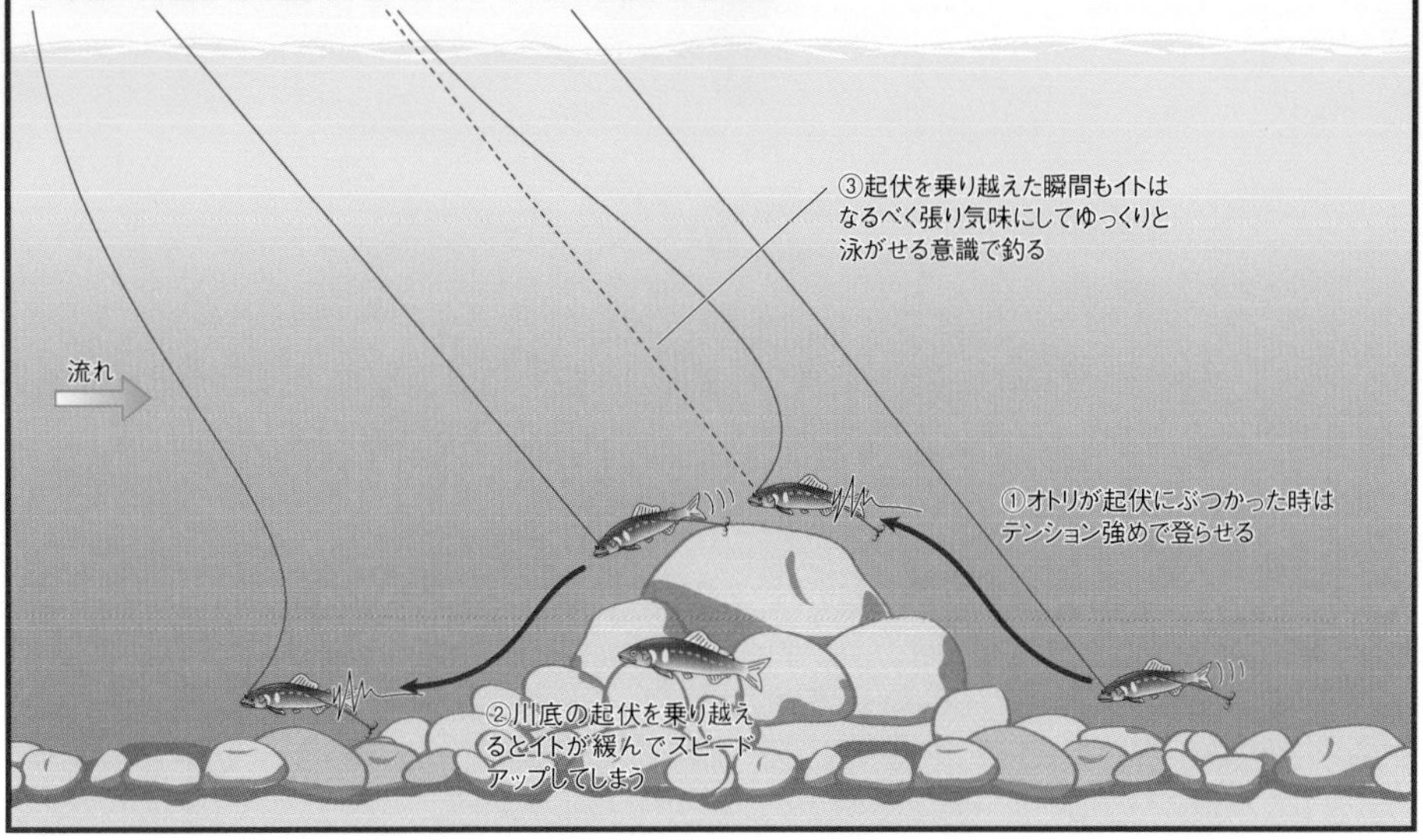
③起伏を乗り越えた瞬間もイトは
なるべく張り気味にしてゆっくりと
泳がせる意識で釣る
流れ
①オトリが起伏にぶつかった時は
テンション強めで登らせる
②川底の起伏を乗り越え
るとイトが緩んでスピード
アップしてしまう

川底の起伏に合わせてイトフケの量も調整

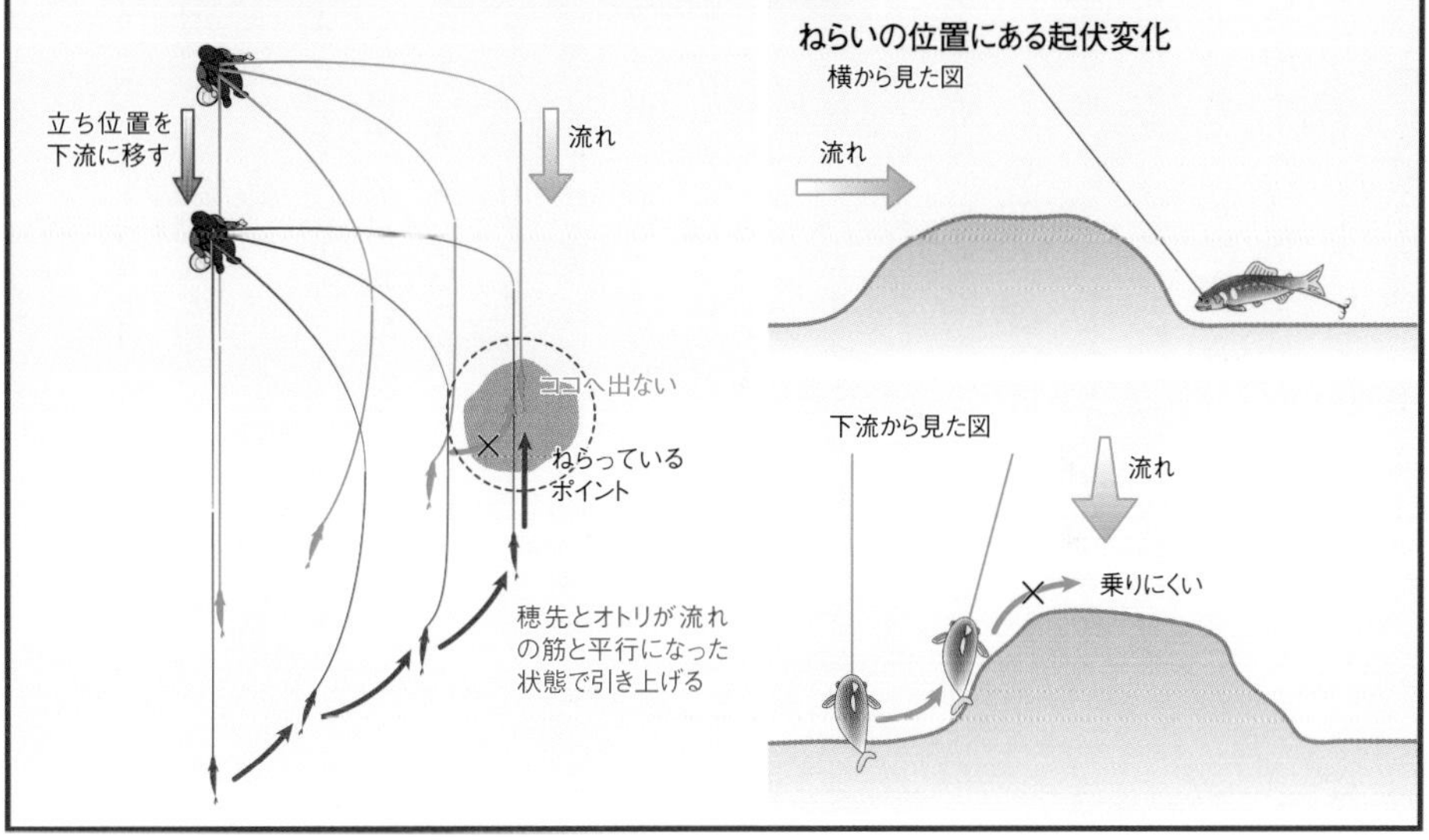
立ち位置を
下流に移す
流れ
ココへ出ない
ねらっている
ポイント
穂先とオトリが流れ
の筋と平行になった
状態で引き上げる
ねらいの位置にある起伏変化
横から見た図
流れ
下流から見た図
流れ
乗りにくい

オトリを沖に出せない起伏がある場合の対処法

真っすぐ泳ぐようになるのでイトフケの量が鍵となり、出来るだけイトフケを多く出さないようにします。まず放すオトリの向きはねらうポイントに頭を向けて放せばよいとよくいわれていますが、川の流れや形、川底の起伏変化によって斜め方向に必ず行くとは思っていません。少しでも上流方向に行ってしまうとねらいのポイントから大きく離れることがよくあるので、ポイントよりも少し下流をねらうようにオトリを泳がせています。ポイントより手前で早くオトリの体が川に対して平行になってしまうと、起動修正しようとしてもオトリはイヤイヤをし、川底から底を切り上流方向へと泳ぐようになります。そうなるとオトリをいったん浮かせてねらいのポイントへと下流方向へ誘導する形となり、上流方向から流すようになるので、ねらいのポイントへと入れにくくなり、よくありません。そこで意識的に少し下流側をねらい、ポイント下流にオトリが近づいたらサオ角度を少し倒すと、それだけで思いのほか簡単にねらったポイントへとオトリを運べるはずです。

　イトフケを小さく、オトリとサオ先の向きをポイントよりも少し下流気味に

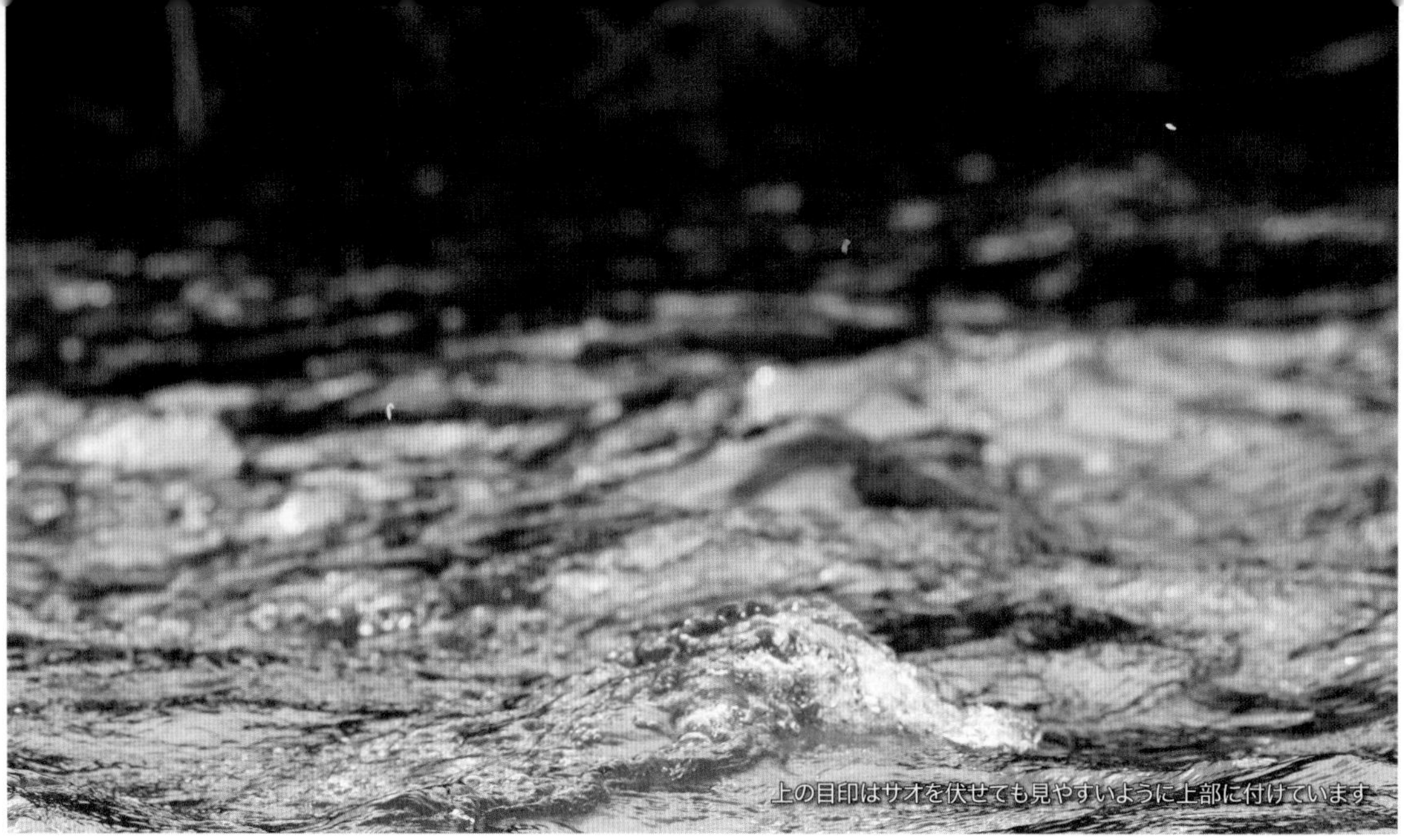

上の目印はサオを伏せても見やすいように上部に付けています

ねらいを定め、オトリを送り出す時のイトフケ量をポイントまで変えずにオトリ操作をすると軌道が変わることなくスライドするはずです。

横の動きをどこまで出すのか

慣れてくればイトが張り切るまで横の動きは出し続けることが可能だと思っています。ただ、ねらっているポイントが立ち位置から3mの距離なのか？ 9mの距離なのか？ で大きく変わってきます。どちらが確実に横の動きで的確にポイントへと運べるのかといえば、当たり前かもしれませんが近い3mのほうのはずです。そして効率の問題で、足元から水面変化があれば川底も当然起伏変化があり、アユも隠れやすくナワバリも作りやすいので近点釣りが有利となるはず。単に遠くを釣るよりも出来るだけ近くのポイントを確実にねらい、確実に掛けるほうが効率のよい釣りができ、少しのオトリコントロールですむので、横の動きを多用する場合は近点釣りが楽に出来るはずです。

さらにいうと、9mまで横の動きを出すということは、まず近くにポイントがないことが分かるはずです。ポイントがない＝掛かりアユがいないと判断し、私はオトリの移動距離は無駄と思っているので、そのような場所ではある程度立ち込んだ位置でオトリを出すように心がけています。

このことから一概に何メートルとははっきりとはいえませんが、3～4mまでの近距離で釣ることを心がけています。

投げるか送り出すか？

私自身、3、4年くらい前までは8割ほど投げていたように思います。これは送り出しが苦手だったことが大きいかと思っていますが、基本ほとんどのアユはリアクションで掛かると思っていたので瞬間的に掛ける釣りを柱に展開していましたが、打ち込む場所が少ない場合この釣りはまずできない。特にベタ川では打ち込むべき具体的なポイントが見えないので有効性はほとんどありません。反対に足元から打ち込みの場所までの距離はサラ場となり、投げ込むことで一見テンポよくは釣れるものの、効率的には全くダメ。なので、少しずつ投げるのを控えながら、最終的には足元から少しの表面変化でもオトリを泳がせ入れる釣りへと変わっていきました。

しかし、いくら足元からといってもねらいのポイントになかなか入らないポイントが河川によって点在しています。打ち込みが必要と思うポイントとは、石と石との小さな隙間。この「小さな隙間」とは壺のことを表わしています。壺の大きさのイメージは人によってさまざま。私が思っている壺とは大体30㎝以下で石と石が囲っている場所。この囲いが狭ければ狭いほどナワバリが小さく作られ、

足もとから送り出して近距離のポイントを大事に釣ったほうが
釣果が伸びるシチュエーションも多いことは近年実感しています

オトリを投げなければアプローチできない場所は
積極的に活用します

オトリさえ入れれば掛かるポイントだと思っています。その壺が近ければポイントの真正面に立ち、打ち込みます。遠ければ少し上流側に立ち、下流に向けて打ち込みます。

基本的には自分よりも真正面もしくは下流へ打ち込んだほうが根掛かりやエビになる確率が低く、トラブルのリスクを最小限に抑えたいと思っているので上流方向への打ち込みはしていません。

■ねらいのポイントから手前に向けて強い流れが走っている場合

このような場所が点在する河川は多いはずです。送り出そうとしても流れが手前に走っているとオトリは想像よりも流れに押され、いつまで経ってもその流れを越えようとしないことがよくあります。

壺釣り

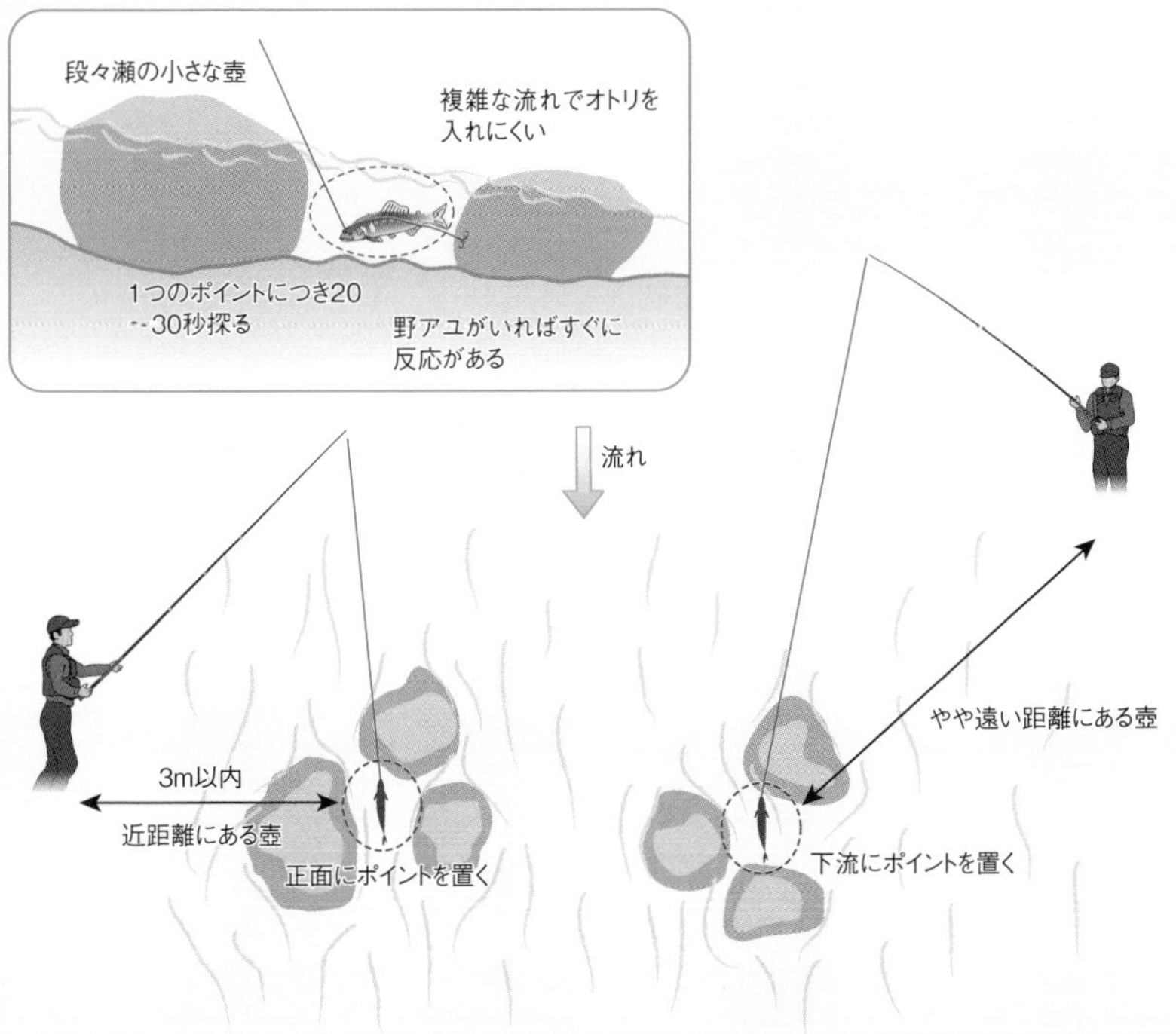
段々瀬の小さな壺
複雑な流れでオトリを
入れにくい
1つのポイントにつき20
～30秒探る
野アユがいればすぐに
反応がある
流れ
3m以内
近距離にある壺
正面にポイントを置く
やや遠い距離にある壺
下流にポイントを置く

その場合、ねらっているポイントよりも１ｍほど下流側にねらいを付けて上流側から下流へと打ち込むようにしています。

川全体が大きくカーブしている場所にこの流れは多いので、打ち込みが苦手な方は釣りにくく、釣り残しが点在している可能性があります。

ポイントは近いほど操作の精度は上がります

■立ち位置がポイントよりも深い場合

小さな河川や大石ゴロゴロの河川に多く見られます。この打ち込みが一番難しいかもしれません。適した立ち位置はどこでもあるわけではなく、「この場所、この石じゃないとダメ」なことが多い。一歩前に行こうとすると胸まで水深があるとか、急流で立ち込めない場所があるはずです。

この場合のコツは、サオ尻やオトリが水面近くになるので、オトリと水面を出来るだけ距離を開け、サオは90度から倒さないように気を付けて打ち込みます。オトリを手から離すと当然サオで誘導するので、サオをポイント方向へ伏せていきますが、この動作を少しでも早くするとオトリはポイントよりも手前で水面に叩きつけられるので、オトリを放すと同時にサオを伏せるのではなく、ワンテンポ遅らせた状態で伏せていけばねらいのポイントへ誘導することが可能なはずです。

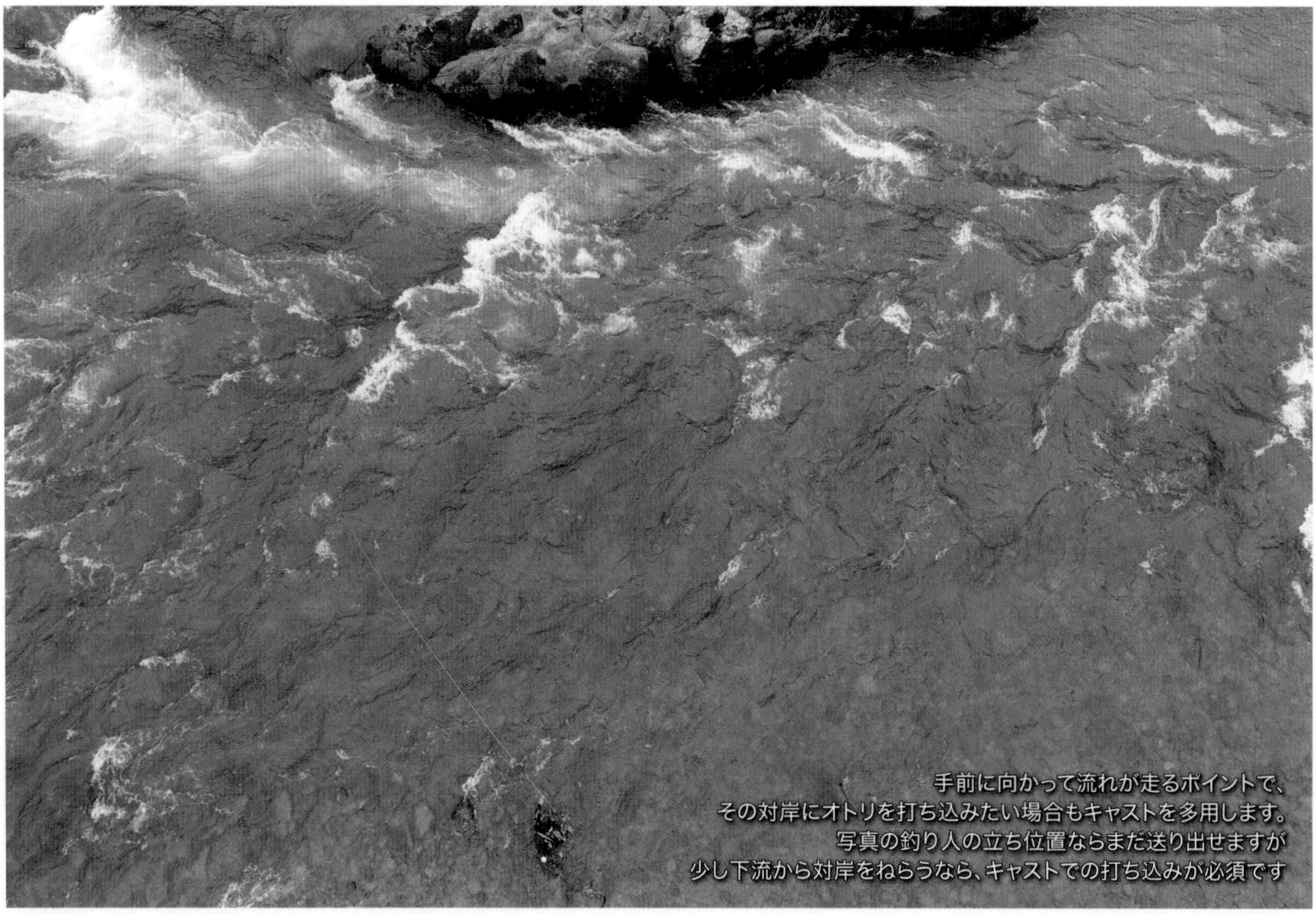
手前に向かって流れが走るポイントで、
その対岸にオトリを打ち込みたい場合もキャストを多用します。
写真の釣り人の立ち位置ならまだ送り出せますが
少し下流から対岸をねらうなら、キャストでの打ち込みが必須です

■オトリが弱って泳がない時は……

これは考えようで、元気のないオトリは動かないぶん不測のトラブルが減るので、打ち込み

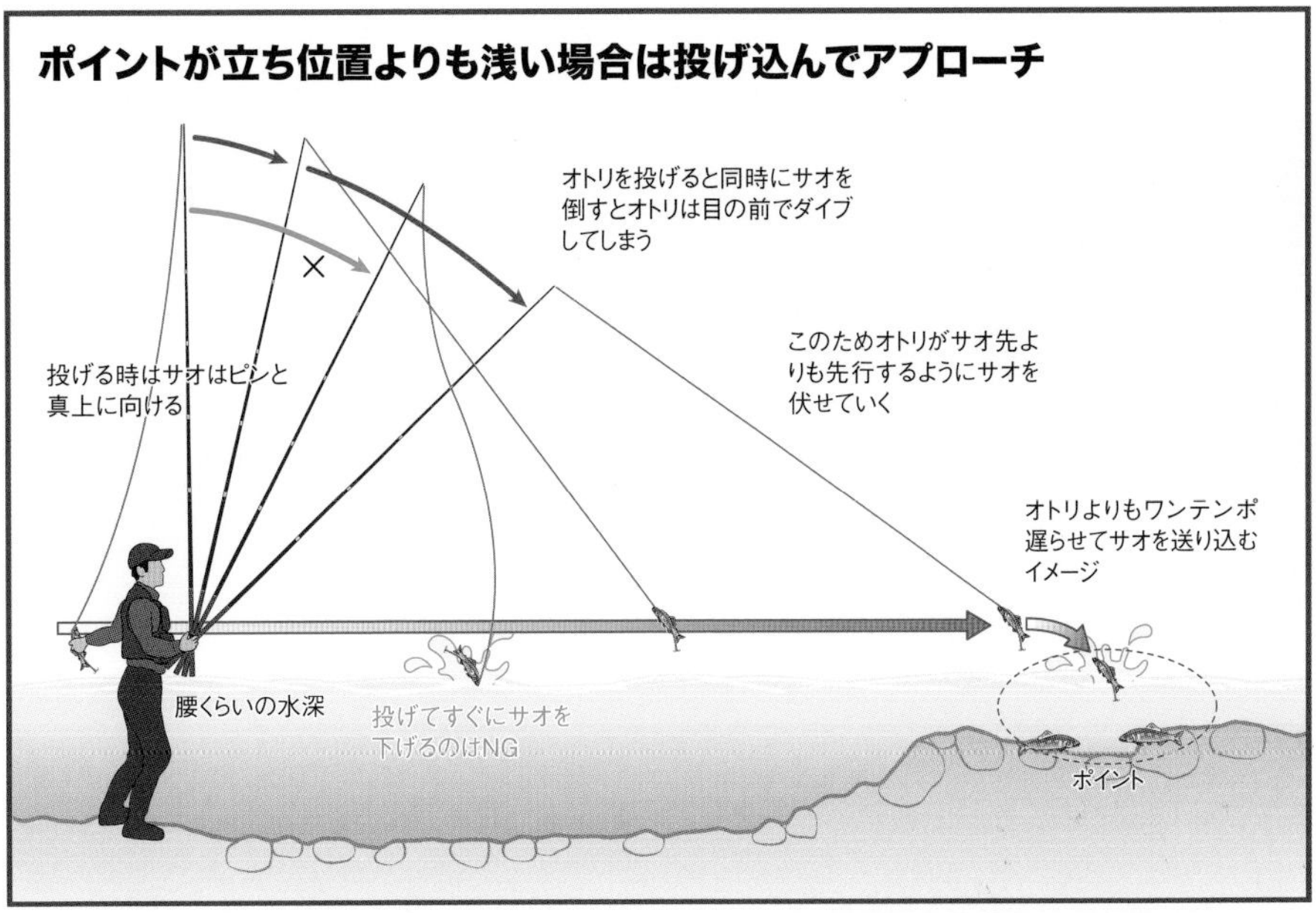
ポイントが立ち位置よりも浅い場合は投げ込んでアプローチ
オトリを投げると同時にサオを
倒すとオトリは目の前でダイブ
してしまう
このためオトリがサオ先よ
りも先行するようにサオを
伏せていく
投げる時はサオはピンと
真上に向ける
オトリよりもワンテンポ
遅らせてサオを送り込む
イメージ
腰くらいの水深
投げてすぐにサオを
下げるのはNG
ポイント

腰まで立ち込んで対岸の浅場を釣ることもよくあります。
こんな場所はキャストでなければ
カケアガリの上にオトリを届けることができません

キャストはオトリが飛行している最中に
ワンテンポ遅らせてサオを送ることです

小場所を大事に釣ってください

の精度が上がれば上がるだけ確実に高活性の野アユを掛け、回転力を高めることが可能になるはずです。オトリが泳がなくなると、ほとんどの方がオトリをサオで投げている光景をよく目にします。これは沖に泳がなくなったオトリが足元から出ないので、ただただ少しでも遠くへオトリを運ぶ手段として投げる動作だと思いました。しかもポイントが定かではないので、とりあえず少しでも沖へ放り込み、それからオトリを誘導して掛ける釣り。これではオトリの体力はなくなり、掛かるアユも掛からなくなるはずです。

そこで私の考えなのですが、一番活性の強い野アユはどこにいるのか?です。

オトリが弱くなると遊泳力がなくなるため、当然のように流れの弱い場所へオトリは入ります。そこは野アユにとって活性の弱い場所なのですぐに掛かるとは思っていません。オトリが弱れば弱るほど、少しでも高活性の野アユを掛けることによってオトリの回転が上がるので、この場合は打ち込みながら次の展開を考えてみてください。

オトリが弱るとやはり回転力が極端に落ちるので、小場所を集中的にねらいます。小場所はナワバリも狭く、オトリが入ればすぐに気づいて反応しハリ掛かりするはずです。そこで少しでも活性のよいアユを釣り、釣りたてのオトリに替えて上流方向へと泳がせるようにしています。オトリが弱れば自分よりも下流を釣ります。

送り出す釣りで手前のサラ場を独り占め

最近この釣りの大事さに気が付いたというか、なぜ気が付かなかったのだろうと反省しています。

この釣りは、オトリに主導権がある泳がせ釣りとは少し違い、オトリを放す前からイトを張った状態にして送り出し、出来るだけ近くで釣ることを意識した釣りだと思っています。

隣の芝生は青いではありませんが、手の届かない場所、サオの届かない場所ほど釣り人はそこへオトリを運びたがるものです。視線と意識は常に遠く。その時、どのようにオトリを遠くのポイントへと運ぶのか？　空を飛ばして打ち込むのか？　水面を走らせて出来るだけポイント近くまで運ぶのか？　おそらくこの2つの方法のどちらかです。ということは、足元から数メートルはオトリが川底に入っていない場所があるということです。

そこでこの送り出しが有効となります。沖を釣る人の後でも釣果を上げることが出来ると信じて、よほどの段々瀬ではない限り、足元から送り出すように心がけています。泳がせ全盛期の頃は、オトリを放すとすぐ目の前のヨレで掛かることがよくあったと思います。アユは意外なほど近くで掛かることを今一度思い出してください！

基本的にオトリが元気な場合は足元から、オトリが弱れば打ち込みを考え、打ち込みで釣れればふたたび泳がせるといった具合です。

探る速度と見切りについて

ねらいの位置までは出来るだけゆっくり泳がせます。1ｍ 5～10秒でしょうか。はっきりとした時速は分かりませんが、実際にオトリを送り出し、ねらっているポイントへ行くまでじれったいなと思うくらいゆっくりです。これは途中でオトリの進路にずれが出ても修正しやすいためです。速いスピードだとポイントを越えたり、群れに絡んでしまうと思いもよらぬ方向へと速い速度で泳ぎ回るので軌道修正できない場合が多々あります。

1つのポイントにかける時間は30秒ほどでしょうか。これもはっきりとした決まり事はなく、なんとなくこれくらいの時間を使ってポイントで反応を見ています。もちろん反応があれば、それから時間延長してハリ掛かりを待つ感じです。

オトリの元気度と相談しながら
送り出しかキャストかを選択します

ポイントの見切りはすべての釣りで重要です。
河川状況に応じた周囲の釣れぐあいにもよりますが、
私の場合1つのポイントにかける時間は30秒ほどです

出来るだけ一流しで勝負をつける気持ちがあるので、とにかく最初の一流しは集中して冷静にポイントまで確実に入れ、ポイントを過ぎるあたりで、そのポイントは終了します。極端なことをいってしまうと二流しは無駄。オトリは一流しめよりも二流しめのほうが当然弱っており、人の集中力も時間が経つにつれ薄くなるはずです。

一流しめのオトリの元気度、人の集中力。二流しめは一流しめのオトリ元気度、人の集中力を超えることはないはずなので、1回通して反応が出なければそのポイントは終わりとあっさりと見切りをつけています。

目印はなぜ大事なのか

いろいろな方の意見も聞きながら目印の重要性が分かってきました。水中イトを4分割し4個目印を付けて動かさない方や、フライ用のスレッドを水面付近に付ける方。釣り人にとって見やすい付け方があるはずです。

目印はなぜいるのかといえば、多くの方はオトリの位置を把握するためと答えるのではないでしょうか。ほかには？　イトのフケ具合も分かるかな？

私が今まで目印位置を水面付近にあまりこだわらなかった原因は、ベタザオの引き釣りがメインだったからかもしれません。とにかく目印は出来るだけ上に50㎝間隔で4個。引き釣りを想定しているのでサオは当然伏せ。水中イトの大部分が水の中に入っているので目印は自ずと上気味に付けるようになりました。

この時はオトリ位置を細かく見ることは全くなく、ざっと「ここらへん」という感じで釣りをしていました。それでもある程度釣果も出ているので何も感じなく、とりあえず目印は付いていて、たまに確認する程度でした。しかし浅場では目印を当然下げて釣り、瀬や深場は雑に目印を決める。どちらが的確な目印位置なのか？　もちろん浅場のほうが的確にオトリ位置が分かるはず。深場の場合はオトリを浮かすとオトリの位置が分かりましたが、ほとんど意外なところからオトリが出てくることに気が付きました。そこで目印位置の重要性に気が付き、目印移動を頻繁《ひんぱん》にするようになりました。

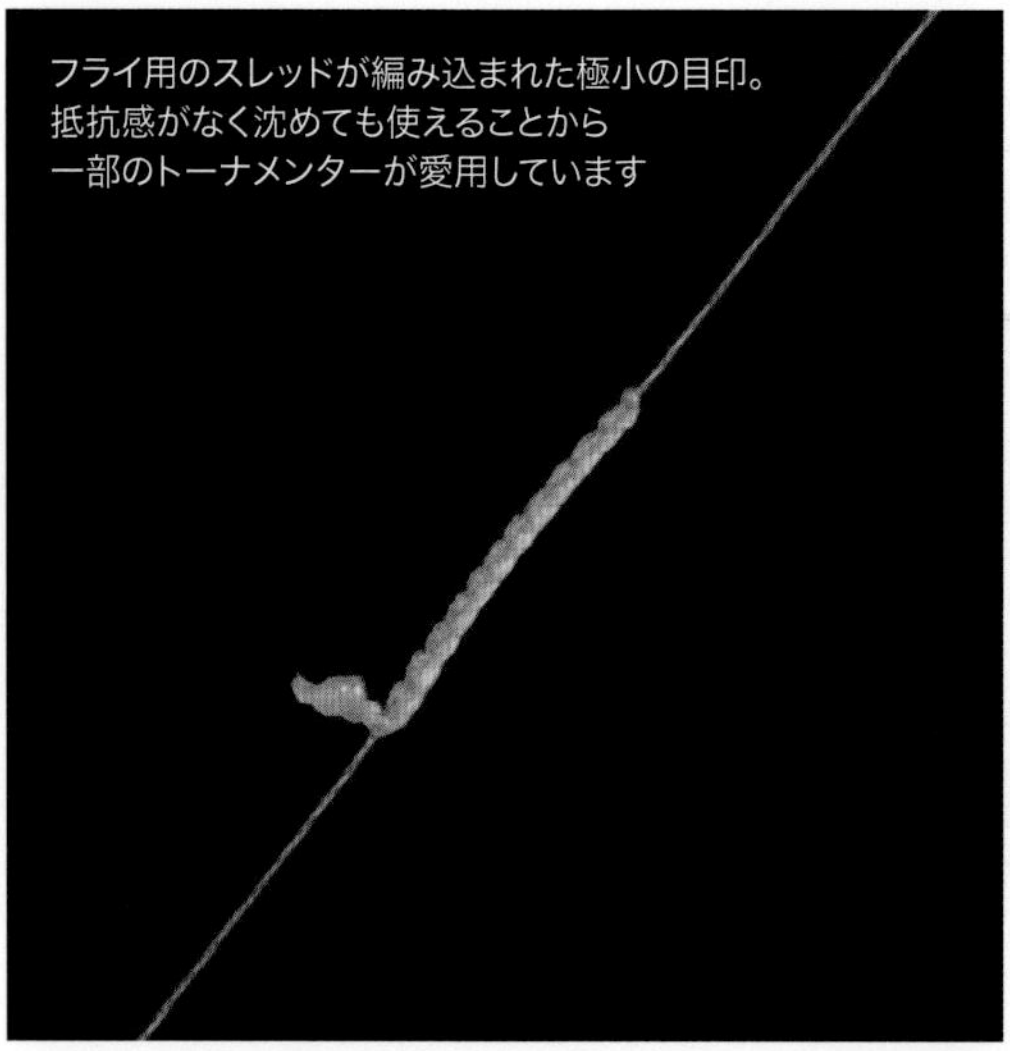
フライ用のスレッドが編み込まれた極小の目印。抵抗感がなく沈めても使えることから一部のトーナメンターが愛用しています

一番下の目印は、サオを立てた状態の時に見えるようにしてオトリの的確な位置を把握しています。私の場合は4個の目印が上から赤・緑・赤・緑と付いていますが、大体水深の倍ほどの場所に下から2つめの目印が付き、50㎝ほどの間隔で3つ4つと付いています。一番下はサオを立てるとほぼ水面上に合わせておき、サオを伏せると水中の中へサオを立てると水面へ出るようにしています。

目印があるとないとでは大きな差があるといえます。今でこそ色付きの水中イトがありますが、それでも目印は必要不可欠。目印にはすべての情報が出ていると思っています。イトがフケると当然のように4つの目印が弧を描く。オトリが安定していないと目印の動きには角が出る。オトリが動かないと点で止まっている。オトリが安定して動いていると安定した動きで目印は動きます。

そして、ここから話はゼロにつながっていきます。

ゼロの張り具合は人によって感覚的にかなり違いがあると思います。またサオの強さや流速、水深などの感じ方も日によって違うでしょう。さらにいうと、週1回釣行の方と週5回の方の感覚は、釣行回数が多い方ほど感覚が研ぎ澄まされているはずです。

私は、このゼロを誰でも分かるようにすることはできないだろうかと考えました。

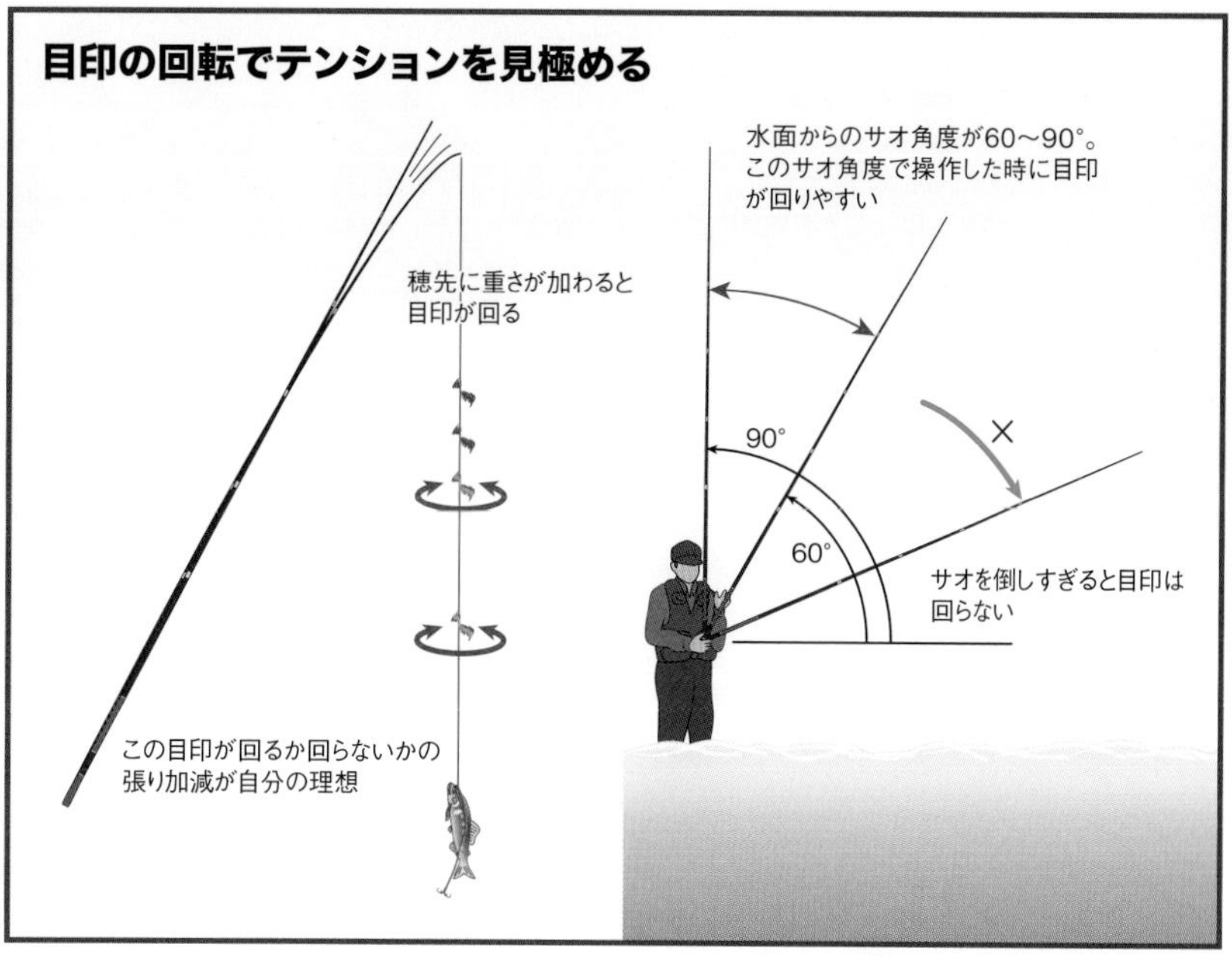
目印の回転でテンションを見極める
水面からのサオ角度が60〜90°。
このサオ角度で操作した時に目印
が回りやすい
穂先に重さが加わると
目印が回る
90°
60°
×
サオを倒しすぎると目印は
回らない
この目印が回るか回らないかの
張り加減が自分の理想

ゼロの張り具合はオトリを感じる重さといったほうが分かりやすいかもしれません。ゼロ＝イトを張る。この時ほとんどの方は手に伝わるオトリの重さやサオ先の曲がりを気にしているはずです。これは間違いではないと思います。個々の差が多少なりとも出ますが穂先を曲がらないようにオトリ操作をする。オトリの重さが手に伝わるか伝わらないかを感じる。

目印に現われるゼロ

それでは目印ではゼロを感じられないのか？

目印も間違いなく釣り人に対して〝言葉〟を発信しているはずです。大体目印は4個または3個の方が多いかと思っています。この目印を見るとイトがたるんでいるのか、張りすぎているのかは分かるでしょう。

問題は目印の回転現象です。このことに気が付いたのはごく最近です。私の釣り方でもあるゼロテントレースをどのように説明すればよいかを課題に、いろいろな角度から問うていった結果、この回転がキモとなるように思いました。ゼロを取る、つまりオトリに対するイトフケをゼロにする釣り方ですが、単純にゼロといっても千差万別。

穂先が曲がるか曲がらないか。

オトリの重さを手に感じるか感じないか。

主にこの2つの感覚でゼロを意識していると思っています。穂先の曲がりは、先径の大きい穂先は軽い重さに対して曲がりにくく、先径の小さい穂先は軽い重さでも曲がりやすい。これは当然ですが、単純に穂先が曲がるか曲がらないかを伝えるのは感覚の問題です。もちろん手に伝わるオトリの重さも同じで人には伝えにくい。

自分のゼロはどの位置なのか？

サオ先が曲がればゼロにはならないのか？

これを突き詰めていくと、しかし水流がある以上、水中イトには水流が必ず当たるのでイトは多少なりともフケが出ます。これを真っすぐにするのは無理な話です。ゼロという言葉はハナカンから伸びるイトはサオ先まで真っすぐと捉えているはずですが、やはりフケは必ず出ます。

数年前から私なりのゼロの基準は、緩んだイトを張っていくとイトにねじれが発生して目印が「くるっ」と回る、この回る一歩前がゼロだと思っています。目印が回ることを確認できるのは、サオ角度が60度以上の時だけと思ってください。サオを伏せすぎると目印自体が重力で下方向に重さがかかり回らなくなります。

サオを立てて釣る時は一番下の目印に集中します。
この目印がクルッと回るか回らないかという張り加減が
自分の中のゼロテンションの基準です

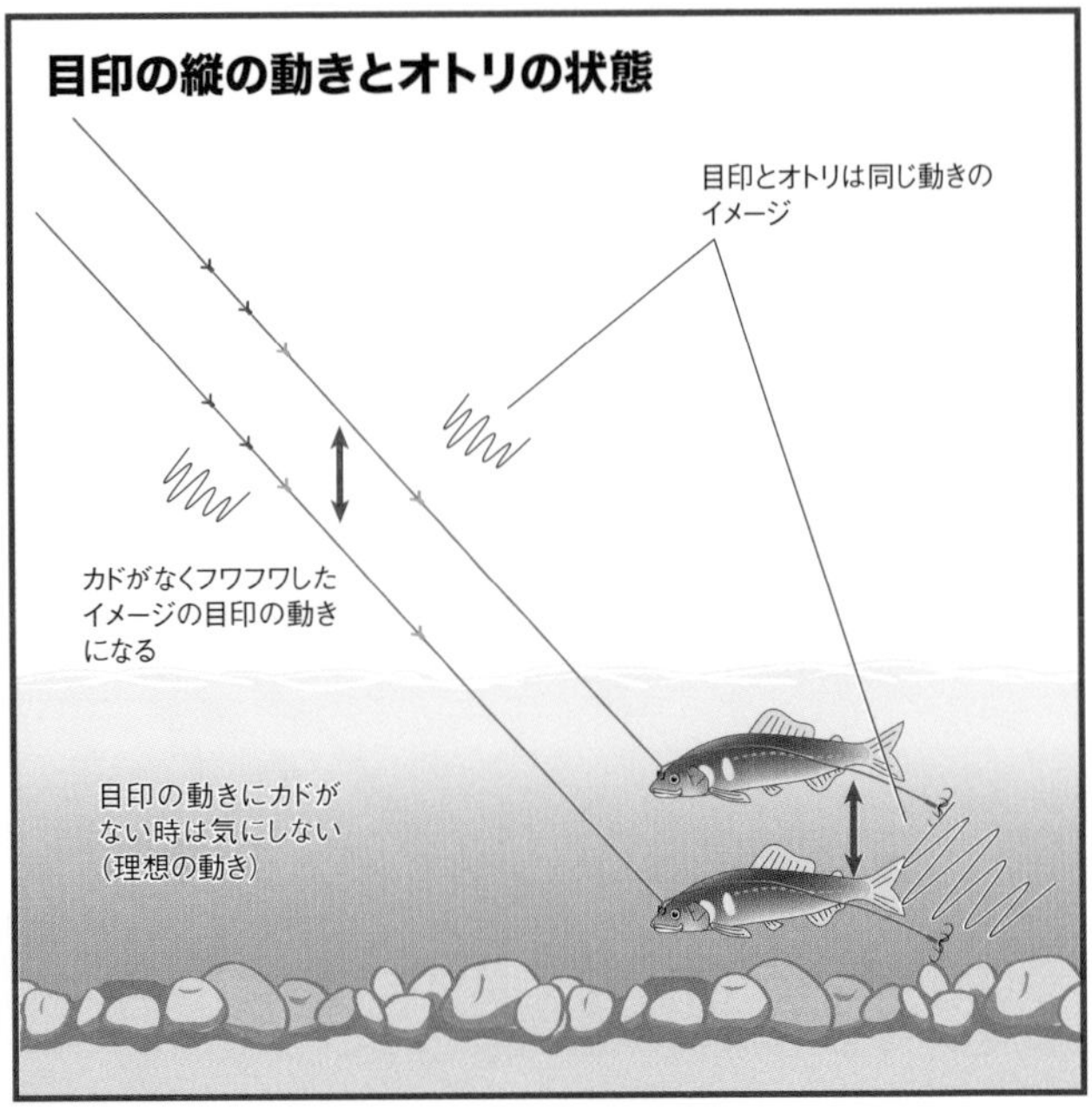
目印の縦の動きとオトリの状態
目印とオトリは同じ動きのイメージ
カドがなくフワフワしたイメージの目印の動きになる
目印の動きにカドがない時は気にしない（理想の動き）

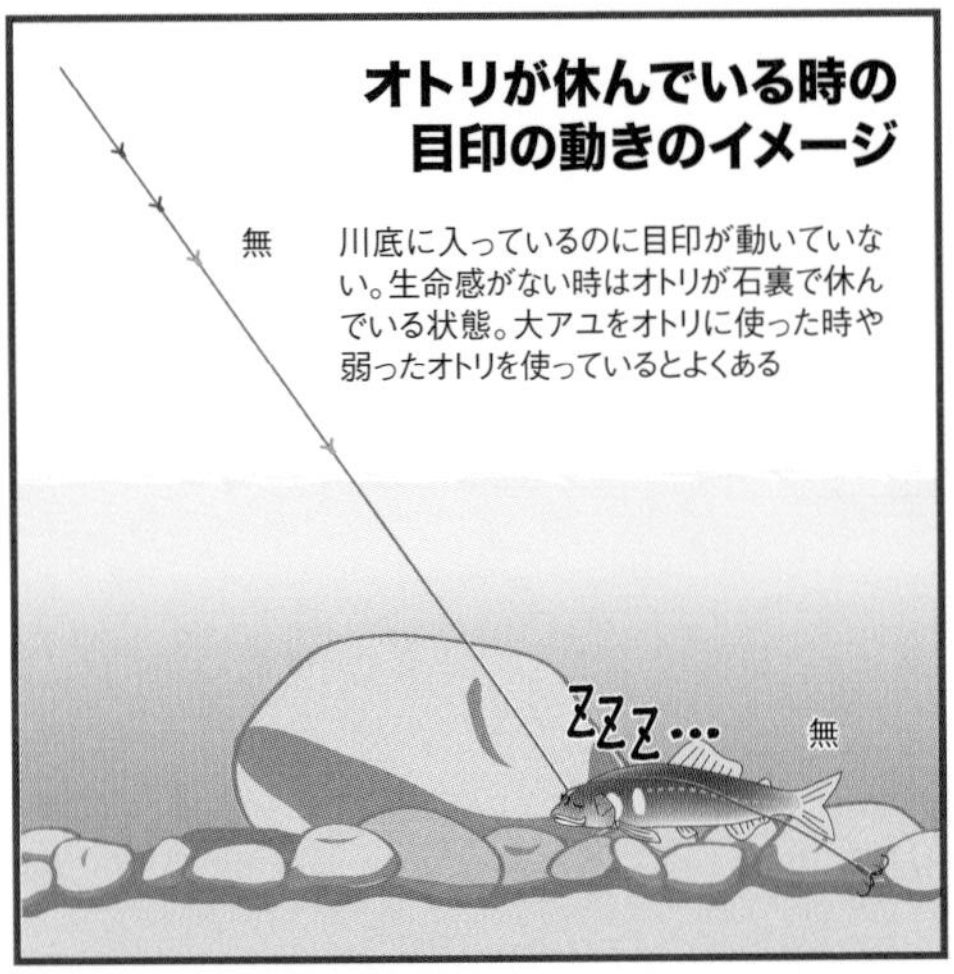
オトリが休んでいる時の目印の動きのイメージ
無
川底に入っているのに目印が動いていない。生命感がない時はオトリが石裏で休んでいる状態。大アユをオトリに使った時や弱ったオトリを使っているとよくある
ZZZ…
無

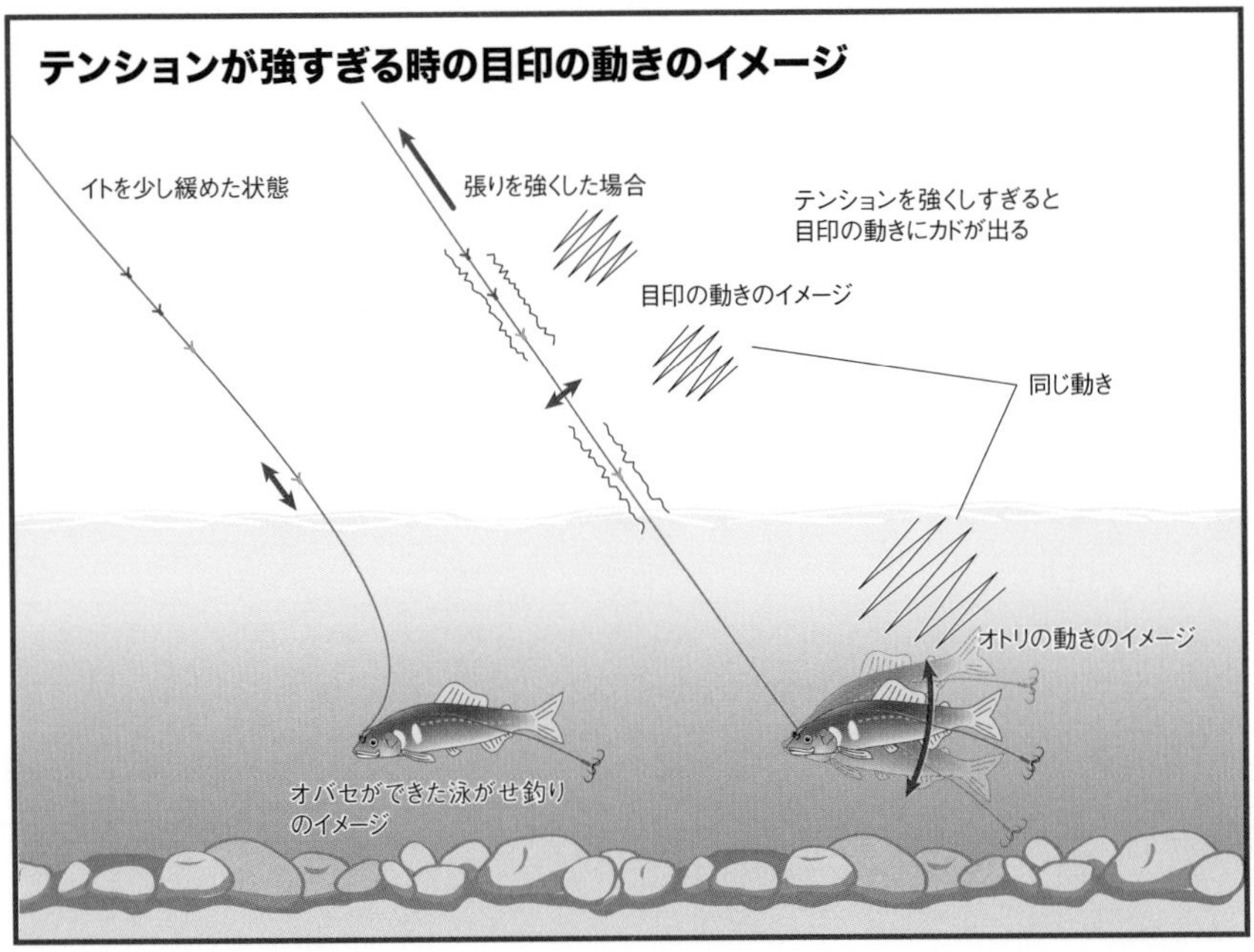
テンションが強すぎる時の目印の動きのイメージ
イトを少し緩めた状態
張りを強くした場合
テンションを強くしすぎると目印の動きにカドが出る
目印の動きのイメージ
同じ動き
オトリの動きのイメージ
オバセができた泳がせ釣りのイメージ

目印の横振れ・縦振れ

これはオトリの動きに連動しているはずです。目印の横振れは非常に見えにくく、把握するのは難しいかと思います。この動きをある程度見るには目印の位置に注意し、一番下の目印を水面付近に位置させることによって川の流れる筋（シワ）が出来るので、その流れに目印が入ることによりシワを中心に目印の横動きが見やすくなります。

目印を水面より遠く離すと中心となるものがないので目印でオトリの動きを見ることが難しくなります。横（左右）に30㎝ほどフラフラと振れる程度の動きが最高の動きで、川の流れに馴染み強い流れと弱い流れをフラフラと漂うようなイメージを持っているので、イトの張り具合が丁度よいこの状態を維持しつつ、サオでイトを押し込むように操作するとジワジワと上流にオトリが動くはずです。

縦振れが出ているのはよくな

い状態で、まず釣れない動きだと思います。ゆっくり角のない目印の動きであればさほど気にすることはないかと思っていますが、言い換えるならこのゆっくりした動きはオトリの重さを穂先でまだ感じていない状態です。それが穂先に重さを感じるようになり、この時オトリが弱っていると水中イトに掛かる水流抵抗にオトリの運動量が負け、川底からオトリが離れようとするので目印が激しく上下し、角のある動きとなるはずです。

これを防ぐ方法はとにかくサオを伏せるようにする。それでも防げない時は、背バリやオモリで水中イトに掛かる水流抵抗を出来るだけなくすことが大事なのですが、落ち着かせる道具を使用してもグラグラと目印が動く場合は、オトリを交換しないと上下に激しく動く目印の動きは抑えきれないはずです。

ラインの使い分け

私が友釣りを始めた頃はナイロンとフロロカーボンしかなかったので、使い分けというよりはアユの大きさによって号数を決めていた気がします。

近年では複合ラインが中心的存在となり、渇水ではフロロカーボン、押しの強い瀬では単線ラインといった具合に決めています。

この複合ラインに関して、私なりにいろいろな素材のラインを使い込み思ったことを話してみます。

最初の頃はとにかくトラブルが少なくキンクに強いので、あらゆる場面で使用することができる＝コスト的に仕掛けが非常に安く作れ、上手に使えば一張りでワンシーズンいけるのではないか？と思ったくらい衝撃的なラインでした。

各社からいろいろな素材で複合ラインが発売されると、しなやかでナイロンやフロロカーボンのように扱えるライン、少し硬くどっしりとした重量感のあるラインなどが出てきました。

ダイワでいえばしなやかな複合ラインの「メタコンポデュラ」。

どっしりとしたラインの「メタコンポヘビー」。

どちらがよいのか？　これは好みになります。

左がハイパーエムステージ、右がメタコンポヘビー。ラインの性質でオトリ操作が変わるのは間違いありません

デュラは軽くしなやかで川の流れに左右されやすく、オトリは流れに対してフラフラと漂うイメージで泳ぐような気がしています。オトリの動きは軽快で特に浅場などでは有効なラインだと思っています。

ヘビーは最も私が信頼しているイトで、発売されてからは年間7割ほどこれで通しています。デュラとの大きな違いは、イトの硬さと表面積の大きさです。タングステン素材を巻いており、表面が均等に丸くツルツルしているデュラに対し、ヘビーはザラザラしており表面積が大きいことが分かります。あとは比重が大きくしっかり沈む感じでしょうか。このラインは硬く流れに左右されないので、複雑な流れに対してオトリやラインがフラフラ動きにくいのが特徴だといえます。硬いイトなので当然イトフケは出にくく、私的には思いどおりにオトリコントロールができ、非常に扱いやすいラインだと思っています。

■単線ライン

「ハイパーエムステージ」を押しの強い河川では使用しています。このラインはステンレス線でできており、とにかく表面がツルツルで水切れがよく、なおかつ比重もあるので瀬の釣りに最も適していると思っています。弱点はキンクに少し弱いところでしょうか。複合ラインと比べると川底へ落ちるようなイメージでオトリが入ります。イト自体の水切れがよいのでオトリから穂先まで真っすぐになりやすく、オトリの位置も把握しやすいので、ベタザオなどサオを伏せて釣るような河川や深場のトロなど、イトに水流抵抗を掛けたくない釣りに適しているはずです。小石底で水面変化の少ない河川や、水深がありとにかく流れの押しが強い河川で多用しています。

■ナイロン、フロロカーボン

　私はフロロカーボンを使用する場面は非常に少なく、渇水期のみかもしれません。ナイロンイトはなぜ使わないのか？　吸水性が強くどうしてもコスト的に高くつくからかもしれません。もしフロロカーボンよりもナイロンイトが勝っているならばナイロンといいたいところですが、どちらが有効なのか比較して試していないのが事実です。それがはっきり解決すればどちらといえるかもしれませんが、やはりフロロは吸水性が少なく石ズレに強いので使っています。

　フロロを使う条件ですが、高水温時、アユの色が黄土色というか黄色っぽくなる時期があるかと思います。この見極めは、背バリを打つとその場所がふやけるような感じになることがあります。ハリ傷もそのようになったりします。この時は、野アユも夏バテ気味になり体力も落ちているので出来るだけオトリに負担を掛けないように、フワフワと泳げるようにフロロカーボンを使用しています。

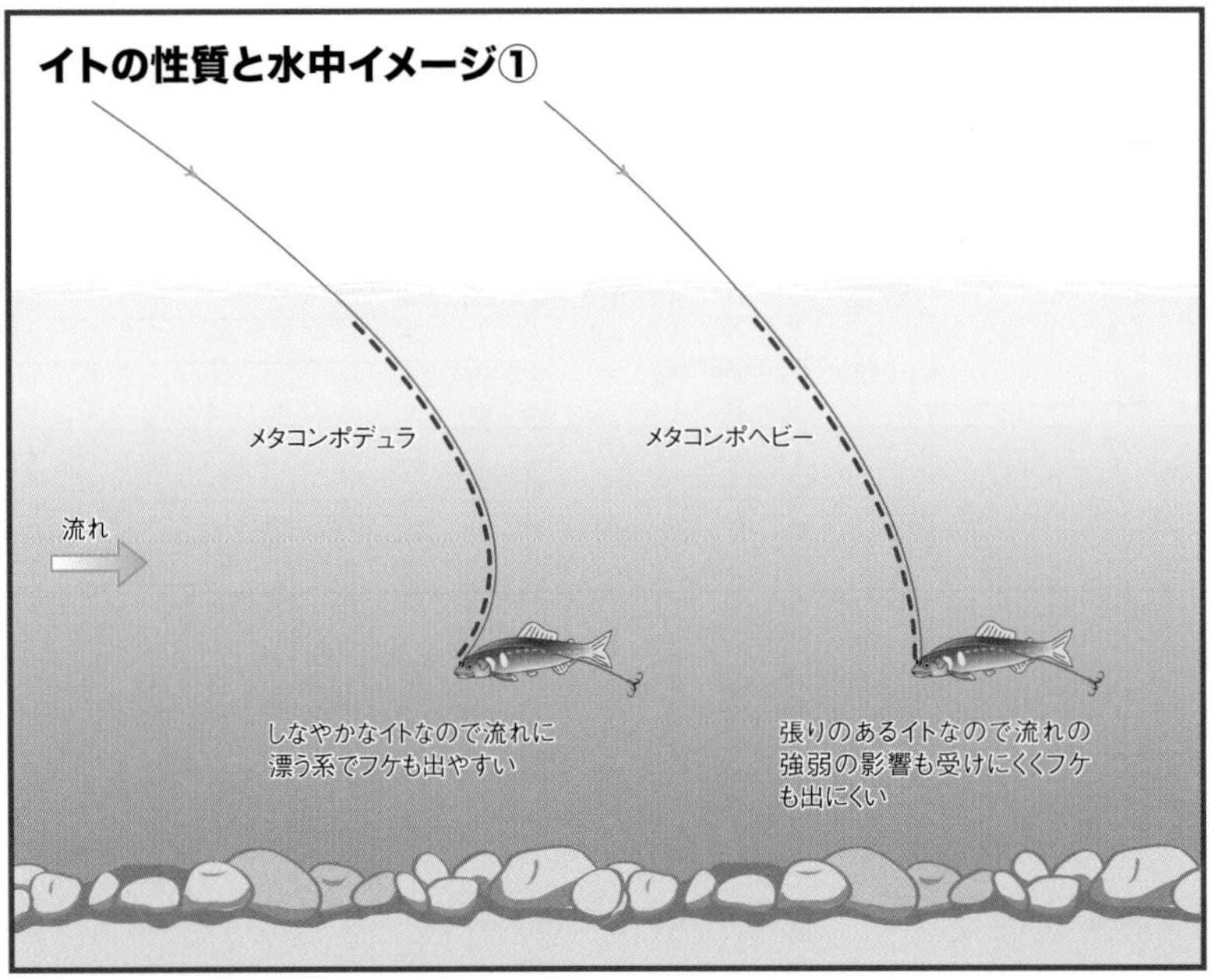

メタコンポデュラ
メタコンポヘビー
流れ
しなやかなイトなので流れに漂う系でフケも出やすい
張りのあるイトなので流れの強弱の影響も受けにくくフケも出にくい

イトの性質と水中イメージ①

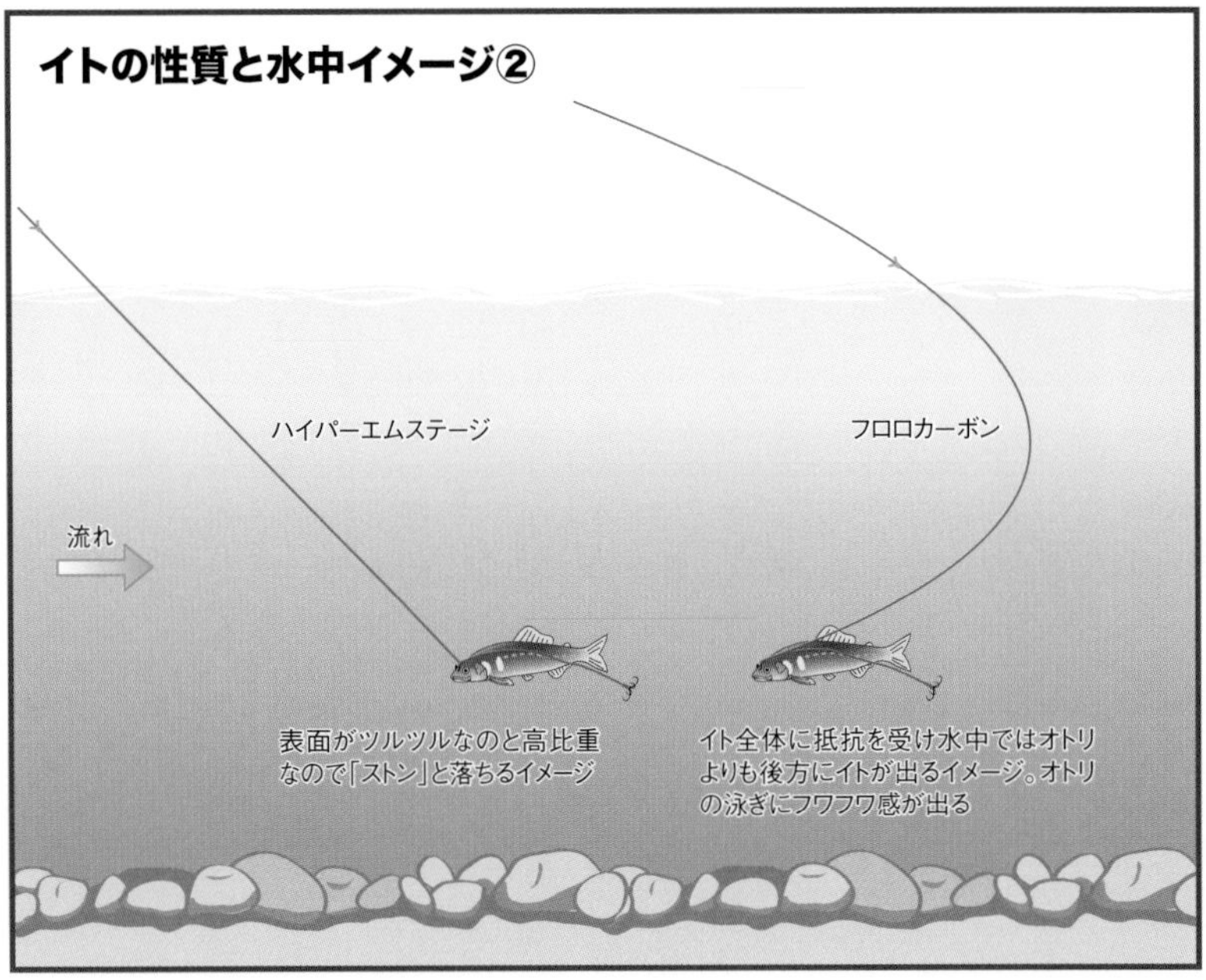

ハイパーエムステージ
フロロカーボン
流れ
表面がツルツルなのと高比重なので「ストン」と落ちるイメージ
イト全体に抵抗を受け水中ではオトリよりも後方にイトが出るイメージ。オトリの泳ぎにフワフワ感が出る

イトの性質と水中イメージ②

逆バリと打つ位置

　逆バリの打ち方も千差万別ではないでしょうか？　尻ビレの一番最後に打つ方、黒い点に打つ方、いろいろな打ち方があるかと思います。

　1つ気になったことがありまして、尻ビレの後ろに打てば打つほどオトリは泳ぎにくくなるのではないでしょうか。泳ぐことは私は逆バリを尻ビレ最前方付近の皮に皮打ちをしています。オトリの頭側に逆バリを刺したらそのままハリスを引っ張るようにするとスピーディです。尾ビレより先にハリが出るくらいのハリスの長さが標準です

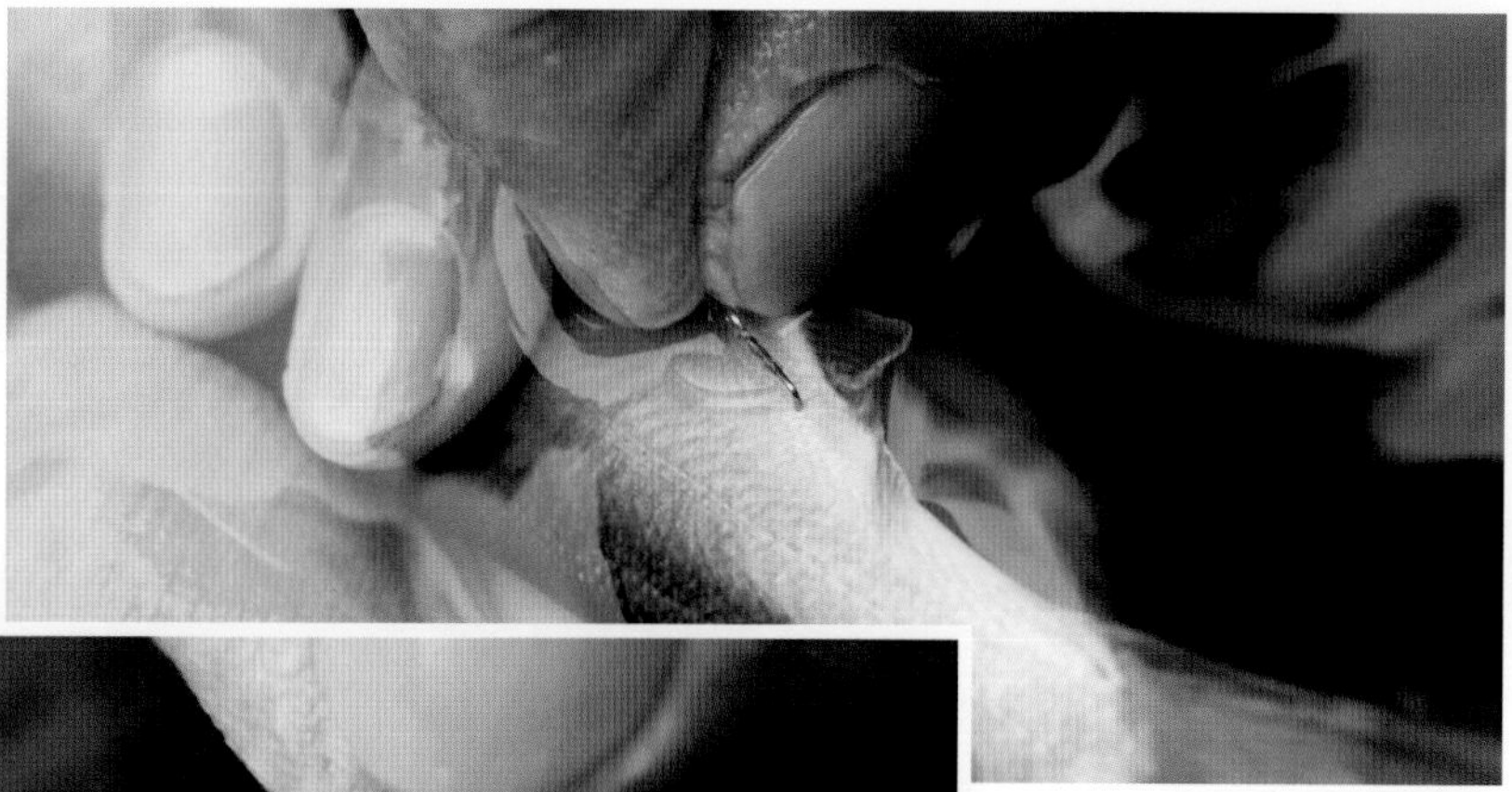

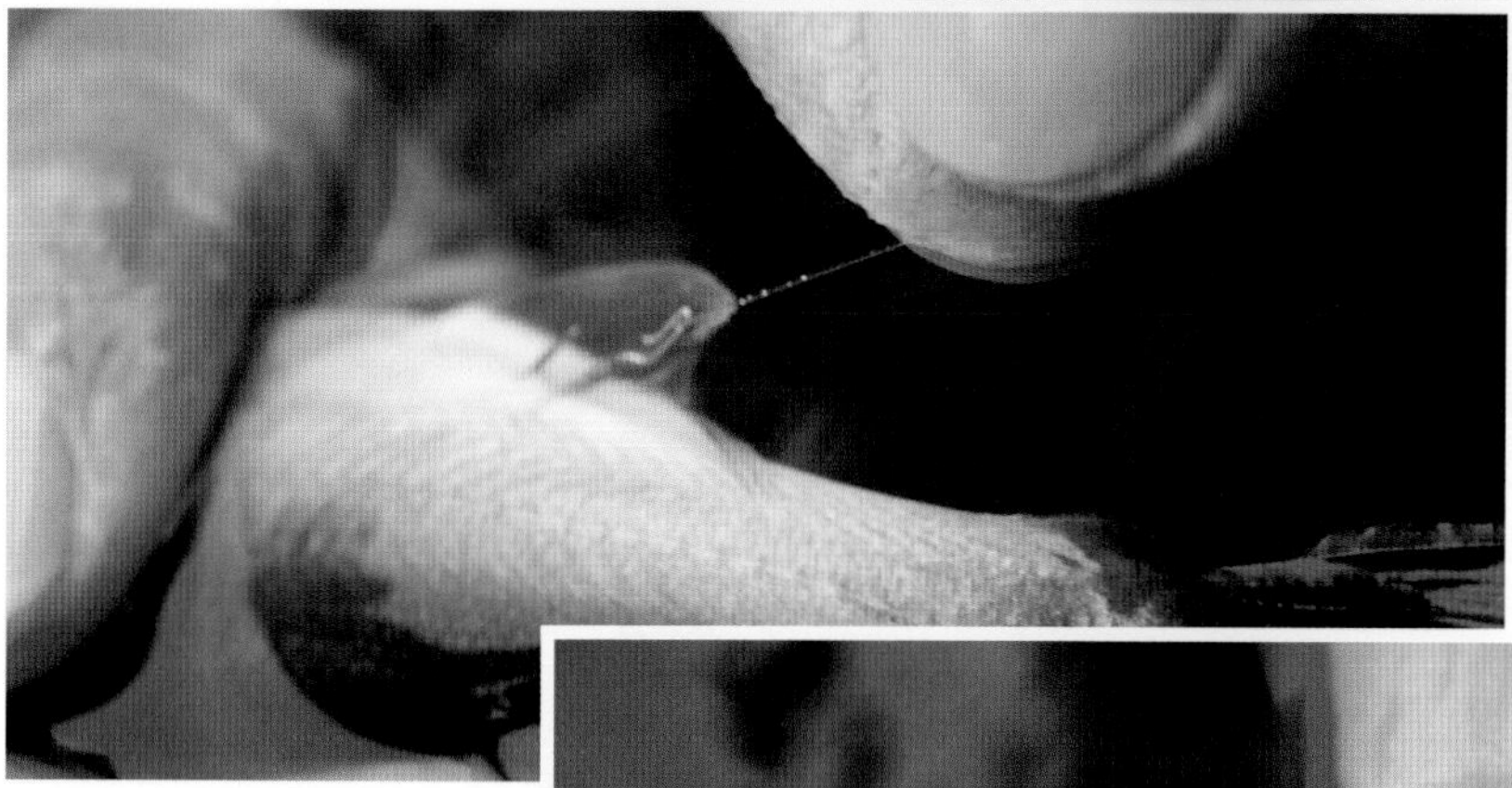

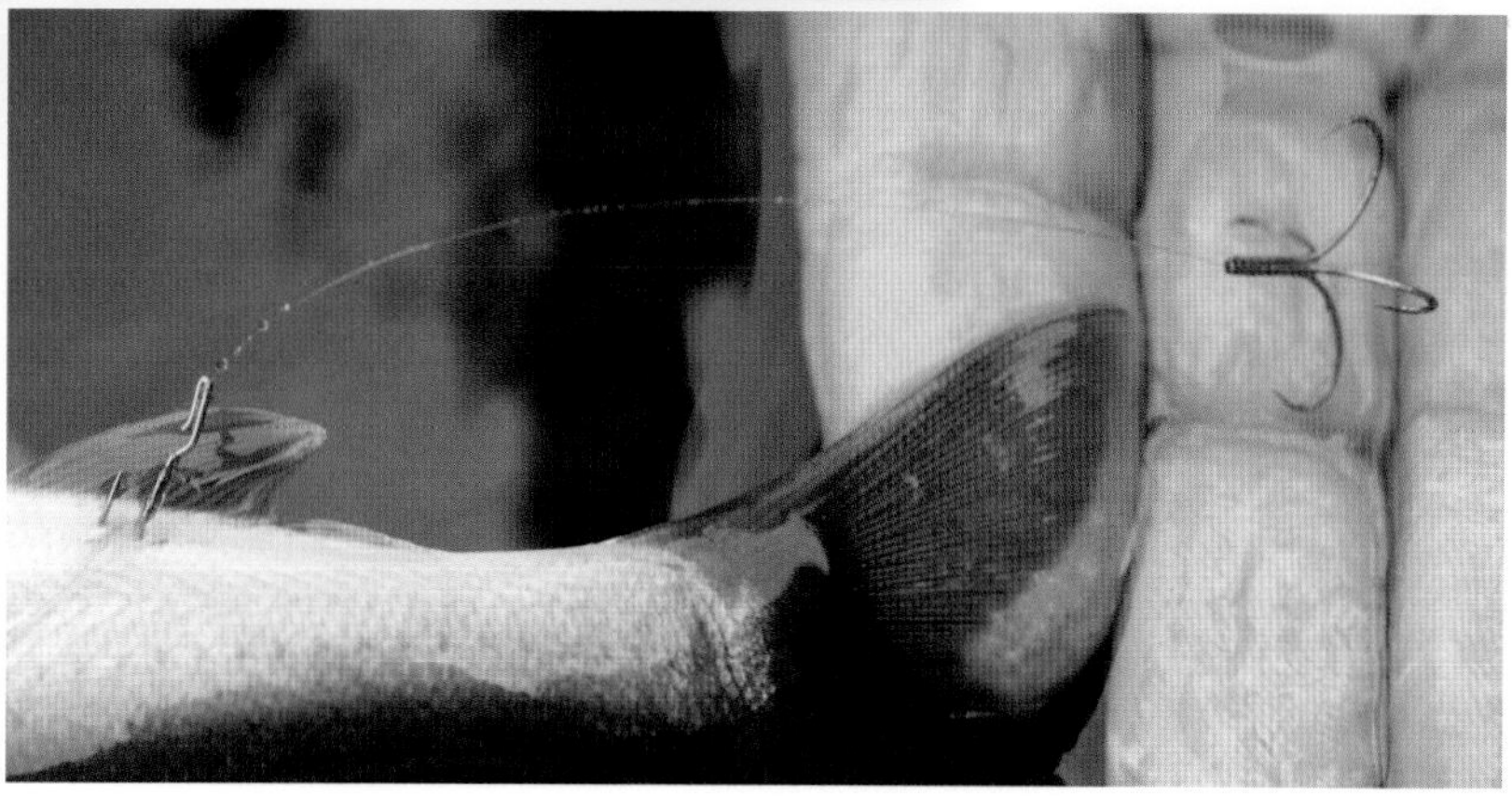

尾を振ること、つまり尾の先は一番振れ幅が大きく、頭に近いほうほど振れ幅は小さくなるはずです(これはルアーのジョイントの考えですが)。人間も歩く時、足のつま先が一番動く位置にあり、そこから足の付け根にかけて運動幅は必ず小さくなります。では、その一番運動するつま先にオモリを付けるのと、付け根つまり腰にオモリを付けるのとではどちらが歩きやすいか？　これは腰に付けるほうが歩きやすいはずだと思います。身体の中心で一番動きがない場所だから。アユにしてみても中心部分が一番動かないので負担は少ないはずですが、追いアユは肛門付近にアタックすると思っているので①動かない部分に出来るだけ近く、②出来るだけオトリに負担を掛けない位置、③そして野アユにハリを掛けやすい位置。この3つを考えると、出来るだけ肛門付近に逆バリを付けたほうがオトリの元気度や野アユに掛かる位置が総合的に合うのではないかなと思い、尻ビレ最前方付近の皮に皮打ちをしています。

もう1つの打ち方はアブラビレ打ちです。私のホームグラウンド、安田川の釣り場は比較的流れが穏やかで浅場が多く、尻ビレに逆バリを打つとハリ先が流れに対して平行になり、オトリが弱ってくると石にハリ先が掛かりやすくなります。そこでどうすればハリ先を石に掛けず野アユに掛けられるかを考えた時、上方向にハリハリスを付けるようにするとハリ先が少しだけ上方向に向き、

もう1つの打ち方が脂ビレ打ち。
ドチャラや浅場で多用します

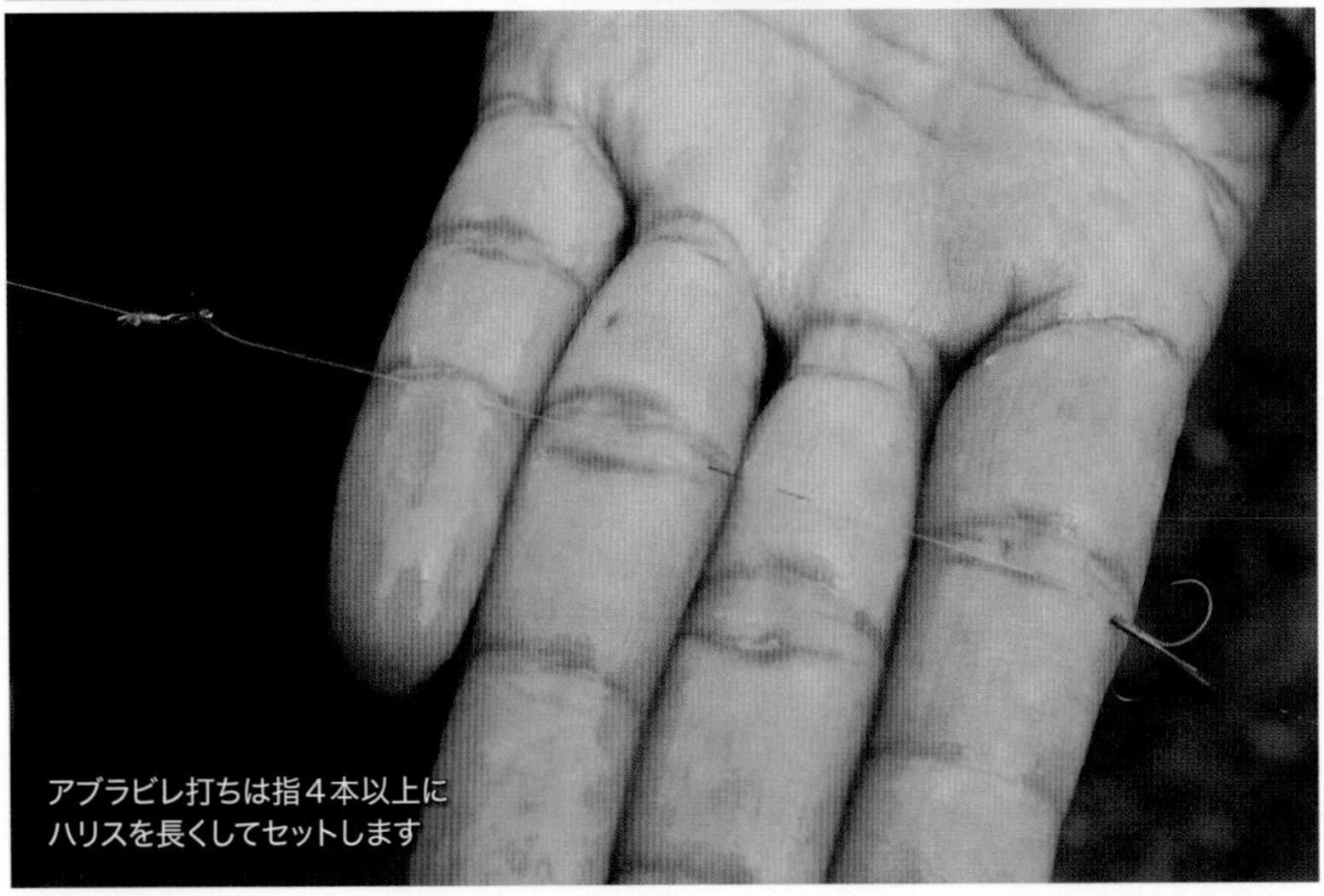
アブラビレ打ちは指４本以上に
ハリスを長くしてセットします

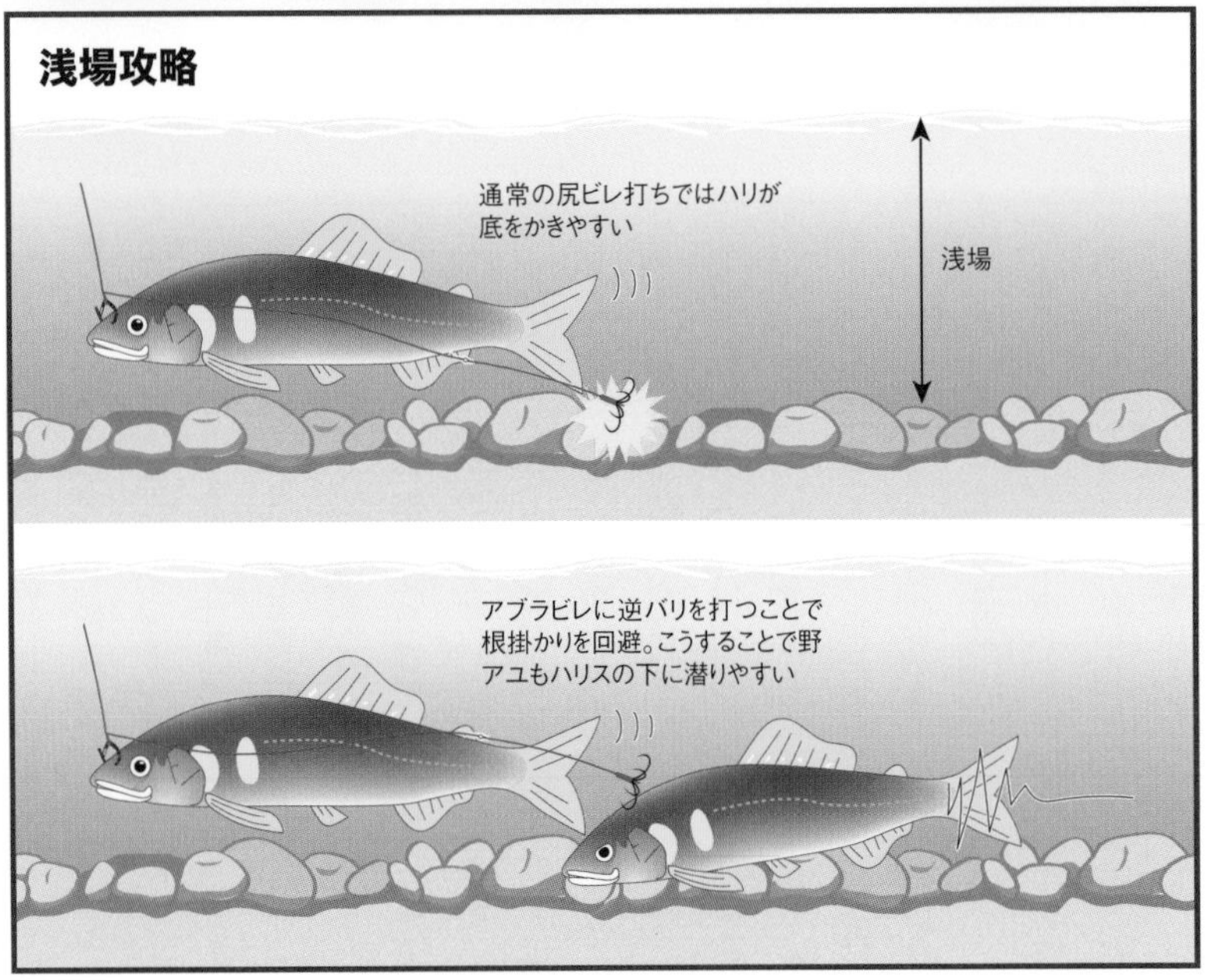
浅場攻略
通常の尻ビレ打ちではハリが
底をかきやすい
浅場
アブラビレに逆バリを打つことで
根掛かりを回避。こうすることで野
アユもハリスの下に潜りやすい

ハリの腹が石に当たり根掛かり防止となることに気が付き、アブラビレ打ちを多用しています。

アブラビレ打ちは浅場で使用すると最も効果がある方法だと思っています。超浅場ではオトリの腹下に追いアユが潜り込むことはなかなかできず、追尾するかたちの追いとなるような気がします。逆バリを尻ビレに刺すと当然オトリの尾ビレよりもハリは下になるので野アユにはハリ掛かりしにくく、掛かったとしても腹やヒレ、エラなどの突起物に掛かりやすくなります。上手に掛かればよいのですが、ほとんどの場合、掛かり処が悪くオトリに使えないことがよくあります。そこでアブラビレ打ちをすると、ハリは尾ビレとほぼ平行になり背掛かり率が上がると思っています。

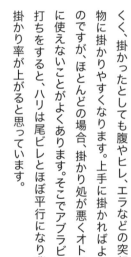

群れアユの釣り

私の釣りは少しでも活性のよい追いアユを、とにかくいち早く掛けることに徹していました。足を使って見える範囲をどんどんねらい釣果を上げる釣りでした。長良川では少し待ちを意識した、ゆっくりした釣りを意識しましたが、西日本ブロック

群れアユを釣るには群れに
しっかりと馴染ませることから始まります

群れアユを掛けるには元気なオトリが必要です

大会で群れの釣りを覚えました。釣り場は京都府美山川です。ここでは追いアユが思いのほか少なく、今までどおり追いアユばかり釣っていては間違いなく数が出ない、群れたアユを釣らなくてはオトリを回せないことを初めて知ります。

追いアユがいれば割と反応がよく、ただそればかりに気を取られていると狭く釣り人の多い河川なので身動きが取れず数が伸びない。反対に群れアユばかりに気を取られると、群れの移動が早い場合オトリがその速度についていけずどんどん弱り、全く掛からない状況になりました。そこで群れアユに注目しながらオトリが弱れば追いアユを掛ける釣りを覚えます。

なぜそういう釣りになったのかというと、オトリの元気度で釣るアユを変えないと上手に数を伸ばせないと自覚したからです。最初の養殖オトリは泳ぎが下手で群れには付いて行きにくいので追いアユをねらいます。元気な追いアユが釣れると次にねらうのが群れアユ。群れアユは「その場でエサを食むと移動↓食む」を繰り返すので、少しでも元気のよいオトリではないと群れに馴染ませることが出来ないと思いました。そして、群れに馴染んでいるにもかかわらず釣れないと当然オトリは弱ってくるのでふたたび追いアユをねらい、追いアユが釣れると群れアユを……といった具合に、群れを意識する釣りを覚えました。

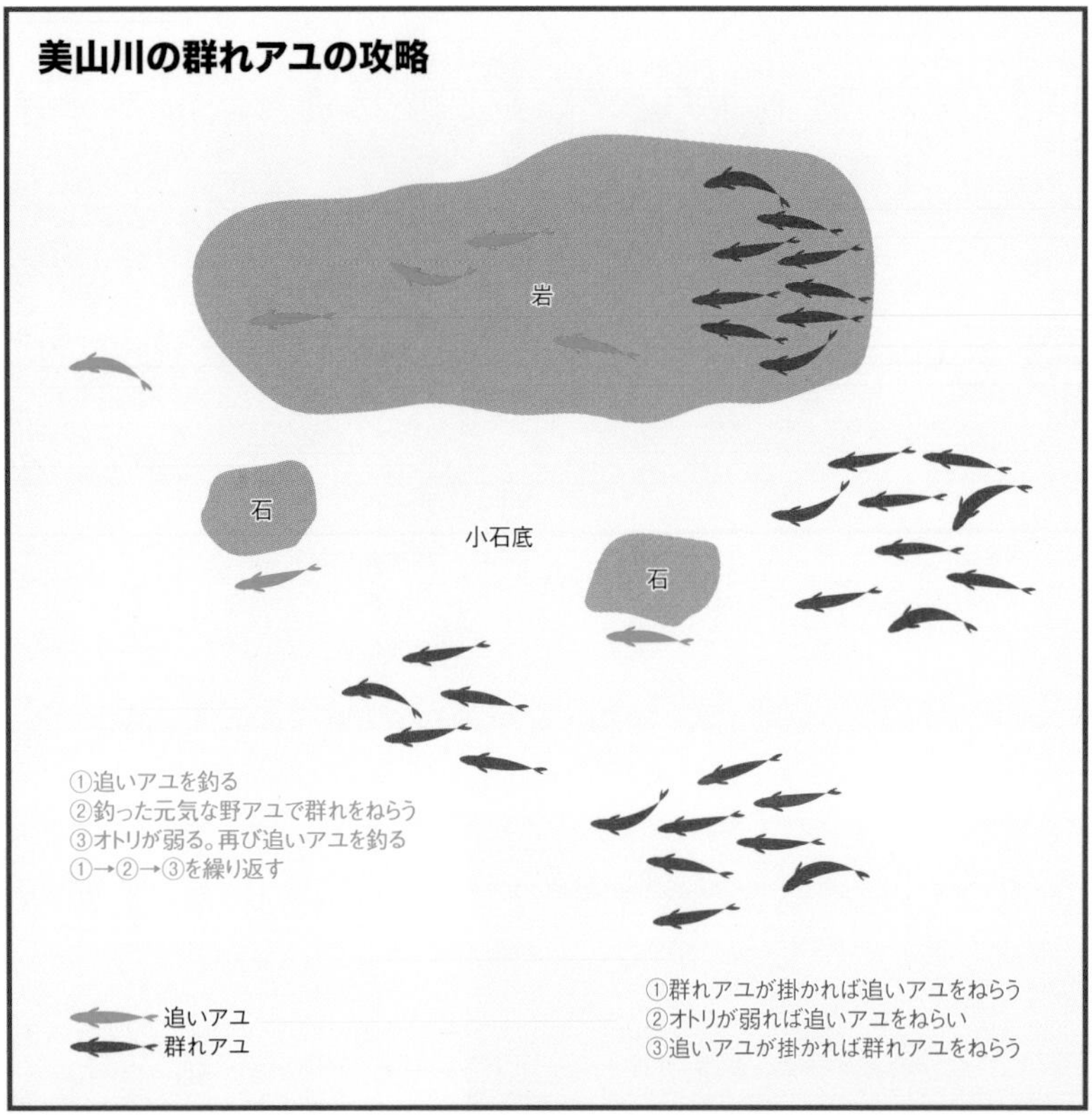
美山川の群れアユの攻略
岩
石
小石底
石
①追いアユを釣る
②釣った元気な野アユで群れをねらう
③オトリが弱る。再び追いアユを釣る
①→②→③を繰り返す
追いアユ
群れアユ
①群れアユが掛かれば追いアユをねらう
②オトリが弱れば追いアユをねらい
③追いアユが掛かれば群れアユをねらう

京都・美山川のような河川で釣りをする機会はマスターズのブロック大会があったからこそ。私の釣りの引き出しを確実に増やせた大会といえます

第８章

アユイング入門

オトリアユではなくアユルアーでアユを掛けるアユイング。
いざやってみると、友釣りとの共通点と相違点、
また他のルアー釣りとの共通点と相違点が際立って太変面白い。
特にルアーアングラーにはアユ釣りの入り口としてとてもおススメだ。

近年ブレイクの兆しを見せているルアーのアユ釣り、アユイングについて解説します。本書を「友釣り」ではなく「鮎釣り」としたのもそのためです。ルアーでアユを釣ることで、改めてアユ釣りの魅力を再発見できると私は思っていますし、普段からルアーフィッシングを楽しんでいる方は、この機会にぜひアユイングもレパートリーに加えてください。今までのターゲットの釣りとは大きく異なる面白さに触れることができるはずです。

ナワバリアユは侵入者に対してすぐにナワバリから追い払う行動をとります。ルアーもオトリと同じく、ナワバリ本能に訴える釣り方です（写真提供：高橋勇夫）

友釣りとの共通点

やはり同じアユを釣るところでしょうか。ルアー釣りを簡単に頭で思い浮かべると、ルアーをキャストしてねらいのポイントへルアーを通し、魚に口を使わせヒットに持ち込む。フィッシュイーターの魚に、エサに見せかけたルアーで口を使わせる釣りがルアーフィッシングだと思っています。

渓流のルアーフィッシングではアップの釣りがほとんどで、ダウンはあまりないかと思います。これは、魚は上流側から流れてくる虫を食べることを意識しているため、常に流れに逆らうように頭を上流側に向けていると考えられるからです。また、警戒心の強い渓流魚に悟られないように人の気配を消すため、魚の後方からルアーを上流方向へ投げるということもあるでしょう。

同じルアー釣りでもアユの場合はどうかというと、どのようにルアーをコントロールするのかがキモとなるはずです。

ナワバリアユは、一定のナワバリを持つとしばらくはそこを自分のテリトリーとして、周りのアユが近づきコケを食む行動をしたりするとすぐにナワバリから追い払う行動をとるはずです。このアユを釣るためには、ルアーをどのようにナワバリへと運び相手を興奮させハリ掛かりにもっていくか？　コレが非常に奥深く難しい。

友釣りではナワバリが形成された場所へ生き

ダウンで釣るのがアユイングの基本です。渓流ルアーは基本的にアップの釣りばかり。ダウンでねらうことは少ないでしょう

たアユ＝オトリを送り出し、追いアユを怒らせてハリ掛かりにもっていく。ルアー釣りでもこの仕組みは友釣りと全く同じ。違うのは友釣りは活き（オトリ）、アユイングはプラスチック（ルアー）だけだと思っています。

ところで、アユを釣るので遊漁券はもちろん必要になります。またリールを使った釣りやルアーを使った釣りがOKではないとアユイングはできません。情報が確認できない場合は、管轄河川の漁協にリールを使ったアユのルアー釣りが禁止されていないかどうかを問い合わせてください。

タックル

最初はしなやかサオであればよいかと思います。トラウト用のロッドと2000番クラスのリール、ラインは3lbくらいなら全く問題ありません。とりあえず始めてみることが大事です。

ほかに必要なのはキャッチするタモ網。石は滑りやすいのでフェルトのシューズもしくはタビ。掛かってクーラーボックスに行くのが面倒であれば引き舟。そのタモと引き舟を上手く使うためのアユベルト。そして安全面に気を付けていただきたいので手動式の救命具。半ズボンでは転倒時や草木が危ないのでニーパッドのある薄めのタイツ。

アユイングの基本タックル

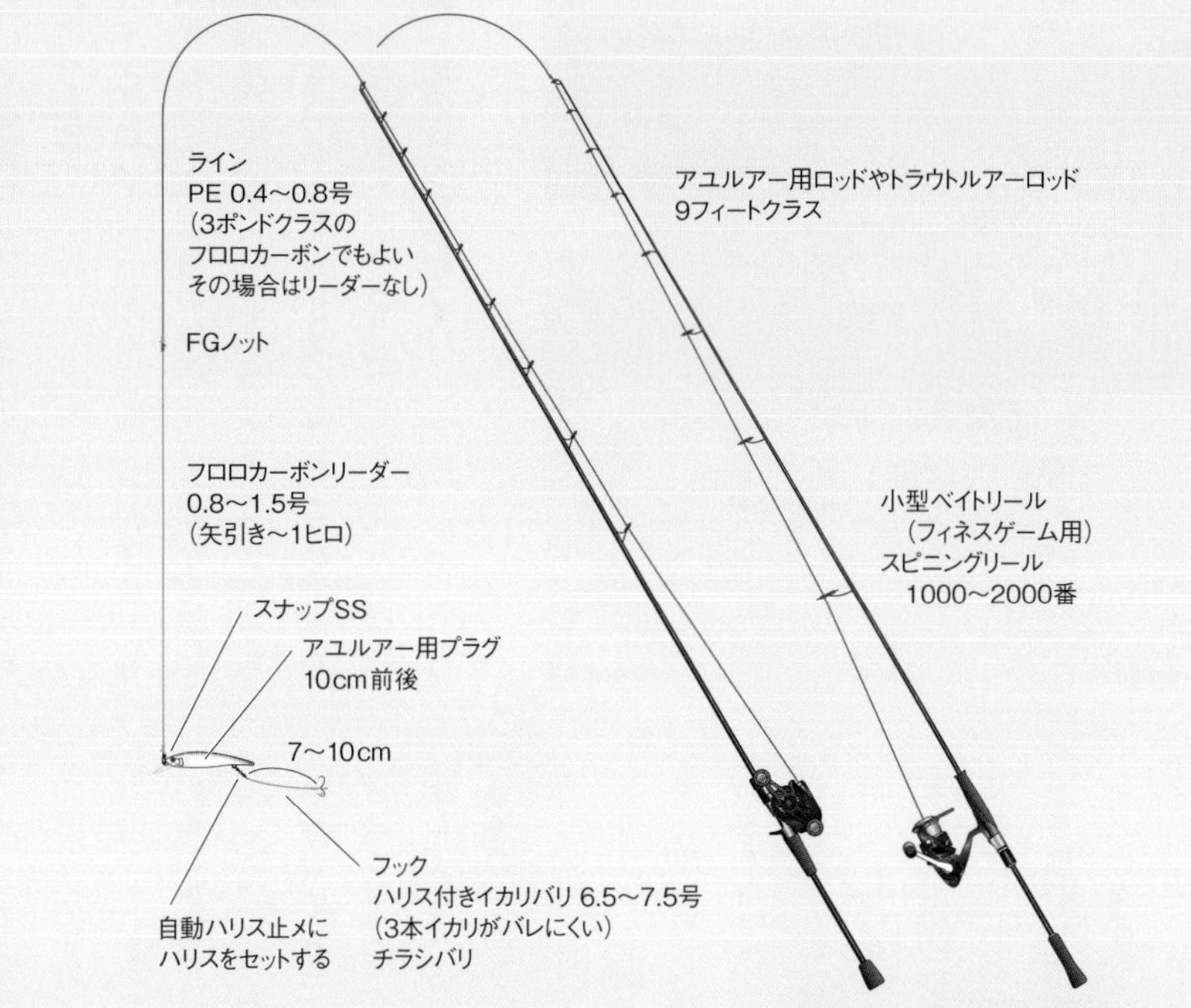
ライン
PE 0.4～0.8号
（3ポンドクラスの
フロロカーボンでもよい
その場合はリーダーなし）
FGノット
フロロカーボンリーダー
0.8～1.5号
（矢引き～1ヒロ）
スナップSS
アユルアー用プラグ
10cm前後
7～10cm
フック
ハリス付きイカリバリ 6.5～7.5号
（3本イカリがバレにくい）
チラシバリ
自動ハリス止メに
ハリスをセットする
アユルアー用ロッドやトラウトルアーロッド
9フィートクラス
小型ベイトリール
（フィネスゲーム用）
スピニングリール
1000～2000番

ウエアはライトスタイルでよいでしょう。水着のハーフパンツにニーパッド付の薄めのタイツがあればベターです

№ 08410
日釣遊漁承認証
遊漁料 ¥1,500
（現場売り¥2,500）
月 日
相模川漁業協同組合連合会
TEL.046-210-3033
アユ釣りの遊漁券を購入することからルアー釣りも始まります

安全面に気を配り、これで楽しくアユイングを始めてみてください。

　アユイングはほんの数年前に始まった印象が強いですが、ルアーそのものは20年ほど前から発売されており、実際にルアーでアユを釣っている方も見受けられました。ただコアな釣りなので流行ることはなく自然となくなっていましたが、ついに花が咲いたのは5年前です。

友釣りマンとアユイングのファンが仲良く共存できれば最高です

　メーカー側から問い合わせもありました。重鎮の方々からは「友釣りは日本古来の釣りでそんな軽々しい釣りではない」「友釣りを馬鹿にしているのか？」などいろいろな意見があったと聞きました。私は、「時代は進んでいるのでアユルアーは絶対にやるべきだ！　実際に私もルアーでいろいろな魚を釣っていて釣具店でのルアー状況は知っている。友釣りが衰退しているなか、各河川漁協の救世主はアユルアーだ」と、担当者に強く言ったことを覚えています。ただし、各河川によってルールが違うのでそれをどのようにするかを考えていました。

　そんなことをしたらオトリ屋がつぶれる。マナーは守れるのか？　あらゆる憶測や懸念が飛び交うなか、私はオトリ屋はまずつぶれませんと断言しました。友釣りマンはルアーでオトリを取る時間があればオトリを買って釣る、これは私が40年友釣りを経験しているのではっきりといえます。マナーはどうなのか？　これも当然のようにSNS等で発信しているので、友釣りの方が思っている以上に出来ていると思います。

　ある河川では友釣りよりもアユイングのほうが多いと聞いています。とにかくアユを釣るのは友釣りと同じ。オトリで野アユを釣るのかルアーで釣るのかの違いだけです。これから友釣りマンとアユイングの人が上手く共存できれば最高だと思っています。

アユイングの魅力、1尾の価値

　アユの魅力は友釣りマンは当然分かっています。アユイングの人はこれからだと思っています。私は友釣り歴40年、アユイングは5年のキャリアですが、他のルアー釣りとアユイングが大きく違うのは、アユに似せたルアーでアユを釣るということです。

　つまり小魚に似せたルアーでフィッシュイーターを釣るのがルアーフィッシングですが、アユイングはアユ（ルアー）でアユを釣る。実に奇妙な釣りなので言っている意味が分からないはずです。

　ルアーメーカーにはアユカラーのルアーが多数存在します。このことから、アユはほかの魚に食べられるエサであることがここで分かるはずです。ではどうして釣り人はそのエサでもあるアユを夢中になって追い求めるのか。それはアユ釣りが他の釣りにはない要素をもっているからです。

　エサを使って釣る釣り。

　生きエサを使って釣る釣り。

　疑似餌を使って釣る釣り。

　これらはすべて口にくわえさせてハリ掛かりする釣り方です。普通の釣りですよね。

　さあそれでは友釣りとアユイングはどのように釣るのか？　アユはフィッシュイーターではありません。ただナワバリを持つ習性を利用し、アユの付近にルアーを通して「追い」のスイッチを入れハリに掛けます。ここまでは同じですが、生きた

ルアーはカラーバリエーションによって追い方も変わってくるはずです

アユをオトリに使う友釣りは常にオトリを替えていく循環の数釣り。一方、アユイングは1尾を求め、1尾の価値を知る釣りのように思います。1尾を釣るまでの過程がすごく大事で、ルアーカラーのチョイスやルアーをナワバリアユ付近へどのように運び、野アユに飽きさせないように誘うのか?

先ほども述べましたが、友釣りの数釣りには勝てませんが1尾を釣る過程は非常に深く、数を重ねるにつれ面白さが増してくるような気がしています。

友釣りからアユイングを始める方よりも、ルアー釣りからアユイングを始める方のほうが多いはず。他の釣りと大きく違うのは、ハリはすべて口掛かりではなく魚体のあらゆる部分に掛かるので1尾1尾の引きは当然のように違います。この引きの違いを味わいながら楽しむことが出来るのもアユイングならではではないでしょうか。

ルアーのセッティング

アユイングがスタートした頃はルアーが数種類しかなく、1つのルアーを使いオールラウンド的に使用していました。アユイングが普及するにつれ、あらゆるフィールドでも釣れるように少しずつルアーの種類が増えてきました。

基本はやはりリップの付いたルアーが扱いやすいはずです。

また友釣り同様、ハリに野アユを掛ける釣りなのでハリハリスの長さが重要です。長さを少し変えるだけでも釣果に差が出ます。

ナワバリに侵入してきたアユを追い払う習性を利用して野アユを掛ける釣りなので、野アユの活性が鍵となります。アユは変温動物です。水温の低い朝は全体的に活性は低く、日が昇るにつれ水温が上がると徐々に活性が上がるはずです。この活性が低い高いの見極めは、川に入って寒いと

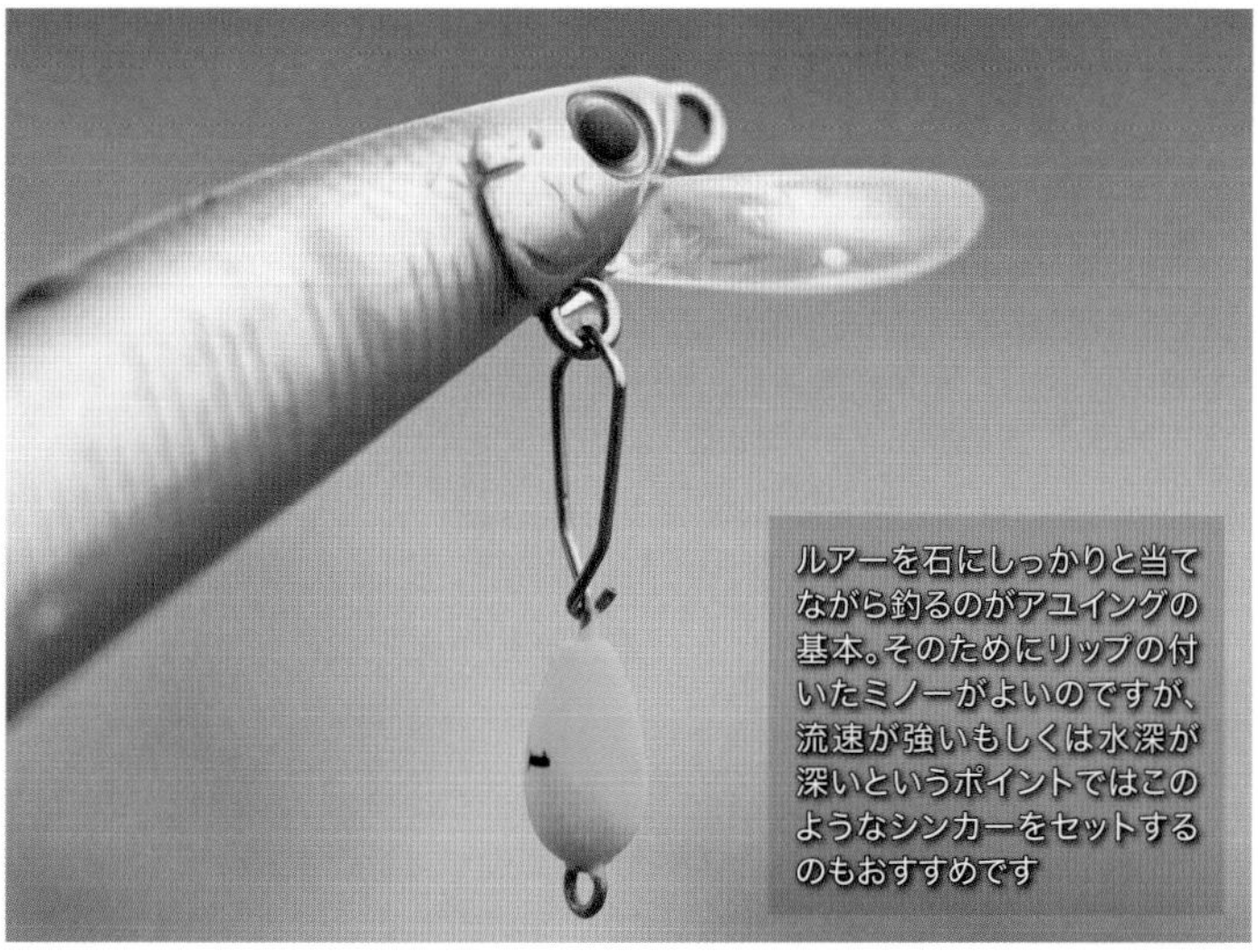

ルアーを石にしっかりと当てながら釣るのがアユイングの基本。そのためにリップの付いたミノーがよいのですが、流速が強いもしくは水深が深いというポイントではこのようなシンカーをセットするのもおすすめです

感じれば活性が低いと判断し、少しでも高活性のアユがいる場所をゆっくりとねらっていきます。

ハリハリスの長さ、ハリの形状、ハリスの硬さ

最初のハリハリスのセッティングは、自動ハリス止から指４本を基準としています。これは追いアユと、ルアーに興味をもってじゃれてくるアユのどちらにも対応できる中間的なハリスの長さだといえます。そして1尾目に釣れるアユの色や掛かり処で、ハリハリスを伸ばすのか、それとも短くするのかを決めて2尾目をねらいます。

アユの色が明るく、追星がはっきりと出ているアユが掛かれば活性のよいアユがほかにもいると判断し、指４本から指３本まで短くしています。そして、釣れた1尾だけが高活性の追いアユで周りの他のアユは低活性ばかりということはまず考えにくいので、1尾目と同じようなポイントをねらうことをお勧めします。似たような流れには同じ高活性のアユがいると思ってください。

また、釣れる早さが早いほど、アユの活性が上がっていると思ってください。ルアーをポイントへ運び1分で釣れるのか？　それともルアーが馴染んだ瞬間釣れるのか？　活性が上がれば当然早くヒットします。この時、追星がはっきりと出ているのに口掛かりの場合はハリスを1㎝ほど短くしてください。掛かり処で取り込み率が変わるのがアユイングです。

太陽が高くなり水温が上昇してからアユの追い気は強くなります。アマゴ・ヤマメのようなトラウトと違ってマヅメ時がチャンスタイムとはいえず、真昼間に釣果が出やすいのが魅力です

掛かり処のいろいろ

■口掛かり

なぜ口掛かりがいけないのか？　その前に口掛かりする理由はハリハリスの長さが問題です。アユは追い行動をする時、口を開けた状態で急所である肛門付近を噛む行動をとります。つまり口を開けた状態でルアーに目掛けて突進するので、ハリハリスを長く出すとルアーにアタックする前に口に掛かります。口掛かりは他魚種では当然ですが、アユの場合は掛かりバリを支点に特有のウ

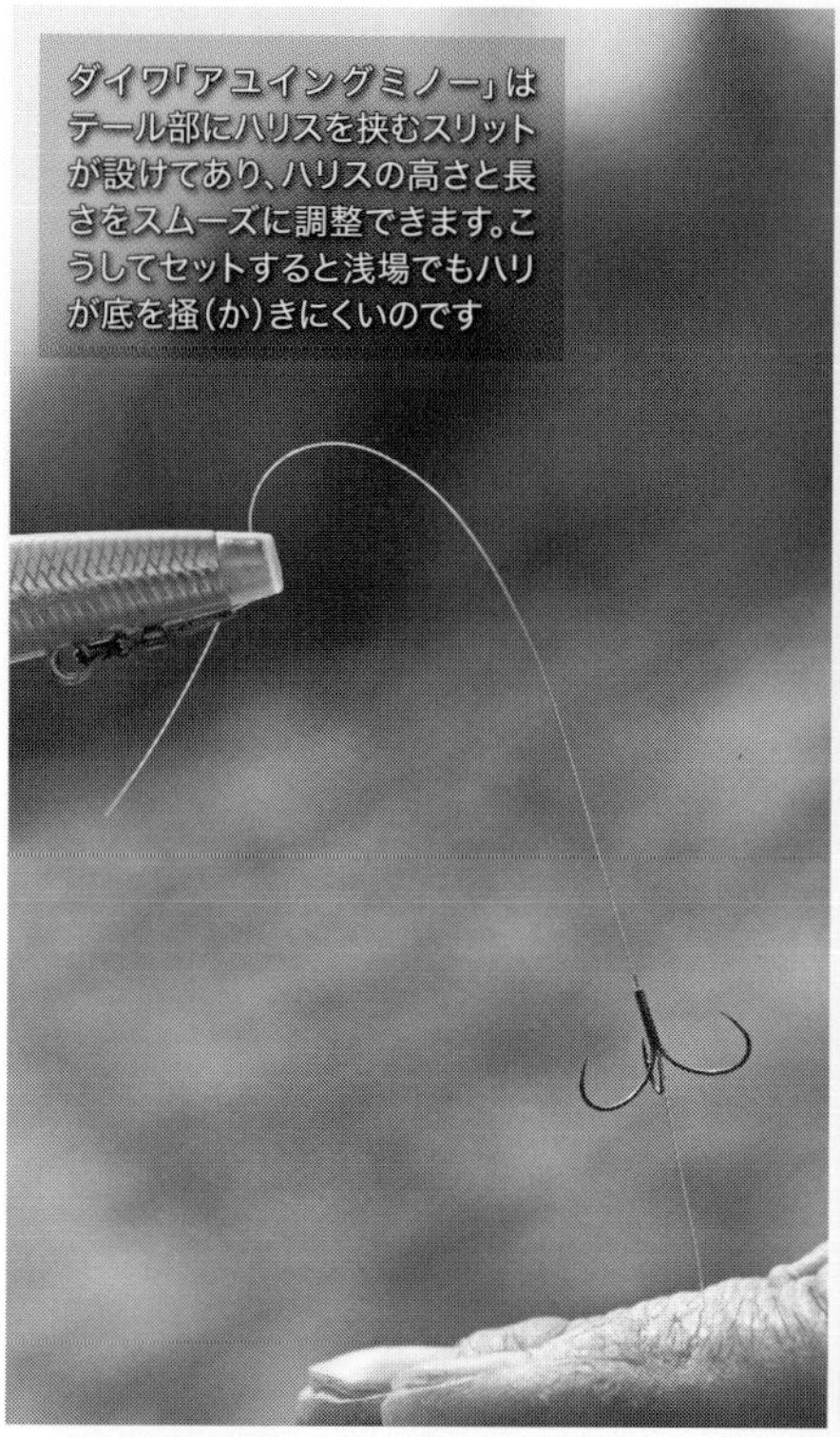

ダイワ「アユイングミノー」はテール部にハリスを挟むスリットが設けてあり、ハリスの高さと長さをスムーズに調整できます。こうしてセットすると浅場でもハリが底を掻（か）きにくいのです

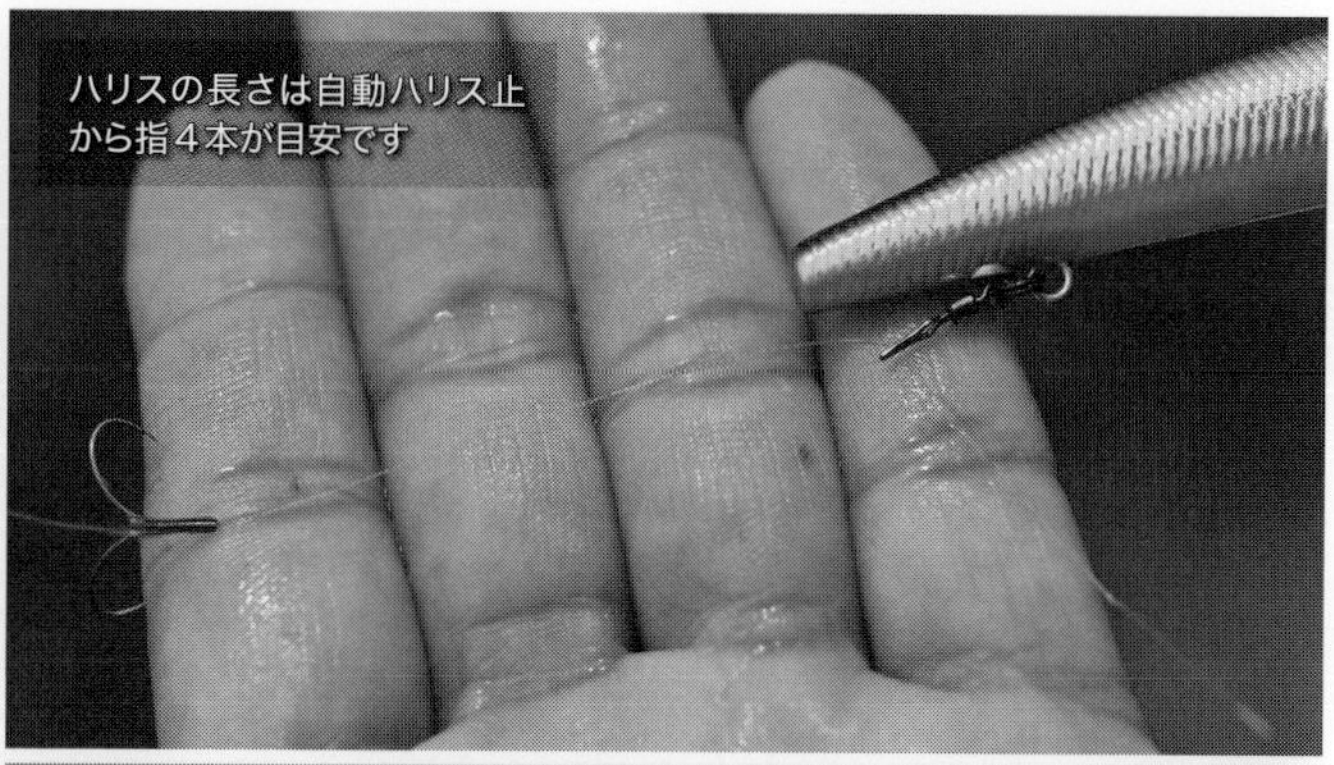

ハリスの長さは自動ハリス止から指４本が目安です

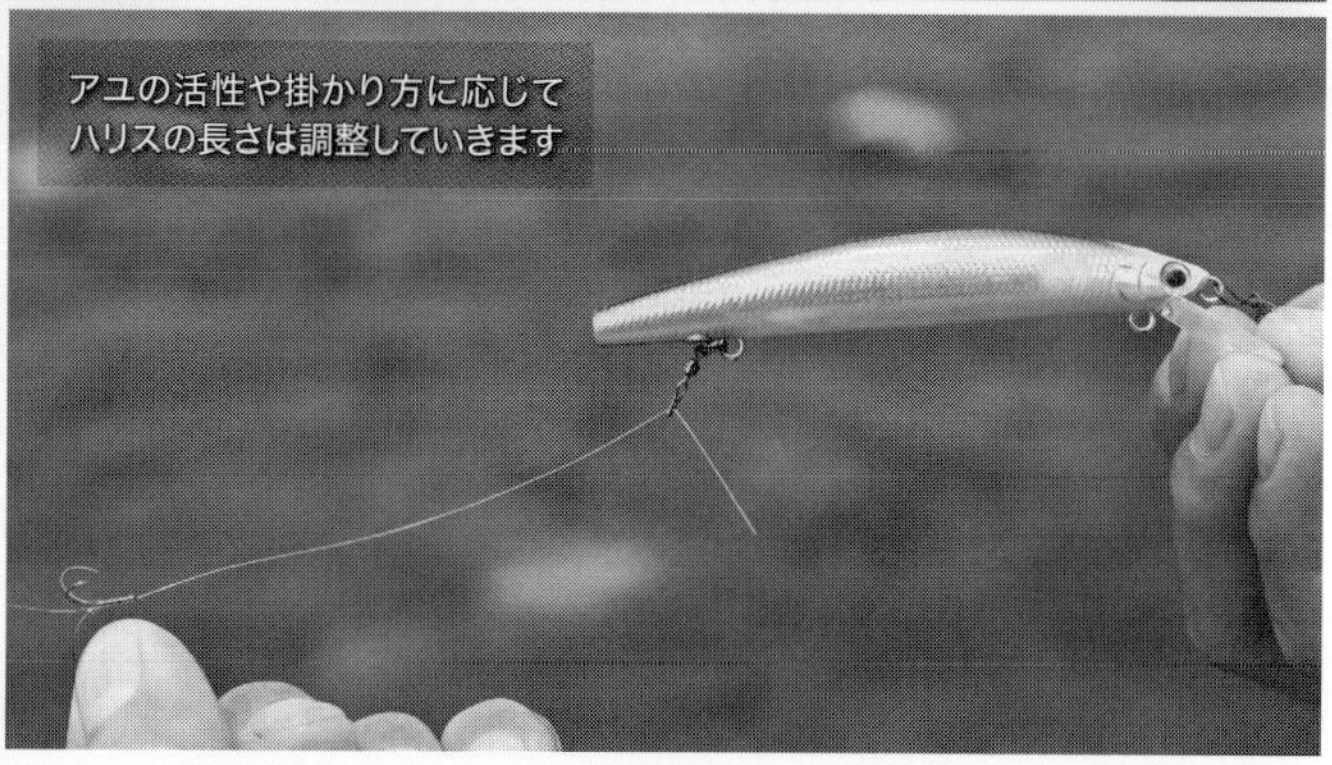

アユの活性や掛かり方に応じてハリスの長さは調整していきます

腹掛かりの要因はハリスの軟らかさ、ハリの重さが関係しています。流れに対してハリが重すぎると腹掛かりが多くなるのでワンランク軽いハリを使うのもよいかもしれません

ネウネとした動きでハリを外そうともがきます。ハリがしっかりとゲイプまで入っていればウネウネされても取り込み率は上がりますが、外れることも多いハリ立ちです。なので口掛かりはできるだけ避けたい。

この時の対処方法は高活性のアユが多いと判断し、最初に述べたようにハリハリスを少し短めにセットすれば回避できます。

■腹掛かり

これはハリハリスの柔らかさやハリの重さでよくある掛かり方だと思います。腹に掛かる状況としては、単純に追いアユの体よりもハリが下にあると起きます。流れが緩いとハリが下に垂れ、野アユが突進した時に腹に掛かる状況や、流れが急でもハリスが柔らかいとハリが重さで下がり、野アユの腹に掛かります。

またハリが大きい場合も腹に掛かることが多いはずです。これはハリとハリスのバランスによるものだと思っているので、その河川の流量やハリの大きさで回避できます。ただし、軽いハリを使うと野アユが追ってきた時にハリが水中であおられ、なかなかハリ掛かりしないという結果も多々あります。ハリスとハリのバランスが一番大事だと思います。

友釣りでは最高の掛かり方である背掛かり。アユイングの場合もアユのシャープな引きを一番楽しめる掛かり方でハリスの長さや号数、ハリ形状のバランスが素晴らしくよいと判断できます

■尾掛かり

この掛かり方は、ハリハリスのバランスはよいと思いますが、長さに問題があります。アユはルアー目掛けてしっかりと追っては来ている状況ですが、ハリスが長いため、本来は背掛かりになるはずが野アユが反転した時にハリハリスの間をスルーし、ナワバリに戻る時に尾がハリに掛かった状況だと思います。この解決方法は、野アユがルアーに対して追い行動を起こし反転する前に掛けるようにしたいのでハリハリスを1㎝ほど短くし、背中部分にハリを掛けるように心がけています。

■エラ掛かり

友釣りでは最悪ともいえる掛かり方です。エラに掛かると出血してオトリとして使えず、循環の釣りが成立しなくなるからです。ただアユイングでは野アユにルアーを追わせるのでそれ自体は問題ありません。ただし、なぜこのような掛かり方になるのか。そしてエラに掛かると次はどのようになるのか。

今、エラと書きましたが胸ビレもこれに当てはまります。アユは流線形で流れの抵抗を受けにくいシュッとしたスタイルですが、頭付近にはエラやヒレが付いており、突起した部分が前方に多く集中しています。

ハリが鋭ければ魚体のどこかに刺さるのが普通です。アユイングでは、川底を釣らないとヒットに持ち込みにくいので必然的に川底を意識して野アユをねらいます。この時、野アユとの接点であるハリも同じように川底に触れていることがよくあります。そしてハリ先が鈍ってくると、魚体には掛かりずハリが滑り突起しているエラやヒレに掛かるようになります。さらに鈍ると全くハリ掛かりせず、掛かってもハリがアユに食い込まないのでバレの原因にもなります。

つまり突起物に掛かったら即ハリ交換すればバレもなくなるということです。

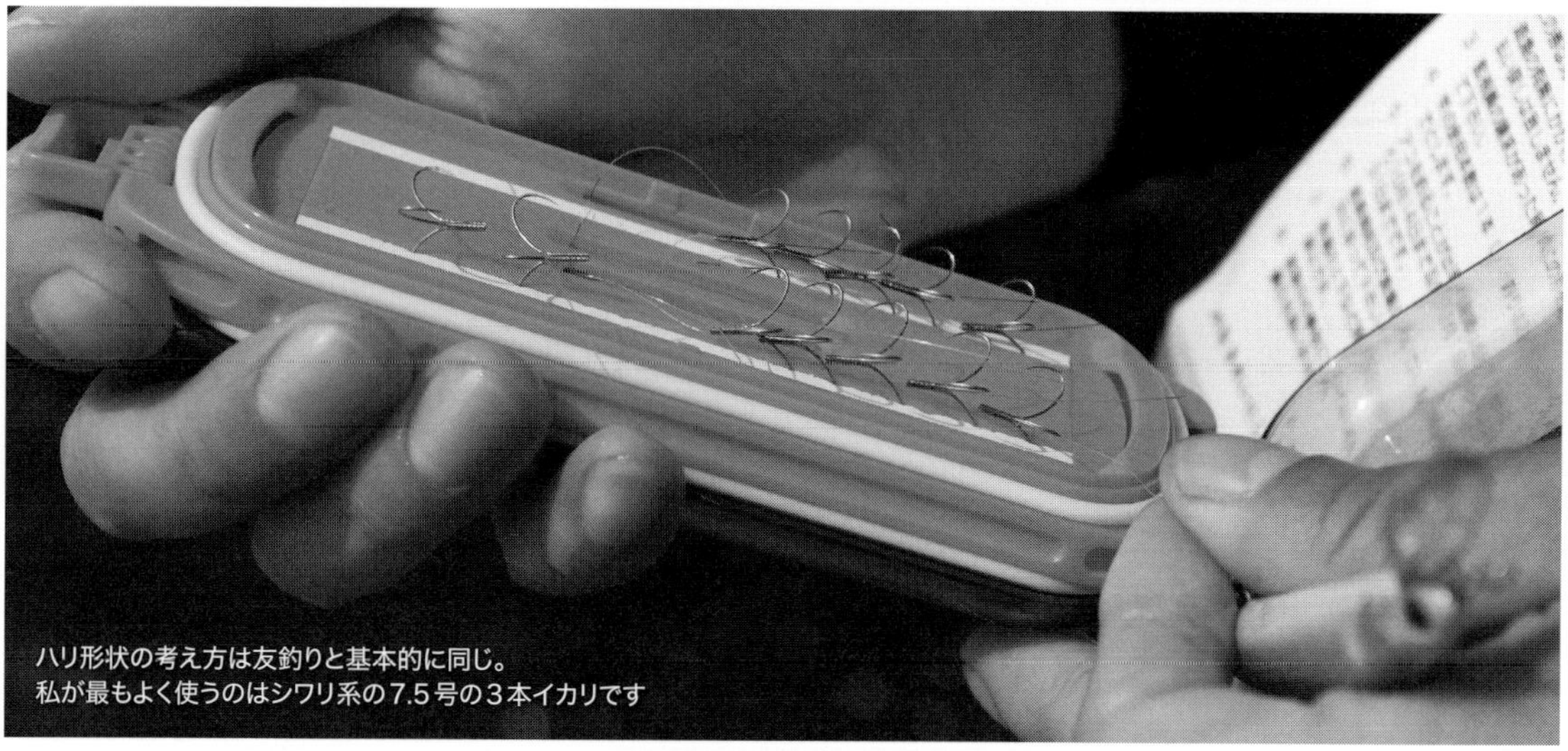

ハリ形状の考え方は友釣りと基本的に同じ。
私が最もよく使うのはシワリ系の7.5号の3本イカリです

■背掛かり

友釣りでは最高の掛かり方で、シャープな引きで一番楽しめる掛かり方だといえます。背掛かりはハリハリスの長さ、ハリの号数、ハリ形状、どれを取っても100点のバランスなのでこのまま釣り続行ですが、長時間経つとやはりハリ先が鈍るので、まめなハリ交換をお勧めします。

アユイングの場合も、ハリ形状は大きく分けてシワリ系（ハリ先が緩やかなカーブ）、ストレート系（ハリ先が真っすぐ）の2種があります。

ベースはシワリ系の7・5号がお勧め。バレが続く場合などはストレート系に交換するとバレが防げます。小型アユのバレはハリ軸が大きく深くハリ立ちしていないと判断し、ハリの号数をワンサイズ下げ、ハリ軸を細くしてしっかりと深く掛けるようにしています。

アユイングの基本的な探り方

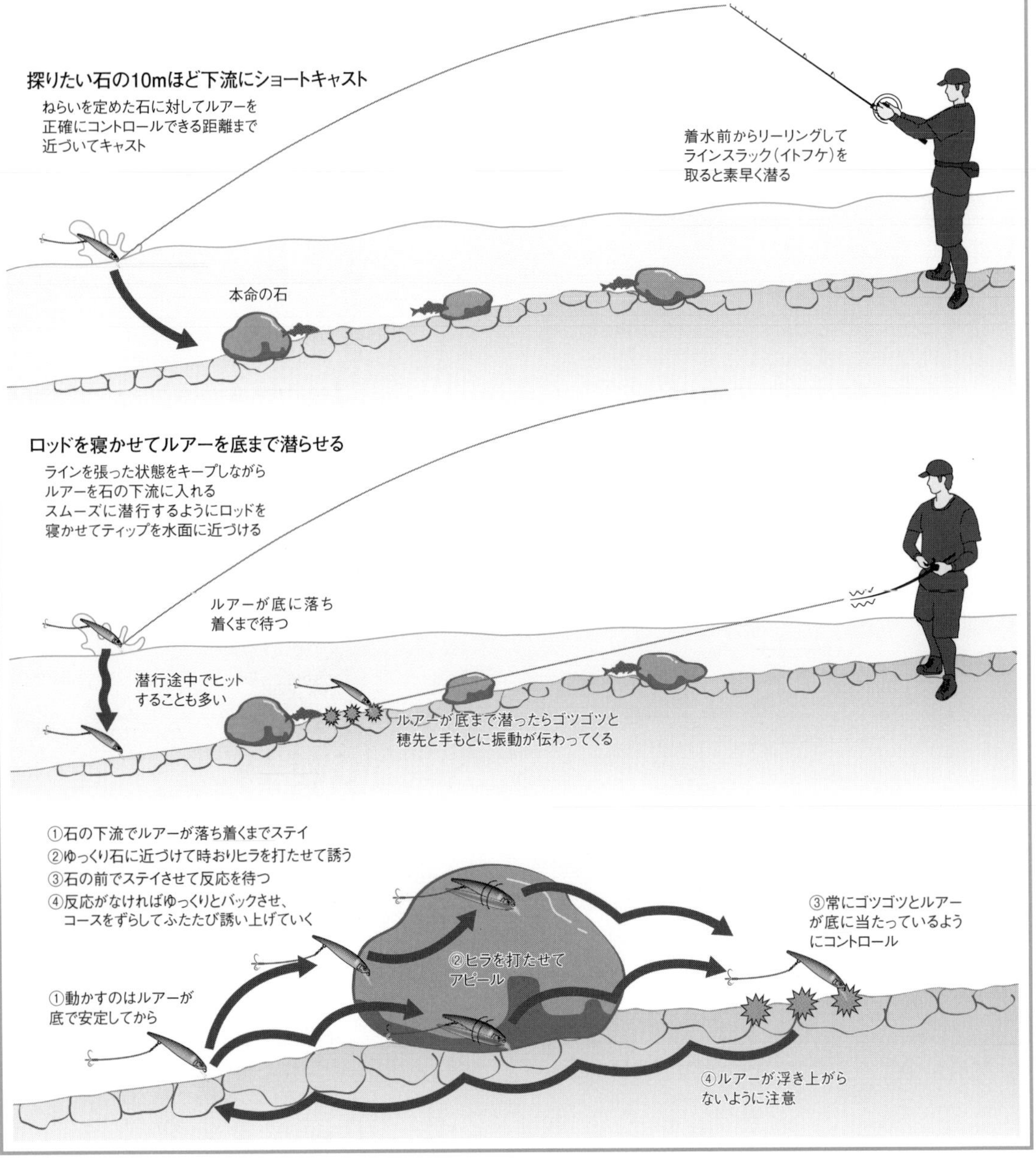
探りたい石の10mほど下流にショートキャスト
ねらいを定めた石に対してルアーを
正確にコントロールできる距離まで
近づいてキャスト
着水前からリーリングして
ラインスラック（イトフケ）を
取ると素早く潜る
本命の石
ロッドを寝かせてルアーを底まで潜らせる
ラインを張った状態をキープしながら
ルアーを石の下流に入れる
スムーズに潜行するようにロッドを
寝かせてティップを水面に近づける
ルアーが底に落ち
着くまで待つ
潜行途中でヒット
することも多い
ルアーが底まで潜ったらゴツゴツと
穂先と手もとに振動が伝わってくる
①石の下流でルアーが落ち着くまでステイ
②ゆっくり石に近づけて時おりヒラを打たせて誘う
③石の前でステイさせて反応を待つ
④反応がなければゆっくりとバックさせ、
コースをずらしてふたたび誘い上げていく
③常にゴツゴツとルアー
が底に当たっているよう
にコントロール
②ヒラを打たせて
アピール
①動かすのはルアーが
底で安定してから
④ルアーが浮き上が
らないように注意

ルアー操作の基本

アユは流れの生きた場所でナワバリを持つので、流れが当たる場所を中心に組み立てています。

ダウンの釣りなので、ねらいのポイント10ｍほど上流部に立ち、下流に流し込むイメージでルアーをねらいの石頭へ沈めます。この10ｍほどというのがミソで、ルアーをどの位置で泳がせているかを正確に判断できる最長の距離だと思います。

リールが付いているのでキャストしたくなるのも分かりますが、遠くへ投げれば投げるほど正確なルアー位置を把握できないので、キャストするよりも目視できる位置まで流し込む方法を取っています。

ねらいのポイントへ運ぶと同時にベールを戻すと、ルアーは川底へ潜り泳ぐ。この時泳ぐルアーの層が問題で、リップが川底の石にコンコンと当たっていなければ、まずアユは釣れません。中層を泳ぐルアーには追い

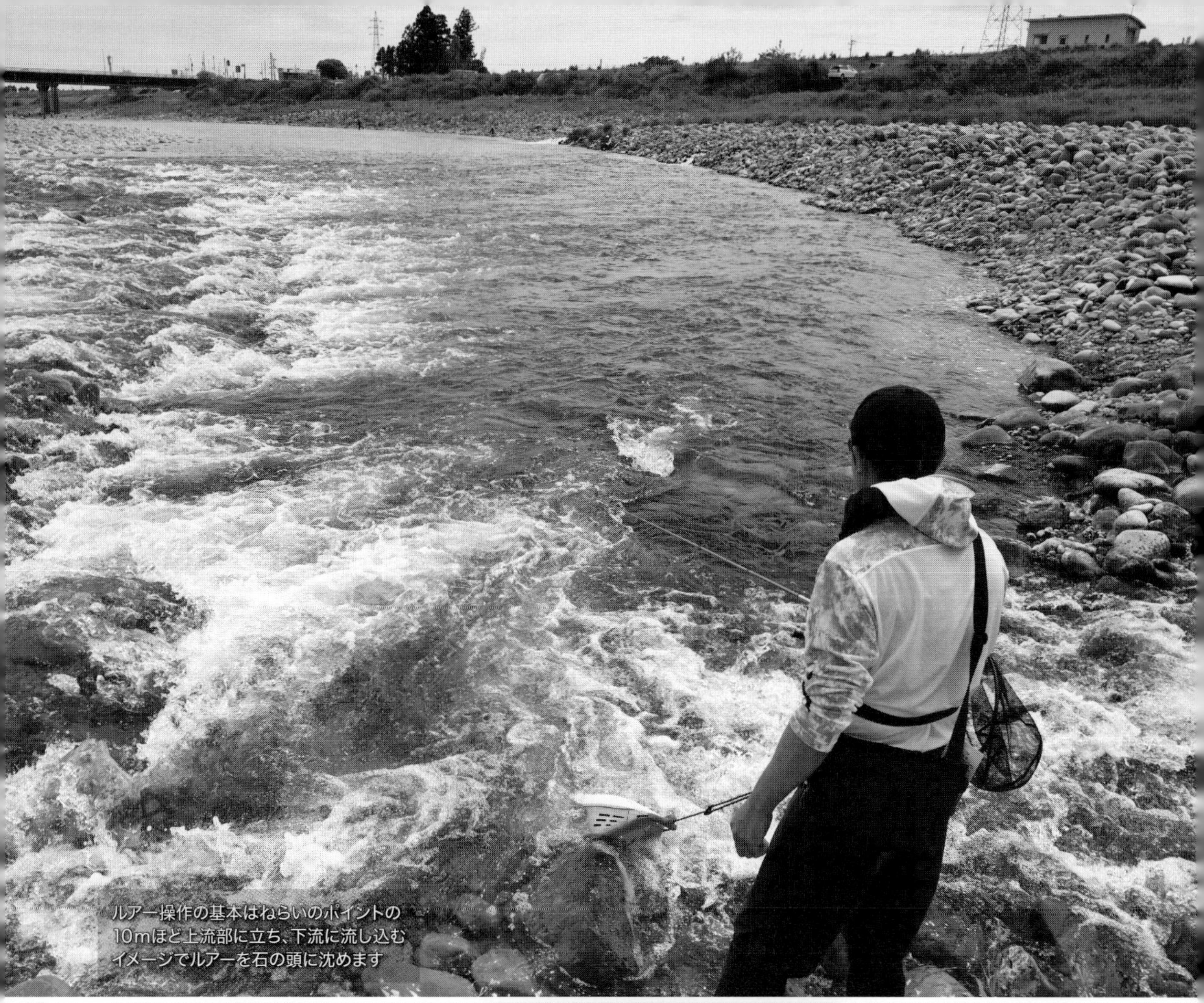

ルアー操作の基本はねらいのポイントの10mほど上流部に立ち、下流に流し込むイメージでルアーを石の頭に沈めます

ねらいの位置でリールのベールを戻すとルアーは川底に潜って泳ぎ出します

リップが川底にコンコンと当たっていなければアユは釣れません

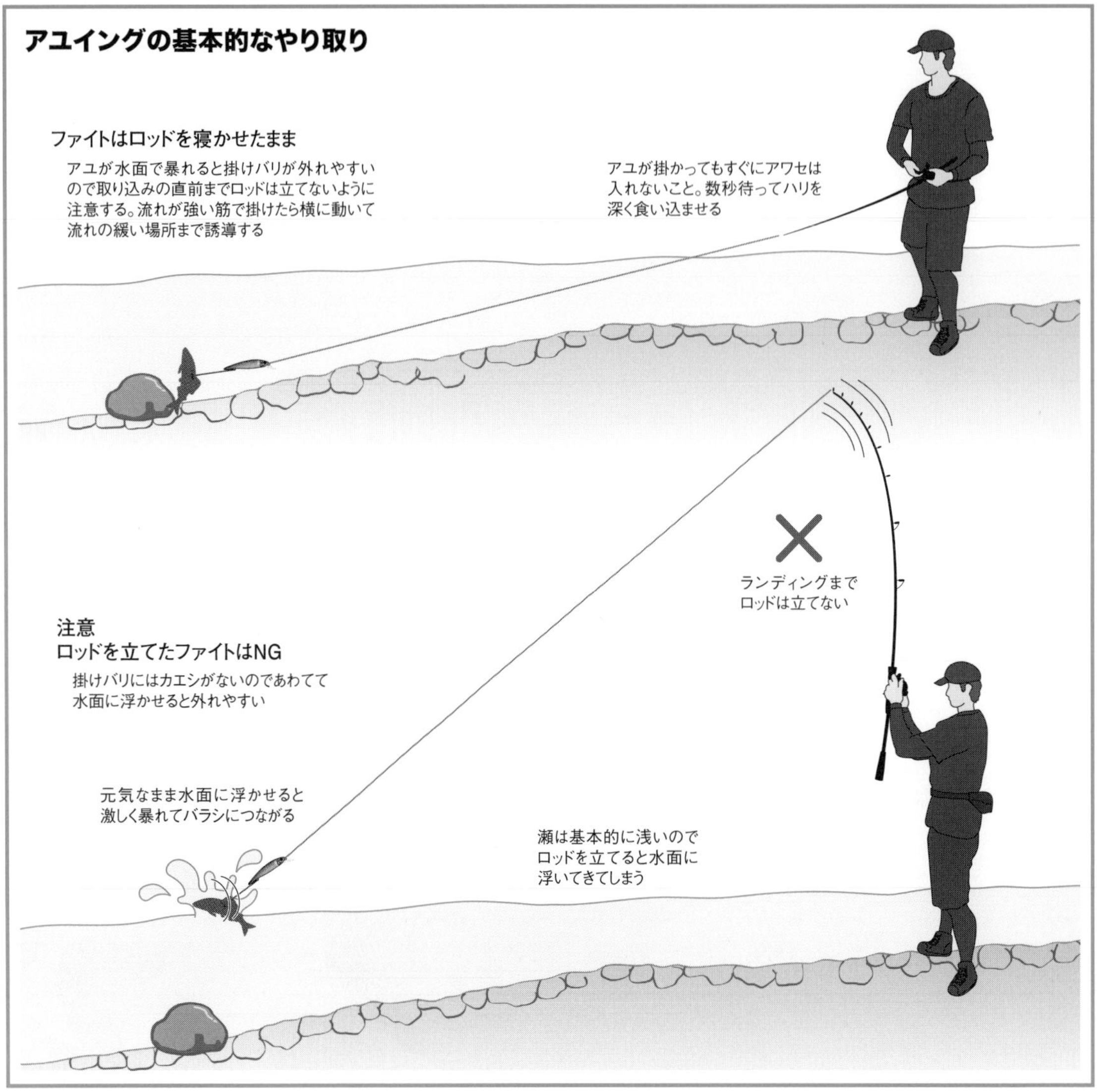
アユイングの基本的なやり取り
ファイトはロッドを寝かせたまま
アユが水面で暴れると掛けバリが外れやすいので取り込みの直前までロッドは立てないように注意する。流れが強い筋で掛けたら横に動いて流れの緩い場所まで誘導する
アユが掛かってもすぐにアワセは入れないこと。数秒待ってハリを深く食い込ませる
ランディングまでロッドは立てない
注意
ロッドを立てたファイトはNG
掛けバリにはカエシがないのであわてて水面に浮かせると外れやすい
元気なまま水面に浮かせると激しく暴れてバラシにつながる
瀬は基本的に浅いのでロッドを立てると水面に浮いてきてしまう

行動はほとんどせず無視され、いつまで経っても釣れない状況が続きます。とにかく川底の起伏変化を意識してコンコンと川底を叩くようにしています。

石色も黄色く流れもあり、ルアーも川底をとらえているのに反応がない場合は軽いトゥイッチが効果的で、川底を軽く叩くようにノッキングすると即反応し即掛かりもよくあります。雰囲気はよいのに釣れない場合はぜひ試してみてください。

アユはリアクションにすごく反応しやすい魚で、ルアーを縦の泳ぎからサオを左右に振ると横の動きに変化します。この横に逃げるスライドでナワバリから離れるルアーにアタックします。

理想の掛かり方

ルアーをねらいのポイントへ流し込み30秒以内でヒットすることがあるはずです。この場合、高活性のアユがほかにもいると判断してアピール力のあるルアーカラーでねらうと、離れたナワバリアユにもアピールします。ねらいのポイントにルアーを入れ、そこのナワバリアユに見せながら周りのナワバリアユの活性も上げる効果もあるので、そこでルアーの存在に気づいてもらい、ルアーを打ち直した瞬間に釣れることがあります。

黄色いアユがルアーに
ガツンと体当たりをかますのは
友釣りと同じく痛快です

やり取りはサオを寝かせて行なうのが基本

私の場合、30秒でアユが掛かる否かを
判断して動くようにしています

第9章

師匠、巨匠、ライバル、友ー
私を成長させてくれた名手たち

釣りはものいわぬ自然や魚との対話を想像して楽しむスポーツ。

一方で、次章で述べる競技の要素が加わることで「人」という存在が大きくクローズアップされてくる。

人に憧れ、人に教わり、切磋琢磨することで釣り人は一つ一つ成長の階段を上っていくのだ。

これはアユ釣りに限らずすべての釣りにいえることだと思いますが、人が一人で上達できることにはおのずと限りがあります。もしあなたが上手くなりたいなら、いろんな釣り場に出かけ、名手とたくさん出会い、気づきと学びの姿勢を意識して持つことが大切ではないかと思います。私は次に述べる方たちにとりわけ多くの影響を受け、教わりました。

村田満

アユ釣り会の発明王と思うほどさまざまな釣法を生み出した大スター。村田満といえば長ザオ、細イト、引き抜きではないでしょうか。

友釣りファンで村田満の名前を知らない方はいません。もちろん私も友釣りを始めた10歳の頃から存在感満点でした。

いつかは忘れましたが、安田川上流の馬路村がアユ釣りの大会か何かで村田師匠をお招きし、大会に参加されたことがあったそうです。11mの中調硬でバシバシ引き抜きを決めるその姿に、参加者全員が驚きを隠せなかったと聞いたことがありました。

小学生の頃、『全国鮎釣満友記』のビデオを隣近所の兄ちゃんが毎年買っていたので、そのビデオに釘付けでした。思っていたとおり長ザオで細イトを使いこなし引き抜く。トークも本当に面白く、漫才をしながら友釣りをしているような感じに見えました。その影響で地元友釣りマンの多くが長ザオ、細イトの〝なんちゃって村田満〟でした(笑)。

さあその村田師匠ですが、雲の上の存在でまず会うことはない、たぶん会えないと思っていました。もし会っても何を話してよいのか分からないし、まず話せないという神的存在。それがアユ釣り大会への出場回数が増えるにつれ、とてつもなく大きな存在でありつつも、いつかはその釣りを生で見てみたい、いつかは対戦してみたいという気持ちがどんどん大きくなってきて「ちろりん会」の支部、「四国ちろりん会」へ入会します。入会したきっかけは、大原会長の一言「村田満に勝ったら、お前が日本一やぞ!」でした。

これで出会える可能性が大きくなります。

その年の9月、和歌山県日置川で開催された「闘将村田軍団杯」へ四国ちろりん会のメンバーと参加。この大会は非常にハードで、2日間で予選6試合をこなし、それから決勝戦。1日目の4試合が終わると宿に帰り食事をとりながら大会出場者といろいろな話をするのですが、ほとんど友釣りの話はしません。私は友釣りの技術を上げるために来たのに、全く

村田師匠の存在感は満点。この人といつか対戦してみたい一心で四国ちろりん会へ入会しました

師匠は何をするのも真剣です。ダイワ鮎マスターズで初優勝した第10回大会のグラビアでは「笑うんだって真剣なんや」というキャッチコピーが躍ります。この時、私はまだ10代でした

私の人生が大きく前進したのは村田師匠との出会いがきっかけです

20年以上前の写真ですが安田川で観戦中の村田師匠

闘将村田軍団の軍団長であり、鮎マスターズでは第4回大会のチャンピオンになった故・尾崎孝雄さんにもお世話になりました

といっていいほどしなかったのを覚えています。その食事中に1人ずつ話をする場があり、私が思わず放った言葉が「尾崎さんも鹿子嶋さんもジャガイモ・カボチャ。明日は優勝します」でした。一瞬全員が凍り付き、大きな笑い声がドカッと。「若いって素晴らしいなあ」と誰かが言っていたのを覚えています。その時、村田師匠は家の都合で一旦家に帰っていました。

次の日、何とか決勝戦に残り3位となり村田師匠からインタビューを受けましたが、極度の緊張で全く内容は覚えていません。

翌年も当然のように9月軍団杯が開催され出席。1日目の予選が終わり、宿に帰ると食事中に村田師匠から選手に向けての話があり、いきなり、

「社会的貢献をしろ!」

でした。その時私は20代前半で何をいっているのかさっぱり分からず。とにかくアユの釣り方を聞きたいばかりでしたが、時が経つにつれ少しずつ分かりだし今に至っているのですが、未だに社会的貢献は出来ているのか全く分かりません。

釣りはもちろん、世の中のことを真剣に考え実行している人間が村田師匠でした。

勝てば日本一の言葉はどこかに飛んでしまい、「いつかこの方に認めてもらいたい」と思っています。

立岩 克也

初めて立岩さんを見たのは和歌山で開催された闘将軍団杯でした。私は初出場で運よく決勝戦に残り、試合が始まると一旦流心をねらい、流心から左岸ヘチを向くと、立岩さんが川岸から少し離れた場所でゴロリと横になり私の釣りをじっと見学していました。この時の結果は確か3位だったと思います。そして検量終わりに声をかけられました。

「タダスケは変わった釣りをするな。浅場はサオを立てて釣るのが普通やと思うけどなぜ寝かして釣る?」

「サオを立てるとオトリが自由に動きすぎるので伏せ気味でいつも釣っています」と即答すると、「なるほど」。この時は少し話をしただけでした。

次に会ったのは20世紀最後の戦い、「第14回ダイワ鮎マスターズ」全国決勝大会・仁淀川でした。私は全国には進めず、役員として審判を務めていました。

立岩さんは順調に勝ち上がり、私は決勝戦を対岸から観戦。この時の仁淀川は増水で残りアカねらいだったと思います。立岩さんは豪快な釣りをするかと思いきや、しゃがみ込んでサオは超鋭角。オモリを付け徹底的にヘチ釣りを展開していました。そして掛かるとすぐにサオを立てるのではなく、じっくりと引き合い下流に下りながら、アユはフワッと柔らかい軌跡で低く構えたタモに吸い込まれる。アユのサイズは小型で、仕掛けは金属ライン0・1号。その場で引き抜いてもまず切れないのに掛かる度、慎重に慎重を重ねる。その釣り姿は驚きでした。そして立岩さんは仁淀川で優勝します。

当時、私の仕掛けはサオ中硬9m。水中イトは0・03号。一方、優勝した

立岩さんのサオは早瀬抜き9・5m。水中イトは0・1号。真逆といってもいいほど違いました。

　この瞬間から私の仕掛けに大きな変化が生まれます。サオは高価なのですぐには変えることができません。しかし、イトは今までは細いほうが圧倒的に釣れると信じて細イトを使い込んでいましたが、水中イトは太くても釣れるんだと思い、0・1号まではいかないものの0・07号にして現在に至っています。

　翌年も私は役員。そして立岩さんは10mのメガトルクを持って決勝戦へ。昨年よりも河川状況はよく豪快な釣りをしていましたが、このとき気づいたことは川幅が広くベタ川なのに、立岩さんは広く探ろうとはせず、サオを鋭角に構え近点釣りをしていました。オトリ位置は基本的に自分の目の前に置き、横には出さず、上流にジワジワと引き上げる釣りだったとイメージしています。

　普通であれば10mのサオをフルに生かし扇状に広く探れば効率がよいのにと思いましたが、その場でどうしても聞き出すことが出来ず、マスターズブックでその理由が分かることになります。

「激流であればあるほどオトリ操作は繊細であらねばならない」と故・立岩克也さん。私の仕掛けは立岩さんに大きく影響を受けています

主藤 秀雄

「スーパーウエポン背バリ」。この背バリが世に出たのは私が確か高校生の時だったと思います。つり人社から主藤秀雄の『友釣り芸術』が発売され、高価な本でしたが購入し読んだ記憶があります。道具箱やハリケース、ハリホルダーはすべて自作で、とても器用に作る方だなと思いました。

　数年後、主藤さんに会うことが出来ます。2002年「第16回ダイワ鮎マスターズ」全国決勝大会です。仁淀川最後の決勝大会で、私は準決勝で主藤さんに負け3位入賞。この時に得られたことが非常に大きかったと思います。

　本部から車の後部座席に私と主藤さんが乗りエリアへ向けての移動中は、乗り込んだ時の「お願いします」の一言だけだったと思います。(ものすごい方と対戦するんだな……)とにかく頑張って勝ちたいくらいの気持ちで挑みましたが、実力差、経験の差が大きく出ます。

　帰り道、主藤さんの行動になるほどと思いました。雑談をしながら後ろからハリストッカーを出しベストのハリケースに補充。それが終わると仕掛けを補充。私は決勝大会は初めてでしたが、予選の3試合終了後にこの作業をしている方は主藤さんだけでした。

　試合が終わり車で会場に入り検量を済ませ、次の試合のために道具の準備を少ない休憩時間中にするとバタバタして焦りが生じ、試合に集中できないことがあるかもと思い、以後私は14回出場していますが、主藤さんに倣《なら》い車の中で必ず準備をして次の試合に備えることを徹底しています。

　酒匂川でのテストでは、釣りの技術をまざまざと見せつけられました。電車が来ると河川敷を友釣りマンがゾロゾロと歩いてオトリ屋へ。そこで着替えて入川しますが、人数が半端ない！　サオ1本(約10m)間隔で並びます。私の地元河川・安田川でもこの間隔で並んで釣りをしたことは、解禁日でもありません。その光景に唖《あ》然……。

酒匂川の釣り人の多さに度肝を抜かれました。主藤さんの繊細な技術はこうした激戦区で培われたものなのだと納得します

スーパーウエポン背バリで一世を風靡した主藤秀雄さんの釣りも衝撃的でした

主藤さんはゼロテンションでオトリをフラフラと泳がせる「止め泳がせ」が得意

その時、主藤さんに「広く動くな！」。動くと人が入るから釣り場がなくなると言われました。釣ってみると実際、言葉の意味が分かります。良型が掛かり10mほど下り引き抜き、その場で少しモタモタして引き舟に帰ろうと振り向くと、先ほど釣っていた場所にはすでに釣り人が。「すみません」と一声かけ引き舟を回収。だからさっきの言葉なのか！と思いました。立ち位置をあまり変えずに目の前のポイントを、とにかくねちっこくオトリを動かし数を稼《かせ》ぐ釣り。初めて見る釣技に驚きでした。小さな箱の中をゼロのテンションでオトリを1ヵ所でフラフラ泳がせる釣り。

このようなことからスーパーウエポン背バリを作り主藤さんの釣りをコピーしようともしましたが、安田川ではオトリの移動距離こそ釣果を上げるキモだと思っていたので、スーパーウエポン背バリや背バリは自然と使わなくなりました。

鹿子嶋 誠

ケーコレクションブランドのハナカンや逆バリの作りはすごく、ダイワから製品化され使用していました。今なお逆バリは中ハリスをフィンガーノットで直結。鹿子嶋さんのやり方を学びました。仕掛け作りも早く強度も抜群なのでこれ以上の結びはないと思っています。

鹿子嶋さんと初めて出会ったのも闘将軍団杯。当時の私は若気の至りで「尾崎さんも鹿子嶋さんもジャガイモ・カボチャ」と言ったのは前記のとおりです。それまで鹿子嶋さんの存在はマスターズブックでしか知りませんでした。

軍団杯で対戦すると、鹿子嶋さんは8・1mの短ザオだったと思いますが、皆がオトリを取り散っていく中、オトリ缶の位置でサオをだし釣果を上げていました。本人曰く省エネといっていましたが、驚くようなチャラ瀬での入れ掛かりに「なるほど！こんな浅場にもアユがいるんだ」と実感します。

それから10年ほど経ち、鹿子嶋さんが安田川へ来られた時でした。今でこそ小場所の段々瀬を釣れるようになったのですが、鹿子嶋さんがサオをだしたのは瀬脇の小場所の小さな段々瀬。それも、岸際ぎりぎりでオトリの背ビレが見えるような超浅場で入れ掛かりを見せられました。自分の中では全く見えていなかったところが最高のポイントで、「抜け目を探せば人が釣った後でも釣果は出る」と

サオ抜けの何たるかを教わった名手が鹿子嶋さんです

話してくれたのを覚えています。口数の少ない鹿子嶋さんは、職人気質というか教えてもらうのではなく「技を盗め」的な重鎮です。

野間 清

野間清さんは本物のプロです。「オトリを正確に引ける距離は50㎝」と話し、無駄のない釣りとはこういうことかと感銘を受けました

知る人ぞ知る！　京都上桂川でアユ釣りを仕事に生活している本物のプロだと思っています。

野間さんの存在に気が付いたのはつり人社の別冊『鮎釣り』でした。確か〝野間さんの夏を追う〟みたいな内容じゃなかったかなと思います。

そしてふたたび強く意識したのは、村田師匠が一時期上桂川でほぼ毎日腕を磨き、会うといつも野間さん話をするので、「やっぱりすごい方なのか？　一度釣りを見てみたい」と思っていました。その矢先、タッキー（滝沢佳樹選手）が野間さんの釣りを見たと連絡があって話を聞くと、「とにかくオトリを長く引かない。次から次へとポイントを細かく探りとにかく足を止めない。あんな釣りは初めて見た」と興奮気味で話していました。

7月中旬だったと思います、上桂川で釣りをする機会が巡ってきました。村田師匠と野間さんの家で待ち合わせ、オトリを3尾借りて川に入ります。川に着いてオトリを見た瞬間、「エッ!?」という感じでした。12㎝ほどのオトリが3尾。しかも尻ビレはボロボロで逆バリを打つ場所もないくらい。正直、元気なオトリとはいえない感じでした。

私は1尾、村田師匠は2尾でスタート。初めての上桂川で、サオをだす前に洗礼を受けた感じでした。「試されている」と思ってしまい、すごい緊張感の中12㎝のオトリにハナカンを通し何とか逆バリを打ちます。

いくらプロ集団の通う川とはいえ数尾は釣れるだろうと、軽い気持ちでオトリを泳がせ野アユの反応を待つこと1時間……反応なし。

途方に暮れていると「本部ちろりん会」の方が近づいて来られ、口にくわえている仕掛けを見ると逆バリからハリまでの短さに気が付きました。すぐに4本から2本にハリハリスを詰め、ふたたびヨレヨレのオトリを波立ちに送り出すと即釣れる。ハリスの長さも重要なことだなと2015年の上桂川で身をもって分かりました。

ハリスに気が付きそこからポロポロ釣れ、昼から2時間ほど野間さんの缶持ちに行くと、「オレの釣りなんか見ても参考にならんから釣りに行け」と言われましたが、そこをなんとか2時間お願いして後ろにつけさせてもらいました。

その時、上桂川は少し増水気味で泳がせというよりも引き釣りのほうがメインで、瀬の釣りを見学させてもらいましたが驚きばかりで、今まで自分のやってきた釣りがどれだけ雑だったかを、ここで本当に思い知らされます。

とにかく無駄がないというか、時間を削ることばかりを意識しているみたいでポイントに入れる。そこから引き上げる距離は50㎝ほどで、引き上げると1歩前に出る。そしてその1歩前に出た分の場所にオトリを入れる。そしてまた50㎝引き上げる。釣れなければまた1歩前に出て……だいたい、1ヵ所50㎝×3で終了という感じでした。

なぜ1mも2mも引き上げないのかと聞くと、「自分の上下運動がロス。その位置で確実に引ける距離がだいたい50㎝」と言っていました。これは、そこにアユがいるという状況で釣っていたのだと思います。実際にものすごい早さでアユを釣っていました。無駄をなくすというのはこういうことなのかと改めて思わされました。

　もう1つ言われたのは「瀬肩をねらうのは当たり前。でもその瀬肩の上に少しでもヨレがある場所には必ずアユが付くから、どれだけ流れがなくてもヨレがあればオトリを入れろ」でした。アユがトロ場から瀬に降りてくる時、一番最初にエサを食む場所はそこだと。そこで食みながら順番に瀬の中へ落ちていくと話してました。本当の瀬肩とは瀬が始まる波立ちではなく、その上にある小さなヨレが瀬の始まりだと思いました。

　その後、ふたたび川に入り野間さんの真似事をしながら20尾ほどアユを釣ります。そこで野間さんに買い取ってもらうと1尾だけハネられ、ほかは全部買い取っていただきました。その時にぽろっと一言、

「お前が負ける理由が分からん」

　野間さんは私の釣りをどこかで見ていたみたいで、「瀬肩で釣れない時、一気に瀬尻まで下ったのは間違ってない。一番いい選択。お前のアユを見ても弱っているアユがいない。でもこれで勝てないということは運命じゃないか。勝てない人間じゃないから。今年2015年もしダメであればトーナメントやめたほうがいいのじゃないか？　ほかで生きる道を探せ」

　そう言われたのをはっきり覚えています。

　この後8月のマスターズ決勝大会は野間さんをはじめいろんな方の力を借り、念願の初優勝という大きな花火を打ち上げさせていただきました。上桂川で野間清の釣りを見ていなければ、この勝ちはなかったと思います。

　翌年の「フィッシングショー大阪」に野間さんが来られ、すぐにお礼の言葉を言いましたが、ものすごく喜んでいただきました。

「お前よかったな。首の皮一枚がつながったな。また家にも来いよ」と、ありがたい言葉をかけていただきました。

　主藤さんと鹿子嶋さん、そして野間清さん。いつも行く河川は違っても細かく釣る釣りを3名の巨匠に教えて頂いたと思います。

　大石交じりの釣りは主藤さんの升釣り。浅場のピンポイントは鹿子嶋さんの抜け目ポイント釣り。野間さんの手際のよいハイスピード釣法。

「第35回ダイワ鮎マスターズ」で勝利したのは、主藤さん、鹿子嶋さん、野間さんの技術を見て覚え、実際に使うことができた結果だったのかもしれません。

小澤 剛

史上最強の男といっても過言ではない方です。

　天秤持ち、小澤式背バリ。引き釣りを世に知らしめたのは友釣りマンであれば誰もが知っているはずです。

　いつも「剛君」と呼んでいるのでここでもそう呼ばせていただきます。剛君のＤＶＤはすべて持っています。『友釣り無双』も発売日に速攻購入し隅から隅まで読みまくりました。

　初めて小沢兄弟の釣りを見たのは、これも闘将村田軍団杯です。出会った当時はソリッド穂先での引き釣りで、瀬をとにかく引きまくるイメージで釣りをしていたと記憶しています。

　それから小沢兄弟はあらゆる大会で勝ちまくり、いつかは同じ土俵で対戦したいと思っていましたが、私が未熟でそのレベルまで達しておらず負けてばかり。高知では釣れるのに県外へ行くと釣れない。そこでかたっぱしから小沢兄弟のＤＶＤや本を見まくり読みまくり、自分にできそうなことをまずやってみようと背バリを試したのは

「史上最強のトーナメンター」と呼ぶにふさわしい実績のある男です

ダイワ鮎マスターズで２連覇した剛君。私はこのころからブロンズコレクターといわれるようになりました

剛君の著書『友釣り無双』は隅々まで読み込んで勉強しました

15年ほど前だったと思います。背バリを使った最初の印象は「引けない」。当時はノーマル仕掛けでグリグリ引き、オトリはルアー。引くと釣れると思っていたのですぐに断念し、ふたたびノーマル仕掛けに戻します。

その後、剛君から1本の電話がありました。

「有岡選手は何かデータを付けている？」

「全くつけてないよ」

「データは必ず付けたほうがいい。人はすぐ忘れるし数字は本当に大事だから」

30分ほどいろいろな話をしました。このデータを付ける習慣は剛君からの電話がきっかけで、今もとりあえずPCに残しています。河川・水量・時間・釣果・よかったハリ。これだけしか書いていませんが記録を付けることで道具の迷いは本当になくなり、またそのデータを見ると意外とその時の状況が思い出されます。釣果に伸び悩んでいる方はぜひとも付けてほしいと思います。

瀬田匡志

瀬田君を最初に見たのは西日本ブロック日野川でした。決勝戦で見ていましたが、その時は増水でメガトルク90を使いオモリ使用。それでブロックを通過したのが最初だったかな？　当時のスタイルはどう見ても森岡達也テスターそのもので、誰もが森岡達也のコピーが来たと、そんな感じで話をしていました。

その後は並外れたセンスで頭角をどんどん現わし、あっという間に「ダイワ鮎マスターズ」ではV3。他の大会の成績も並外れたものでした。

お互いに見ながら釣りをしたのは、瀬田君がマスターズ初優勝した年の9月。仁淀川で私の釣りを見て、「そんな場所釣るの？　そこって自分が歩いた場所で足の凹みを作った場所じゃない」という会話からスタートじゃなかったかな。少し私と違うのはとにかく荒場が好き。私は逆に浅場が好きなので、お互いの釣りを見ていても新鮮に感じたのは事実です。

瀬田君はとにかくテンポよく荒場を釣りこなし活性のよい魚を釣りあげる釣りで、度肝を抜かれました。まずトラブルのない仕掛けを使うというのがすごく共感できるところで、ワンピースの中ハリスを世に出したのは瀬田君じゃなかったかな～。それを見てすぐに私も試しましたが安田川には全く向かず、釣果が下りました。ただトラブルのない仕掛けなので、大アユ釣りにはよく使っています。

何年前か分かりませんが、瀬田君が

豪快な瀬田君の釣りはいつ見ても気持ちがイイ

那珂川で技術を磨き、丁寧な釣りで釣果を伸ばす。特にハリについての考え方は私も影響を受けました

私を初めて見たのはスポニチ高梁川予選で、猪みたいに降りてくるヤツがいるなあって思ったのが私だったらしいです。その釣り場は瀬田君が釣った後で、もう釣れないと思って場所を移動した後に私が入りそこそこ釣ったらしく、その印象がものすごく強かったみたいです。歳も近く意識はしていたのかなあと思っています。

それからしばらく時は流れ、瀬田君は「ダイワ鮎マスターズ」で優勝し、私はブロンズコレクター。実績の差はどんどん開く一方。瀬田君のライバルになるため、あと1回マスターズで勝たせてもらうとやっとスタート地点に立てる。それからが本番だと思っています。

荒場を豪快に釣りデカアユと戯《たわむ》れる瀬田君の釣りは、いつ見てもスカッとする釣技で一緒に釣りをしていて楽しいと思える友でありライバルかな(笑)。

岡崎孝

岡ちゃんとは、ダイワと契約をしていなければまず会わなかったんじゃないかなと思っています。歳は岡ちゃんが8歳上ですが、最初からどういうわけか話が合うというか、雰囲気が合うというかすぐに打ち解けました。

岡ちゃんの釣りというのは、基本的に足元から釣っていく釣り。「ダイワ鮎マスターズ」を優勝した時の釣り方はコブクロ釣法でソリッドを使い、非常にていねいな釣りで少しのフケでオトリを絶妙操作すると書いていました。

その釣り方もさることながら、もっとすごいことがありました。揖保川のテストの時です。私はバレがひどく、なぜかな？と悩んでいました。それまでの考え方は、ハリが小さいからバレる。対処法はハリを大きくする。しっかり掛ける！　もしくは4本イカリであれば3本イカリにするというのがほとんどの方が考える方法だと思います。

それを岡ちゃんに話すと、「追いの強い時はそれでいい」と。「ただちょっと活性の弱い時、ハリ軸を大きくするっていうのはダメじゃないか」と。これはアユが元気じゃないと引き合うことができない。その場で暴れて外そうとするからバレにつながる。それを防ぐには細軸の小バリに替えてみたらどうかというので、岡ちゃんにミニマム5・5号4本イカリをもらい試してみました。

アユのサイズは大きくても23㎝くらいだったので、取り込みさえ慎重にすれば充分取れるイメージで使いましたが、今までどんなハリを使ってもバレていたのが完全に止まり、釣果が上がったことを思い出します。そして追いに対してどのような形状のハリが有利なのかを徹底的に教えてもらいました。

岡ちゃん曰く、縦追いの場合はストレート系。もつれるような追いや低活性に感じる時はシワリ系。単純にその2つを覚えておけば、ハリの迷いというのがなくなるのではないかと教えてもらえました。それが今のベースですね。ハリの考え方として私がいつもいっていますが、ストレート系がダメであれば、中途半端にシワリ系に持っていくのではなく、100%信じているストレート系がダメなので0%のシワリ系に替える。そうすることによってストレートは0%、シワリ系が100%になるので、いち早くハリの選択ができるはずです。

ハリの大事さを教えてくれたのは岡ちゃんでした。

当然のように岡ちゃんはアユが大好きで、ものすごい研究熱心な方です。テスター連中で一番連絡が多く来るのが岡ちゃんかな(笑)。

第 10 章

アユ釣り競技会の魅力

アユ釣り人生の大部分を「ダイワ鮎マスターズ」とともに歩んできた。
それは私にとっての憧れであり、いつかは日本一をと願った檜舞台。
大の大人をそこまで夢中にさせてしまうアユ釣り競技会の魅力について、
思いのたけをここに綴ろう！

「もっとアユ釣りが上手くなりたい」「憧れのあの方と同じ舞台で釣りをしたい」「そして勝ちたい」。思えば私のアユ釣りは大部分が競技会にどっぷり浸かってここまで来ました。そこで、自分自身のアユ釣り競技会人生を振り返ることでその魅力が少しでも伝わればと願い、印象深かったことや転機になったことなどを記します。

「ダイワ鮎マスターズ」への目ざめ

私が「ダイワ鮎マスターズ」を知ったのは第1回からです。皆様もご存じのとおり、決勝戦で本間選手が根掛かりを潜ってオトリを回収し、村田満選手に勝利しました。そこから私もマスターズに出場したい気持ちがスタートしていました。

テレビでも全国大会を放送していたので、大会の様子や名手の釣りをテレビ越しに観戦しました。選手たちがスターに見え、憧れました。直に会ってみたい、いつかは一緒に釣りをしてみたいと思いながら時が過ぎ、ついに自分も「ダイワ鮎マスターズ」デビュー。高校を卒業し、たしか18歳で四国地区大会の徳島県海部川に初出場。近所の方から「大会に出るけど君も出てみないか」と誘われ、1人で行くのも心もとないしどうしようかと悩んでいたので、すぐに申し込み、その日が来るのを楽しみに待っていたのを思い出します。

全く知らない土地、全く知らない河川ですべてが新鮮。大会出場者人数も多く、予選は緊張の連続で終わった感じでした。内容は全く覚えてなく、緊張MAXだっと思います。この時は若手代表的な感じで四国地区大会のページに取り上げてもらえました。

翌春、マスターズブックを購入し四国地区大会のページを見ると自分が写っている。何か変な気持ちもあり、うれしい気持ちもあり。いつかは白黒ではなくカラーページに出たいと思いは強くなり、いろいろな本を読みあさり、名手の真似事をひたすらしながら毎夏を過ごしていました。しかし、プライベートではそこそこ釣れるのに、大会となると全く釣れないことが毎回ある。自分の位置付けは全く変わりなく時間ばかりが過ぎ、釣っている方の上位はほとんど同じ顔ぶれの名手たち。これはなぜなのか?

予選の後は決勝戦。

なぜ同じ顔触れが残るのかを考えていた時、それまでは予選敗退すると「今から帰れば安田川で釣りができ

第1回ダイワ鮎マスターズ。アユ釣りをドラマチックなスポーツのような競技として世に知らしめたこの本は私の人生を変えました

中学生のころチヌ釣りに目覚め、30代で友釣りの魅力に取りつかれた島村貞男さんは61歳。海部川は25年前に初めて釣りをした思い出深い川。「マスターズは2度めだが、今後もぜひ出場したい」。今はイシダイもやっているが、「65歳を過ぎたら友釣り一筋で人生を全うしたい」と意気軒昂。

23歳にして「友釣り歴10年です」というのは有岡只祐さんだ。小学生から始め、高校生になってからは釣り大会での優勝を目指して本格的に練習。村田満さんに心酔し、「昨年の村田軍団杯で3位入賞しました」という若きツワモノだ。鮎マスターズで全国デビューも近い!?

マスターズブックでは23歳の時「新鮮力&老人力」というコーナーで初めて取り上げられました。もちろん当時の私は新鮮力です(笑)

四万十川は慣れ親しんだ安田川とは全く スケールが違います

る」と、大事な決勝戦を全く見ずに自分の釣りばかりを考えていたのが進歩できない原因だったことに気が付きます。

それからは予選で敗退しても必ず最後まで残り、名手の邪魔にならない位置でひたすら釣りを見学し、その釣りを後日実行しながら上達していったような気がします。

22歳だったかな？　高知県友釣連盟が発足し、高知県全域の友釣りクラブが集まり年間2回の大会が開催されることになります。私ももちろん地元釣りクラブに所属していたので安田清友会でメンバー登録し、連盟の大会へ地元から数名で参加しました。

第1回の会場は全国的有名河川、最後の清流四万十川。

当時私は安田町ではなく高知市内に住んでおり、四万十川まで3時間ほどで到着。最初に驚いたのは道。ほとんどの河川は下流から上流に上って目的地に着くのが当たり前だと思っていました。四万十川に関しては上流から下流に向かって目的地に着くようなルートで、自分の頭の中は上流に向かっているのに川を見ると下流に下る。今でこそ当たり前のように四万十へは通っていますが、経験したことがない道のりでした。

参加人数は100名ほどと大きな大会で、地元の四万十はもちろん、あらゆる地域から人が集まっていました。

安田川とは全く違う川の規模。驚くばかりの広大な景色。試合は当然のように予選敗退。ただ近所の方が予選を通過し決勝戦へ進出、そして優勝。その方がねらっていたのは、高低差があるものの小石底のチャラ瀬。その場所だけ見れば安田川と全く同じ川相で順調に数を伸ばしていって優勝しました。帰り道、釣りの内容を聞くと、「川相は河川によって全く違う。もちろんいつも釣りをしている安田川は他の河川よりも小さく穏やか。大河川にはない川相だけど、大河川を小分けに見ると安田川の川相が見えてくる。そこを重点的に釣ればよい」と教えてもらいます。

川が大きいからサラ場を求めてサオをだしているつもりでも、大河川に慣れている方々には、そのサラ場はいつもの釣り場。反対に浅場はまず触らない場所。

河川によって釣り場のズレがあることに気が付き、無理をして深場をねらわなくても釣果は出ると思い知らされた一日を鮮明に覚えています。

ここから徹底的に浅場の釣りを意識し始め、浅場の泳がせから浅場でもサオを伏せ、オトリを管理する釣りへと少しずつ釣りが変化し始めました。

アユ釣りで日本で一番になりたい

今まで安田川で40名ほどの釣りクラブで仲よく釣りをしていたのが、友釣連盟のおかげでいろいろな河川へ出向き、あらゆる名手に会い、釣りを教えていただきました。そして私の釣りに大きく影響した人物に出会うこと

村田師匠に憧れて入った「ちろりん会四国支部」。現在も会員で私を応援し、成長させてくれる仲間たちに恵まれています

波のない日置川を訪れた時は度肝を抜かれました。

になります。このきっかけを作ってくれたのも友釣連盟でした。

それは、「少し飲みに来ないか？」という1本の電話からでした。私はお酒、特にビールが大好きだったので飲みながら釣りの話でもする軽い感じで家を訪ねました。ほどよく酔いが回った頃、

「只祐のことは前から知っていた。会長（内山顕一さん）たちからもいろいろ話を聞いているが、しょせん高知の人。世間は広い。井戸におったらいかん。9月の末に和歌山で大会があるから一緒に行こう。参加するにはまず『四国ちろりん会』に入らないとダメなんだが、入るか？」と、入会の誘いがきましたが急には返事できないので後日と一旦逃げました。

遠征は行きたいが、安月給の自分には遠征費を捻出するのがなかなか大変。でも県外へも行ってみたい。しばらく葛藤が続きましたが、決心したのは大原孝さんの「アユ釣りで一番は誰だと思う？」の言葉でした。

私は即座に「村田満！」。

「村田満に勝ったら日本で一番になれるぞ！」

大原さんのその言葉で決心がつき和歌山へ遠征です。夜中にメンバーと集合して高知から山越えで徳島港へ。そこからフェリーで和歌山港へ。当時高速は確か南海までしか通ってなく、日置川までは大遠征でしたが、とにかくワクワクが止まらなかった記憶があります。

初めて日置川を見た瞬間、

「石がない……」

これは本当に驚きでほとんど水面変化がなく、どこを釣っていいのか全く分からない状況で遊漁券とオトリを購入し下見を開始。その時、友釣連盟で四万十川大会のことを思い出したのか、波立ちのあるところまで歩きサオをだすと驚くほど黄色いアユが宙を舞いタモの中へ。やはり得意な釣りを展開したほうが釣果は上がると確信しました。河川に合わせるというよりも、自分に合った河川場所を探すことがやはり大事だとこの時思いました。

この大会軍団杯は2日間で予選2時間の試合を6回行ないポイント制で上位を決め、決勝戦をするハードな大会でした。ただ予選1回で終わりではなく、6回つまり2日間釣りができるのが特徴です。

1回戦はくじ引きで、6人1組で試合をします。次に1位同士が集まり順位を決める試合を計6回。つまり1位の人は強豪チームの中で争います。また最下位の選手も同様に最下位同士で試合を行ないます。上位に上がれば上手な選手と試合をするので技術もどんどん向上し、この2日間の合宿は本当に意味のある遠征でした。

ブロック大会出場者決定戦の成績 ★……ブロック大会進出者
19位 2尾 山本 稔
13位 3尾 田島裕志
7位 ★ 4尾 西山和彦
1位 ★ 7尾 佐藤 司
20位 2尾 門脇正道
14位 3尾 片山悦二
8位 ★ 4尾 田村敬一郎
2位 ★ 7尾 有岡只祐
21位 2尾 内山顕一
15位 3尾 雄西洋介
9位 ★ 4尾 田辺耕一
3位 ★ 7尾 三浦宏仁
22位 2尾 大原 孝
16位 3尾 村山哲徳
10位 3尾 安田明徳
4位 ★ 6尾 岡部繁昌
23位 2尾 松本卓矢
17位 3尾 大崎信道
11位 3尾 下村章幸
5位 ★ 5尾 青木 貞
24位 1尾 下元勝利
18位 2尾 小松幸正
12位 3尾 吉田隆次
6位 ★ 5尾 坂田朋生

ダイワ鮎マスターズ16回大会では初めて地区予選を勝ち上がりました。地元安田川での大会でよほどのトラブルがない限り上位で通過すると宣言して2位通過できたのです

それからは毎年軍団杯に足を運び技術を磨き、頑張っていつかはトップに立つようになりたいなと思っていました。

「ダイワ鮎マスターズ」初の全国決勝大会へ

「四国ちろりん会」に入会したおかげで先輩たちと和歌山と高知の河川に年数回行くようになり、小石底の釣りにも少しずつ慣れていきます。そして「ダイワ鮎マスターズ」に数年挑戦し、初めて全国決勝大会へ初出場したことを思い出します。実家の稼業を継ぐため24歳で会社を退職し、農業経営のかたわら夏は友釣りを楽しんでいた時期で、確か長男が3歳だったので27歳の時でした。

透明度が高い馬瀬川。しかしアユが見えない……

四国地区大会の予選会場は高知県安田川。地元河川でした。この時の仕掛けは確かフロロカーボン0・175号でハリはヤナギバリ。いつも釣っている河川といわれればそれまでですが、1人で釣るのと100名で釣るのでは当然いつもの釣りにはなるわけではなく、意外な場所で釣れます。小河川なので意外性を大事に、とにかく浅場ヘチを徹底的に、小型アユを釣る作戦が成功し予選を通過。

次のブロック大会は初めての馬瀬川。マスターズ西日本ブロックでも長年の会場河川なので、マスターズブックで情報収集し、地元仲間の小松広樹君と馬瀬川へ車を走らせました。

馬瀬川に着くと7月後半なのに気温が20℃ほどしかなく、とにかく寒い。川は澄み、高知でいえば冬の川に見えるほど透明度がすごいがアユは見えない……。このような川相でましてや放流100%河川は初めてだったので、水中に潜りアユの様子を見ることに。しかし、水中眼鏡をかけて川に入ると想像以上の冷たさで、胸に水が触ると寒さで身体が震えて耳が痛い。結局、潜ることは全くできませんでした。あの冷たさは今でも鮮明に覚えています。

7月下旬の高知の河川では考えられないほどの寒さ、冷たさでしたが、水中眼鏡越しに今まで経験したこと、見たことがない状況が飛び込んできました。たまたま見た場所で10尾

16回大会のブロック大会会場は馬瀬川。この時トップに立ったのは伊藤正弘さんです。養殖オトリで数を伸ばしたという話に衝撃を受けます

正弘さんは当時からソリッド穂先の使い手として注目を浴び多くのトーナメンターが影響を受けています

古希を迎えても精力的な釣りをする正弘さんは尊敬するレジェンドのひとりです

ほどの群れアユがコケではなく、砂を食んでいることに気が付きます。群れアユは石のコケではなく石裏の白い砂を食んでいたのです。これは本当に驚きでした。これをヒントに、西日本ブロック大会は徹底的に石裏の白い川底をねらい2位通過。1位通過は伊藤正弘選手でした。

　この時、表彰台で伊藤選手は「川底にオトリを入れると野アユが掛からないので、泳ぎの下手な養殖オトリをフルに使い回し砂底にいる野アユを釣った」と話されていました。

　この言葉には唖《あ》然。掛かりアユをオトリに使うと野アユよりも川底を泳ぐので、野アユのタナに合わせるために養殖オトリを使うという技術を初めて知り目からウロコでしたが、実は意味の分からない話でウソのような本当の話だと思い、納得のいかないまま西日本ブロックを2位通過。念願の決勝大会へコマを進めました。

　その年の全国決勝大会は高知県仁淀川。地元といえば地元ですが、住んでいる安田町からは車で3時間強かかるのでホームグラウンドとはいえないものの、高知市内に住んでいた時は仁淀川に通っていたので何となくは分かっていました。

　これはもしかすると勝てる（優勝）かもと、若気の至りではありませんが調子をこいていました。

　稼業の農業はこの時期、茄子の連作障害を避けるため畑を休ませ、土に触る仕事は少しの間お休み。ただ、休みといっても建物の修理や田んぼの草刈り等の夏仕事があり、それらを済ませてから決勝大会前の1週間ほど毎日仁淀川でアユを釣り、下見を完璧にしたつもりでした。しかし、準決勝戦で巨匠・主藤秀雄選手に負ける。決勝大会の予選は、体力がまだあり余っている歳だったので、エリアの最上流から最下流まで足を使って2時間動き回る釣りで何とかなりました。それが準決勝ともなるとやはり腕の差が歴然。いとも簡単に負かされました。その年の「ダイワ鮎マスターズ」は主藤秀雄選手が決勝戦で立岩克也選手を破り優勝します。

主藤さんが頂点に立った16回大会で私は3位に入賞します。まだ幼かった息子も表彰台に乗せて記念写真を撮ってもらいました

テスターというクラスで切磋琢磨するということ

　自分の釣りが通用しないと気づいた「ダイワ鮎マスターズ」全国決勝大会。自分はたまたま全国大会に残り、たまたま3位になっただけだと思い、そこから初めて全国決勝大会の大きさを実感し、あらゆる河川へ行って腕を磨きたいと思った27歳でした。

　その翌年、ダイワから契約の話があり、しばらく悩むことになります。

　近くに釣り具メーカーと契約している方がいなかったので本業がおろそかになるのではないか？　これが頭から離れず1ヵ月ほど悩みましたが、「自分に合ってないと思った時に辞めればいい」と単純に思い直し契約します。

　ダイワと契約するということは、

ダイワのフィールドテスターとして契約させていただき、全国各地の川を釣り歩けたことは私の大きな財産です

本気で釣りが上手くなりたければ井の中の蛙ではいけません

ダイワと仕事をするということ。サオはもちろん友釣りに関する道具の開発に関わり、夏は河川でダイワの仕事がメインとなり毎回テスターの先輩方とサオを交えることとなります。当然ですがサオの調子に合わせて河川も変わり、今回は有田川、次回は長良川というようにいろいろな河川でサオや道具のテストを繰り返し製品化していきます。この過程で自分の釣り技術の低さが嫌になるほど分かってしまい、がく然としました。

井の中の蛙《かわず》。高知県の天然河川では通用するのに、他の人工産河川や県外の天然河川では想像以上に釣果が伸びない。本当にショックで、テスター陣の中でも釣果が低かったことを覚えています。それはなぜなのかを考えてみると、やはり高知県の河川は釣り人口が少なくサラ場が多いので、テンポよく探ればおのずと数が伸びる河川がほとんど。じっくりと野アユの追いを待たなくても、反応のよい野アユを釣っていけば満足のいく数が釣れます。一方、県外へ出向くと釣り人口が多く、「一人一瀬」なんて言葉はなく人ごみの中でじっくり釣って釣果を伸ばすことが大事だと気づかされました。しかし自分の釣りスタイルは急には変わらないのが事実。もちろんサオのテストとなると、担当者やテスターの方が同じ場所で出来るだけ離れず近い距離でテストをするので、自分勝手にどんどん動き回って、今までのような足を使った釣りは当然できません。本当は広く探りたいのに、団体行動なので動けない自分にイライラしたことも多々ありました。これが今の釣り方に大きく影響しているのかもしれません。足をあまり使わず目の前のポイントで釣ることを覚えました。

当時、技術面ではそれほど変わったことはしていないと思っています。

自由に動き回れないから待つ。待つといっても1つのポイントで掛かるまで待つのではなく、出来る限りポイントを細かく見ながら、足は止まっていてもオトリは常に動かし続けるといった釣りも覚え、ねらい方が変化していきました。

いろいろな河川に行くことで、あらゆる河川状況に適応し納得のいく釣りを少しずつ進化させたことが今の自分のスタイルになっています。

大河川の小石底と小河川の小石底では探り方のスピードを考える。大石が点在する河川ではオトリ位置を的確にする。考え方が少し変わると、小さな変化が起こるはずなので、大雑把に見ていたものが細かい部分を探せることに、そして釣果にもつながるかと思っています。

慣れ親しんだ地元河川からほんの少しでも遠くの河川に行くと、今までにない環境で釣りができ、当たり前に釣れていた地元河川攻略も必ず変わると思います。どんどんいろいろな河川に出向くことが、最終的に大きな一歩へとつながっていくと思います。

最終章

オムニバス・メッセージ

家業のナス栽培のこと、暮らしと季節のかかわりとアユ釣りとの関係、人とのつながり、若い人たちとアユ釣りの未来……本章で語り足りなかったことをここに。

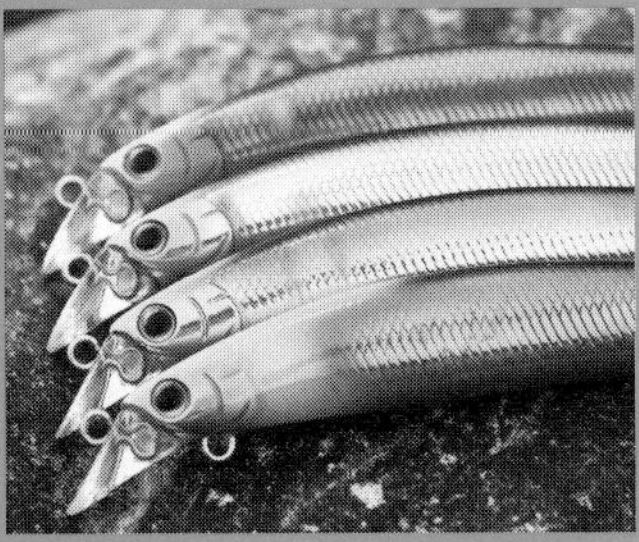

ナス栽培を通じて私は自然の営みを知ることが多々あります

夏は10時を過ぎるとハウス内の温度が40℃を軽く超えます。この暑い時間の昼休みにアユ釣りに行くのが私の日課です

ナス栽培から学ぶアユのこと 季節の変化

私が脱サラしたのは24歳。結婚して子供ができ、稼業をどうせ継ぐのであれば出来るだけ早いほうがよいと判断し農業への道を選びます。

農業つまり百姓は100の事柄をするから百姓だとTVで観たことがありました。

作物を作り、天候を読み、道具を直す。言葉では簡単なことかもしれませんが、もし天候を自分の力で左右できるとなればすべてが上手くいくと思います。現実はまず上手くいかない、操作できないのが天候。

ナス栽培をしてもう24年が経ち、ナスのことは少しずつ分かりだしてきたなか、私の生活はすべて太陽と共にあります。つまり夜が明けると圃場《ほじょう》へ行きナスの収穫を始め、出荷作業を済ませ葉かきなどの作業。そして日が沈むとその日のハウス作業は終了。

夏は日照時間が長く仕事量は増え、冬は日照時間が短いので仕事量が少ない。というかしたくてもできない。しかし、夏は日照時間が長いというと朝から晩まで仕事が出来ると思われる方もいるかもしれませんが、10時頃になるとハウス内の温度は40℃を軽く超えるので仕事にならない。そこで夕方の作業のために家で一度身体を休めるのですが、この少し長い昼休みこそがアユ釣りへ行く時間となります。それはハウス内が暑い10時から14時までの時間帯です。

安田川のアユ遡上は2月中旬から始まり、5月にはナワバリを持つアユも見え、そろそろアユの準備にとりかかろうとするわけですが、面白いことにアユが遡《のぼ》り始めるタイミングと日照量が増えるタイミングがほぼ同じ。これは植物もそうで活発に成長しだす冬から春には水分量も増えてくる。そして冬眠から目覚めるのがアユの遡上と同じ時期。

つまり魚は魚、野菜は野菜、人は人、ではなく何かすべて結びついているのでないかなといつも思っています。そして前に書いたようにすべてを自分に置き換えて考えます。

2月、水温も低いが日差しが強くなってきた。アユは遡上する。自分だったらどこを遡上する？

小型で遊泳力もないので流心を遡

上すれば当然疲れる体力も減る。だからヘチ際を遡上する。太陽は東から上るので日が少しでも早く当たり水温も少しでも早く上がる西際を遡る。ハウス栽培でもいえることで東際の作物は数量が多い。それは朝日が他の所よりも早く当たり周りの作物よりも早く活性化するから。

　北海道と九州ではどちらが早起きできるのか？　電気のなかった時代は少しでも東に住んでいる方のほうが早起きしたはずです。

　5月になると気温も高くなり、動物にとって活発に行動できる時期となってきます。

　たとえば、藤の花が咲く頃にはウナギがエサを食むとか、季節を感じながら自然と共に生きていくのが自分のスタイルだと思っています。

　旬というかこの時期だからこそこうする。この時期だとこうしてはダメ。

　結局、人の力なんて本当に無かもしれません。

　友釣りに関してはアユがアユを連れてくる釣りなのでアユのことを一番に考え、自分は二番。

　解禁初期は力の弱いアユをオトリに使い、若いアユを釣るので比較的流れの優しい場所を好んで釣りを展開しているはずです。荒場には当然元気のよいアユはいますが、荒場と優しい流れ、どちらのほうがアユは多いのか？　この時期だと優しい流れのほうが圧倒的に多いはずです。なので、釣り場は荒場がありつつも優しい流れがあるような変化に富んだ場所がねらいめだと思っています。川の変化はポイント。

　優しい流れで優しいアユの引きを楽しむのが初期の友釣りではないでしょうか。

　7月過ぎ。アユでいえば盛期。ナスの収穫は終わり、連作障害が出ないように圃場を休める時期。この時期になると周りのほとんどの農家さんはアユ釣りが趣味なので川に入ります。

　アユもこの時期になると大きくパワフルで力強い引きになっているので、一番よい時に仕事休みが来ます。ただハウス圃場は休みでも、やはり涼しい時間帯は建物の修理や田んぼの草刈りなどを済ませてからの釣りです。

　世間は夏休みの真っただ中。お盆です。その頃から圃場にナスの苗を植える準備を始めるので、川には行かず昼間はゆっくりと身体を休めます（人ごみの河川へ行かなくて済む）。7月は結構な日にちで友釣りをしているので小休止といった具合にリセットでき、この植え付け準備が終わるとふたたび友釣りに行けると頑張ります。

　準備が終わると少し時間が空くのでふたたび友釣りですが、8月終盤「ダイワ鮎マスターズ」全国決勝大会が終わると、数日後にはナスの苗を圃場《ほじょう》に定植し本業の農家へ戻ります。アユでは後期。この時期は、定植したてでナスの収穫も少なく昼前で仕事が終わるので、昼から夕方まで友釣りです。9月になると夜明けも少しずつ遅くなり、日暮れも少しずつ早くなる。気温も少し下がり、土用隠れも落ち着いた時期になるので釣りやすいが、赤とんぼが空を舞い田んぼの稲は穂が垂れ、収穫間近になると友釣りのラストスパートとなり、瀬よりも浅場やトロ場で重量感のある引き味を味わいます。少し寂しくなる季節になりますよね……。

　10月の声を聞き始めると、早朝には北風が吹き稲の穂がサラサラと音を立て稲刈りが始まります。こうなってくると産卵を控えたアユは群れを成し、雨風で上流から下り始め10月15日で安田川は禁漁となり安田川での友釣りは終了します。

秋はナスだけではなく稲刈りの季節となります。そして友釣りはラストスパート。浅場やトロ場で重量感のある引きを味わうのです

友釣りに時間を合わせて仕事をしているように見えますが、夏場は暑くハウス内で作物が作れないのでこのような生活をしています。高知の気候がこの生活を作り出しているといえます。

自社経営とアユ釣り 大事にしていることの共通点

人とのつながりは計り知れないものだと思っています。会社を立ち上げて17年になりますが(今は社長職ではありません)、今まで出会ったいろいろな方の意見が頭に刻みこまれています。村田師匠ではありませんが社会貢献など、組織を起こして初めて気付くことが非常に多く、1人では何もできないことも事実だと思います。

今現在、私は稼業である農業を柱に、グローブライド(ダイワ)と契約し、その2つを両立させながら生活をしています。友釣りがあったから、ダイワがあったから生活の柱であるナスが動くのを実感しています。

イトーヨーカ堂関東圏を主体に「顔が見える茄子」として出荷販売をしており、関東の友釣りの方からも「ナス買ったよ!」などとうれしい言葉をたくさん掛けて頂いています。もし友釣りをしていなかったら、ダイワと契約をしていなかったら、まずこのような声は掛けていただけないと思っています。つまり、本業と友釣りが線で結ばれた結果が私の生活だといえます。

大会はもちろん、撮影やテストで県外へも出向くと、いろいろな職種の方と話をする機会があります。当然友釣りの話はたくさんして、少しでも釣果アップを目差し貪欲《どんよく》に吸収します。それと同時に仕事のことや、岐阜に行けば岐阜、関東の方に会えば関東で起こっていることなど、地域の生の動きをよく聞いています。SNS等でも情報が入りある程度は分かっていますが、やはり生の情報は非常に大事です。

文章は確かに分かりやすく読み直すことが出来ます。言葉は、読み直すことは出来ないにしても感情が入るので心に響きます。人と触れ合い話し合うことで、文章にはない感覚というか微妙な感情が伝わりやすいはず。

友釣りも同じで、オトリと会話をするといえば大げさになりますが、オトリは天邪鬼。右に引けば左に動く。当然、逃げようとするので強く引けば、強く尾を振り逃げようとするはず。思いどおりにならないから強引に、でもその操作はオトリを弱らせる操作。オトリを有利な状況にすればオトリは弱りにくくストレスを感じにくいはずなので、釣り人が一歩後ろに立って泳ぎをサポートするイメージで操作すれば、きっと釣果は上がるはずだと思っています。

仕事でも、強引に商談をすれば一時は上手くいっても、長期的にみればマイナスなんてこともあるかと……。

損して得とれ、ではありませんが、友釣りの場合ある程度オトリを自由に泳がせ(思いどおりの操作ができない=損)ながら、知らぬ間に自分の思うように動かせている(実は思いどおりの操作=得)ような感じが出来れば理想だと思います。

会社を立ち上げて17年になります。農家でありながら大事に育てた野菜の流通を円滑にするための組織を作りました

グローブライド(ダイワ)と契約して以降はフィールドテスターという活動を通じてナスも広く認知されていると実感しています

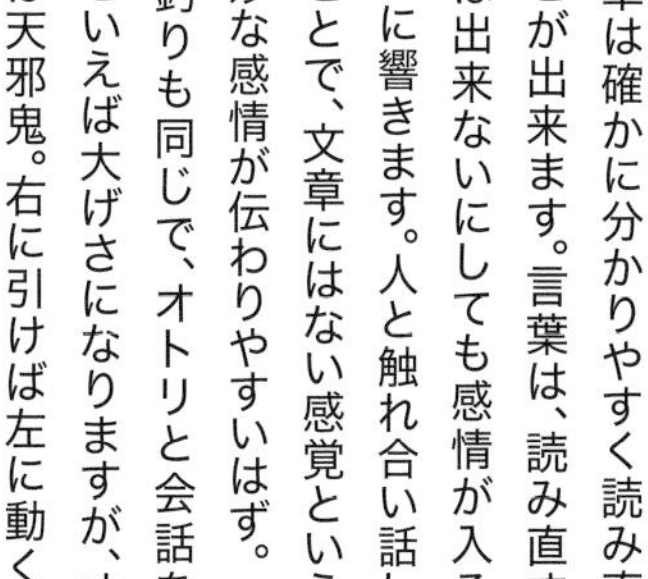

イトーヨーカ堂の「顔が見える茄子」。遠く離れた関東圏のアユ釣りファンから「ナスを買った」と声をかけられるととてもうれしい

これから始める 若いアユ釣りファンの方たちへ

友釣りを友人知人に勧められたとき、
敷居が高い。
道具が高い。
仕掛け作りが難しい。
だから友釣りはしたくないと思ったはずです。

それでも嫌々友釣りをやってみると、こんな小さな魚なのにこれほど強烈なアタリ、強烈な引きを味わうことはものすごく新鮮だったと思います。昨年から友釣りを始めたという方に話を聞いてみると、これほど友釣りが楽しいとは思わなかった、なぜもっと早く友釣りをしなかったのだろうと後悔している。ほかの人からも、よい意味でもっと早く友釣りをすればよかったと後悔している話しか聞いたことがありません。最初は友釣りから逃げていたのに、ほとんどの方はまず友釣りにどっぷりハマるはずです。私もいろいろな釣りをしてきましたが、友釣りだけは今まで一度も休んだことはなく、小学4年生から40年間友釣りを愛し続けています。

それほど面白い釣りなので、当然いろいろ犠牲にしてきました。ただ私の場合は仕事があるから友釣りができる。友釣りをしたいから仕事をするということをずっと心に、仕事をサボってまでやるというのはちょっと違うのかなと思っています。

24歳で脱サラした時、私は2週間仁淀川で川漁師をしました。2週間朝から晩まで頑張った結果が1万2000円という金額を目の当たりにし、まずやってはいけない、家が崩壊するなと思いました。

前にも書きましたが友釣りだけは足腰が立たなくなるまでやり続けるはずです。それだけ魅力のある、ある意味危険な釣りだと思っています。ただ一ついえること、アユ釣りは川遊び。これを真剣にやりすぎると仕事よりも辛くなります。遊びです。遊びだから真剣になる。ただ真剣になりすぎると……気をつけてくださいね。

アユ河川の環境と現状 未来への思い

温暖化の影響で北海道でも美味しいお米ができるようになり、高知の沖では1月に夏の魚であるキハダマグロが釣れる。何が何だかよく分かりませんが、とにかく気候が変わり四季の移り変わりも変化してきました。西日本では気温が下がらない。川の水温が下がらない。産卵が遅れ海で稚アユ

地元の若い釣り人との交流も大切にしています

マスターズで活躍できるようになってからは私のことを応援してくれる仲間も増えました

アユ釣りはあくまで趣味。上手くバランスを取って楽しむようにと若手には話しています

成長する過程が短いため、小型化するのではないかと心配されている一方で、東日本ではよい報告があります。それは北関東を流れる鬼怒川。温暖化の影響なのか、ここ数年アユの成長がよく解禁から好調で、終盤になると大アユがどんどん釣れる河川になっているみたいです。それまでは、水温が低かったせいかアユの育ちは悪く、気温水温の上がる時期だけ釣れていたと話されていました。

環境が変わっていくなか、どうしたらよいのか？

我々が出来ることといえばアユを釣ること。そのためには、漁協とのつながりを持たなければ河川は滅んでしまうのではないかなと思っています。例をあげると関東河川の相模川。友釣りも盛んですが売り上げが上がらない。これはどの河川でも友釣り人口が減っています。友釣りだけではバブル時代から右肩下がりに友釣り漁協の存続が厳しくなるのが事実。

ところで現在、子供や若者が使う釣り道具はリール付きのサオが多いはず。ノベザオからスタートする子供はあまりいないと思っています。

昭和(ノベザオ)。

令和(リールザオ)。

相模川ではそのことに目を付け、アユイングなる釣法を取り入れて遊漁券の売り上げが伸びました。ルアーアングラーの方たちにとってのアユは、フィッシュイーターに食べられる魚、つまりエサ、ベイトフィッシュだったのが、メインターゲットとしてアユを釣り始めて生のアユを見た感想は、「こんなにカッコイイ魚、きれいな魚だとは思わなかった」「焼いて食べたら美味しい」。

今までアユ釣りはサオが高い、道具が多いと敬遠されていたのが、アユイングの流行で手軽なターゲットとして定着し相模川は満員御礼。早い方は早朝4時から場所取りをしているとか。

川に人が入ると川は活気づき、手軽な釣りになると子供たちが川でアユを釣る。

川に触れ合うことで川に関心を持ち、アユをアユイングで釣ることで友釣りにも興味を持ち、友釣りを始める方も出てくる。そして、もっと釣りが楽しくなるように、もっと釣れるようにと河川環境を考えるはずです。

今の友釣り人口、友釣りの年齢層では河川の存続は厳しいのが現実ではないでしょうか。

若者を引き付けるアユイング。若者が川に入ることで未来は明るくなるはずです。

アユイングはアユ釣りの醍醐味(だいごみ)を知る第一歩となってくれると思っています

瀬肩がルアーを操る釣り人で満員になった相模川のようす

あとがき

「君には原稿を書かせない」

この言葉から私とつり人社さんとのお付き合いが始まりました。

高知県伊野町のとある居酒屋さんで、尾崎孝雄さんが「ダイワ鮎マスターズ」全国決勝大会の下見で仁淀川を訪れた時のことです。その言葉を発したのは鈴木康友会長（当時は社長）。マスターズブックでもお馴染みのライター世良康さんもいました。

それから数年後、仁淀川で最後の全国大会で私は3位となり、それがきっかけで原稿を書かせてもらいます。当時は手書き原稿用紙でしばらくの間頑張りましたが、そのうちPCを購入します。とにかく勉強なんてものは、まともにしたことがなく遊んでばかりいたので、原稿依頼が来るとうれしい気持ちで引き受けますが、当然のように上手に書けるわけもなく今でも迷惑ばかりかけています。

どうしたら原稿を上手く書けるのか。悩んでつり人社のＩ氏に相談すると、「君はおそらく、この先ずっと原稿を書くはずだから、とにかく本を読め」と言われ本を読む。それが生かされているかどうかは分かりませんが、この言葉がなければ本を読むことはなかったはずです。

話がそれましたが私の友釣りに大きく影響したのがつり人社でした。別冊つり人『鮎釣り』を読み世間の広さを知り、マスターズブックを読みいつかはこの本に出たいと思い、その後二度表紙を飾らせていただきましたが、勝手な思いなのですがマスターズ優勝者はＤＶＤや本を出すことがステータスだと思っていました。しかし29回マスターズで優勝させてもらった時、その話は来ませんでした。

この時ハッキリ思いました。

自分には値札がない。売れない＝金にならない。有岡只祐では今の友釣り業界に影響力がないと判断されたのでしょう。実際にその時に使ったサオ「銀影競技タイプＳＨ90」は売れたのか？　反省しています。営業マン的センスのなさ。優勝してホッとしていた自分がいたのだと今思います。

それから８年の間に、世界的に大変な事態が起こりました。コロナショックです。コロナ禍で本当の井の中の蛙となりましたが、この状況だからこそ30名ほどで若手を中心とした大会を開き、技術を磨くことをスタートしました。

大会がなくなるということは技術の進化・発展が途切れること。それに加え大会に出る気力さえも奪われる状況。自分はもちろん、若手のモチベーションも下がり始めていたので、メーカーの大会が始まるまで高知で腕を磨き、高知から全国へ飛び立つ準備をしました。そしてコロナが収まり高知の若手勢は大きく羽ばたき、私は念願のＶ２（２０２３）を果たしましたが、気持ちのうえではまだスタートラインには立てていません。あと１勝の壁を越えれば、やっとスタートが切れると思っています。

最後になりますが、

「本を書く？」と言ってくださった山根社長、私が若かりし頃「君にはまだ原稿は書かせない」と言ってくださった鈴木会長。私に値札、値段を付けてくださりありがとうございます。

何事もめげたらダメです。

メゲたらいかんのです。

人知らずして慍《うら》みず、また君子ならずや。

２０２４年３月　有岡只祐

1日《にち》10尾《び》からのステップアップ

最先端《さいせんたん》の鮎釣《あゆつ》り遊学《ゆうがく》

著者プロフィール

有岡 只祐（ありおか・ただすけ）

1975年生まれ。高知県安芸郡安田町在住。2015年ダイワ鮎マスターズで初優勝。その後同大会22年は2位、23年に2度目の頂点に立ち、コロナ禍以降のアユ釣り競技会を牽引するトップトーナメンターのひとりになった。また長年の友釣り経験を活かしてアユイング（アユのルアー釣り）の普及にも努める。

2024年6月10日発行

著　者　有岡只祐
発行者　山根和明
発行所　株式会社つり人社

〒101-8408　東京都千代田区神田神保町1－30－13
TEL 03－3294－0781（営業部）
TEL 03－3294－0766（編集部）
印刷・製本　シナノ書籍印刷株式会社

乱丁、落丁などありましたらお取り替えいたします。

ISBN978-4-86447-733-8 C2075

つり人社ホームページ　https://tsuribito.co.jp/
つり人オンライン　https://web.tsuribito.co.jp/
JAPAN ANGLERS STORE　https://japananglersstore.com
つり人チャンネル（YouTube）　https://www.youtube.com/channel/UCOsyeHNb_Y2VOHqEiV-6dGQ